불교 철학

역사 분석

불교 철학

역사 분석

지은이 / 데이비드 J. 칼루파하나
옮긴이 / 나성
펴낸이 / 강동권
펴낸곳 / (주)이학사

1판 1쇄 발행 / 2019년 1월 25일
1판 2쇄 발행 / 2022년 11월 15일

등록 / 1996년 2월 2일 (신고번호 제1996-000015호)
주소 / 서울시 종로구 율곡로13가길 19-5(연건동 304) 우 03081
전화 / 02-720-4572 · 팩스 / 02-720-4573
홈페이지 / ehaksa.kr
이메일 / ehaksa1996@gmail.com
페이스북 / facebook.com/ehaksa · 트위터 / twitter.com/ehaksa

ISBN 978-89-6147-335-4 94200
978-89-87350-26-4 94200(세트)

Buddhist Philosophy: A Historical Analysis by David J. Kalupahana

* 책값은 뒤표지에 표시되어 있습니다.

신화 종교 상징 총서 17

불교 철학 — 역사 분석

Buddhist Philosophy

데이비드 J. 칼루파하나 지음
나성 옮김

이학사

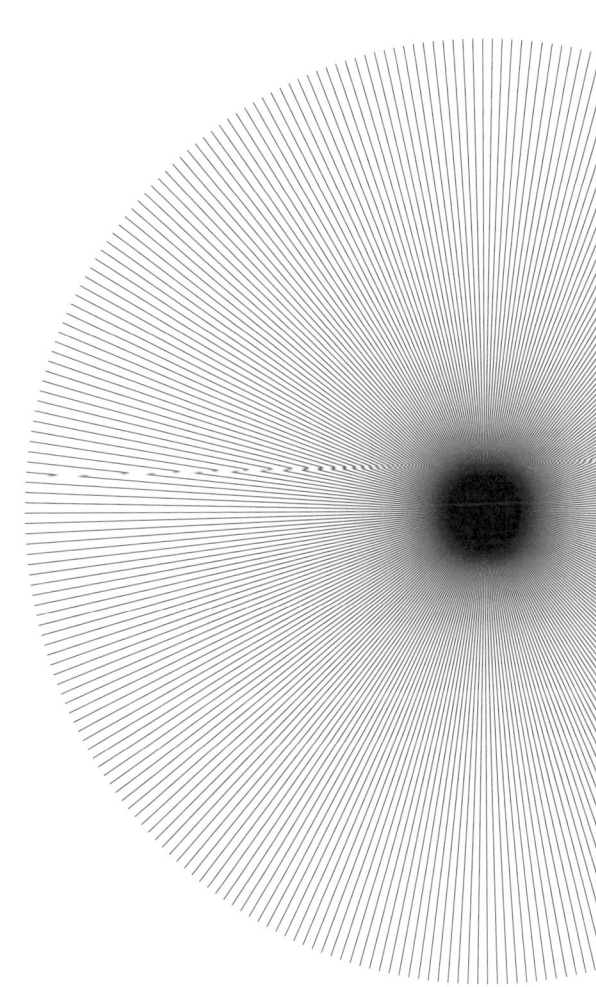

일러두기

1. 이 책은 David J. Kalupahana, *Buddhist Philosophy: A Historical Analysis*(University of Hawai'i Press, 1976)를 우리말로 옮긴 것이다.
2. 불교와 관련된 주요 용어, 개념, 인명은 처음 나올 때 한 번 영어·팔리어·산스크리트어·한자 원어를 병기했다.
3. 팔리어 및 산스크리트어 표기는 정승석의 「불교 원어의 음역 표기 조사 연구 — 불교 원어의 음역 표기법 시안」(『가산학보伽山學報』 4호)에서 제시된 원칙을 따랐다.
4. 소괄호 안의 산스크리트어, 팔리어 등은 모두 지은이가 표기한 것이다. 한자는 모두 독자의 편의를 위해 옮긴이가 병기한 것이다. 원서의 이탤릭체는 고딕체로(단 이탤릭체 중 도서명은 『』로) 표기했다.
5. 지은이의 주석(원주)은 원서 그대로 숫자로 표기하고 각주로 처리했다. 옮긴이의 주석은 각 쪽별로 별표(*, **)로 표기했다.
6. 부호의 쓰임은 다음과 같다.

『 』: 도서 제목

「 」: 경經, 품品, 논문, 장, 칙령 제목

( ): 지은이의 부연 설명

[ ]: 인용문(별도 인용문 및 " "로 된 구절) 및 원주에서 지은이의 부연 설명(인용문의 [=]도 지은이 부연 설명). 본문, 참고 문헌 및 약어표에서 옮긴이의 부연 설명이나 번역. 옮긴이의 한자 병기

[*]: 인용문 및 원주에서 옮긴이의 부연 설명이나 번역

인드라니에게

차례

추천사 9

서문 11

감사의 말 19

약어표 21

제1부 초기 불교 25

1장 역사적 배경 27

2장 인식론 47

3장 연기 62

4장 존재의 세 특성 76

5장 업과 윤회 87

6장 도덕과 윤리 104

7장 열반 123

제2부 후기 불교 157

8장 부파불교와 대승불교의 시작 159

9장 부파불교: 상좌부·설일체유부·경량부 165

10장 대승의 발전 186

11장 중관파의 초월론 212

12장 유가행파의 관념론 231

부록 1. 형이상학과 붓다 249

부록 2. 초기 불교와 선의 관계에 대한 고찰 265

옮긴이의 말 289

찾아보기 297

추천사

친구이자 제자인 칼루파하나 박사의 책에 추천사를 쓰게 된 것을 대단히 기쁘게 생각한다. 이 책은 불교 철학의 발전을 그 기원에서부터 선의 발전에 이르기까지 놀랍도록 잘 개괄한 저작이다. 지은이는 불교 이전 시기를 지배한 철학적·종교적 관념에서 출발하여 후대의 불교 학파로까지 연구를 확장했다.

이 책에서는 한 장章 전부가 불교의 근본 가르침이자 중심 개념인 연기緣起에 대한 이론에 할애되었다. 지은이는 경험주의를 표방하며 형이상학을 배척한 초기 불교가 감각이나 초감각적 지각을 통해 경험되지 않는 것은 거부했음을 증명하려고 노력했다. 그는 이 관점을 업karma과 윤회를 다룬 장에서 철저히 추구했다. 거기에서 그는 이를테면 불교가 결정론의 종교라는 일부 잘못된 관념들을 바로잡고자 했다.

이 책에서 가장 흥미로운 장은 아마도 열반nibbāna(nirvana)을 다루는 7장일 것이다. 서양의 학자들은 최근 이 주제에 대해 수없이 많은 논문을 발표했고, 그들 중 많은 사람은 열반을 초월적이고 절대적인 것으로 해석하려고 했다. 열반에 대한 사변은 끊임없이 계속될 수밖에 없는 성격을 갖는다. 그러나 붓다 자신이 우리에게 경고했듯이 열반은 경험의 문제이지 정의나 서술의 문제가 아니다. 다섯 명의 장님과 코끼리에 대한 우화가 매우 적절할 것이다. 칼루파하나 박사는 자신의 주장을 뒷받침하기 위해 가장 믿을 만한 자료인 팔리 『니카야Nikāya』*를 인용한다.

이 책의 제2부는 후기 불교를 다루는데, 붓다의 반열반般涅槃parinirvāna 이후의 전개와 다양한 학파의 출현에 대한 설명은 간략하지만 읽어볼 만하다. 여기에서 지은이는 중관파中觀派Mādhyamika와 『반야경般若經Prajñāpāramitā』 계통의 문헌에 나타난 초월론에 대해 자신의 견해를 밝히고 있다. 이 견해는 현재 일반적으로 통용되는 관점과는 전혀 다르므로 학자들의 진지한 주의를 끌 만하다. 이러한 주장들은 선불교에 대한 지은이의 고찰에도 적용된다.

현재 종교에 대한 연구는 전 세계에 걸쳐 진행되고 있으며 많은 이에게 정신적 위안을 주고 있다. 결국 이 책은 이미 존재하는 종교에 관한 연구서 목록에 또 하나의 환영받는 업적으로 추가될 것이다.

G. P. 말라라세케라G. P. Malalasekera

* 남전南傳한 근본 경전은 5부로 구성된 팔리어 경전이어서 '팔리 니카야' 또는 '5부'라는 뜻의 '판차 니카야'라고 부른다.

서문

불교의 역사는 현재로 2500년도 더 된다. "이 세상의 모든 것은 영원하지 못하다[諸行無常]"라는 불교의 창시자 고타마 싯다르타Gautama Siddhârtha의 말대로 그의 가르침도 변화를 겪었다. 이것은 지구의 주요 지역으로 퍼져나간 그의 수많은 신도의 욕구와 종교적인 열망에 부응하기 위한 것이었다. 이러한 변화 과정에서 불교는 접촉했던 다양한 종교와 철학의 전통에 많은 기여를 하면서도 이 비불교적 교의에서 많은 것을 흡수했다. 이러한 이유로 불교 철학을 완벽하게 요약한다는 것은 불가능하다. 따라서 이 책에서 나는 오로지 불교의 원형과 모든 다양한 불교 사상의 기초라고 생각하는 몇몇 후기 학파만 검토했다.

이 책에서 강조하는 것은 초기 불교의 철학적 견해이다. 원시불교의 핵심에 대해 오랫동안 논쟁이 있어왔음에도 많은 사람은 그것을 정립하려는 시도를 무의미한 것으로 간주한다. 나는 그것이

한번 해볼 만한 가치가 있다고 생각한다. 불교의 원형을 결정하기 위한 이전의 시도들은 다음의 가설에 기초했다. 붓다의 것이라고 전해진 초기의 설법은 "승려의 은어"를 다수 포함하기 때문에 그러한 요소를 제거해야만 원형을 알 수 있다는 것이다. 이러한 시도는 리스 데이비스 부인Mrs. Rhys Davids*의 후기 저작들에서 뚜렷이 드러나듯이 비참한 결과를 초래했다. 그러한 결정은 과학적 태도가 아니라 편견에 근거했기 때문이다. 이 가설을 극복하기 위해 나는 초기 설법의 모든 내용을 하나도 빼놓지 않고 검토했다.

팔리 『니카야』의 신빙성은 오랫동안 의심의 대상이었다. 그것은 특히 상좌부上座部Theravāda라는 불교 종파에 의해 보존되었고, 따라서 그 학파의 생각을 대변한다고 여겨졌기 때문이었다. 그러나 팔리 『니카야』와 한역漢譯 『아함경阿含經Āgama』**의 비교 연구는 팔리 『니카야』가 상좌부의 관점을 대변하지 않는다는 사실을 밝혀냈다. 사실상 『니카야』에는 상좌부로 간주할 만한 것이 전혀 없다. 『니카야』와 『아함경』은 많은 부분에서 구체적인 교의가 서로 일치하지만, 다양한 학파의 『논장論藏Abhidharma Piṭaka』과는 상당한 차이가 있다. 따라서 우리는 아비달마阿毘達磨Abhidharma 이전 불교의 성격을 결정하는 문제에 대해 매우 낙관적이다.

다음으로 검토해야 할 문제는 팔리 『니카야』와 한역 『아함경』에

* 본명은 캐롤라인 오거스타 폴리Caroline Augusta Foley이며 리스 데이비스Rhys Davids는 그녀의 남편이다. 영국의 팔리어 학자이자 번역가였으며, 남편이 창설한 팔리경전학회의 회장을 역임했다.

** 붓다가 친히 설법한 경전을 근본 경전이라 한다. 이것이 북전北傳한 것은 산스크리트에서 한역되었으며 『아함경』이라 부른다. 아함은 '전승傳承'이라는 뜻이다.

포함된 것이 최초의 설법인가를 밝히는 일이다. 이 설법이 불교 연구를 위한 최초의 자료라는 점에는 의심의 여지가 없다. (불교 문헌을 제외한다면) 일부 설법의 존재를 최초로 언급한 것 중 하나는 (기원전 3세기) 아소카Asoka왕의 「바브라 칙령Bhabra Edict」인데, 여기에는 현재까지 확인된 초기 설법들에 나타난 일곱 개 문헌이 언급된다. 설법의 신빙성과 그것이 최초의 것인지는 상좌부의 역사 기록, 즉 『율장律藏Vinaya Piṭaka』인 『소품小品Cullavagga』과, 『도사島史Dipavaṃsa』, 『대사大史Mahāvaṃsa』 같은 연대기가 증언해준다. 마지막으로 대승불교도 자신들도 (『아함경』에 포함된) 설법이 붓다의 최초의 설법이라는 사실에 에둘러 동의한다. 왜냐하면 붓다의 직계 제자들은 [설법으로 들은 것 외에] 다른 것은 아무것도 알지 못했다고 기록하고 있기 때문이다(예를 들어 『묘법연화경妙法蓮華經Saddharmapuṇḍarīka-sūtra[법화경]』과 『화엄경華嚴經Avataṃsaka-sūtra』 참조).

학자들은 아비달마의 주요 학파들이 기원전 3세기까지는 확정된 형태를 가졌다는 것에 대체로 동의한다. 아비달마는 설법의 가르침에 대한 체계화이기 때문에 이러한 설법은 아비달마 학파들에 의해 체계화되기 적어도 1세기 전에는 완성되었을 것이라고 주장할 수 있다. 따라서 다양한 설법의 수집과 정리는 붓다의 사망 이후 150년 동안에 이루어졌고, 이것이 바로 칼라쇼카Kālâśoka왕 시대에 있었던 제2차 결집結集의 주된 목표였을 것이다. 『경장經藏Sūtra Piṭaka』이 일찍 완성되었기 때문에 모든 아비달마 학파의 『경장』은 동일했지만 『논장』은 서로 달랐던 것이다.

이 책의 8장에서는 아비달마 학파와 대승Mahāyāna 학파의 기원과 발전을 붓다 생전의 시대까지 거슬러 추적했다. 기원은 그렇게 이른 시기까지 소급할 수 있지만 이러한 전통이 주요 학파로 구체화되기까지는 상당한 시간이 걸렸다. 어떻든 『논장』과 초기 대승경전이 편집된 것은 팔리 『니카야』와 후에 한역된 『아함경』이 최종적으로 확정된 이후의 일이었다. 따라서 초기 불교 또는 원시불교에 대한 연구가 팔리 『니카야』와 한역 『아함경』에 의존하는 것은 너무도 당연한 일이다.

나는 이 책에서 주로 역사적인 접근 방법을 사용한다. 나는 불교의 모든 학파가 최초의 자료라고 인정한 설법의 내용 전체를 "승려의 은어"라는 이유로 배제하지 않고 분석했다. 이러한 설법의 내용에 기초하여 초기 불교의 완전한 모습을 그리려고 했다. 초기 불교의 내용을 확정한 다음에, 소승Hīnayāna과 대승이라는 두 주요 전통을 탄생시킨 여러 가지 상황을 염두에 둔 채 조심스럽게 불교 사상 안에서 일어난 점진적인 변화를 추적했다.

초기 불교의 교의를 소승이나 대승의 관점을 떠나 본래의 의미에 충실하게 분석한 결과, 나는 초기 불교의 본성에 대해 상당히 독특한 견해를 갖게 되었다. 이 책에서 나는 초기 불교의 자유(*nirvāna*)에 대한 교의를 설명하기 위해 붓다의 인식론·존재론·윤리학과 그외 다른 교의로부터 접근했다. 나는 결코 이것들을 무시한 채 나가르주나Nāgârjuna[龍樹], 바수반두Vasubandhu[世親] 또는 붓다고사Buddhaghosa가 한 말들에서 단서를 찾으려 하지 않았다. 그 결과 대승불교도나 소승불교도가 초기 불교의 일부로 인식한 형태인 절대론과 초월론을 부정하게 되었다.

불행하게도 평신도들은 '사물의 구성(*dhammadhātu*)'에 대한 이해와 이에 따른 탐욕(*rāga*[貪], *taṇhā*)과 집착(*upādāna*)의 제거를 통해 얻게 되는 '성자의 경지(*buddhatta*, Sk. *buddhatva*[佛性] 또는 *arahatta*, Sk. *arhatva*[阿羅漢位])'에 만족할 수 없었다. 그들에게 필요한 것은 숨이 막힐 정도로 경외심을 자아내는 아버지 같은 초월적인 인물이거나 보이지 않더라도 자신들의 구원을 바랄 수 있는 존재였다. 붓다라는 역사적 인물은 불행히도 이 요구들을 만족시킬 수 없었다.

붓다는 개인 '자아(*ātman*)'는 물론 우주적 실재(*loka*=우파니샤드의 브라만) 같은 모든 궁극의 원리를 부정했다. 그는 지각과 설명이 불가능한 초월의 궁극적 실재는 형이상학에 속한다고 생각했다. 붓다는 형이상학을 상식이 제멋대로 날뛰고 실재의 유무를 결정하는 표준적인 척도(*na pamāṇam atthi*)가 없는 분야로 이해했다. 붓다가 불교 이전의 형이상학에 대해 이런 입장을 갖고 있었기에 우파니샤드 전통의 바라문들은 그를 최악의 '허무주의자(*ucchedavādī*)'라고 비판했다(*Vin* 1. 234-235). 붓다가 보기에 사실상 '허무주의적인' 것은 물질주의자의 가르침이었다(*D* 1. 34, 55). 그러나 붓다가 부정한 바로 그 형이상학이 대승에서는 중요한 위치를 차지하게 된다. 대승을 지배한 것은 붓다의 사후 본성에 대한 사변이었다. 사실 이것은 형이상학적이라는 이유로 붓다 자신이 대답하지 않고 남겨 둔 문제였다. 『묘법연화경』은 깨달은 존재들(*tathāgata*)이 영원히 존재하며(*sadā sthitāḥ*) 그들의 반열반parinirvāṇa(사멸)은 환상이라고 주장한다. 이것은 여래如來tathāgata가 사후에도 존재한다고(*hoti tathāgato parammaranā*) 말하는 것인데, 이 문제는 붓다가 중요한 인식론상의 이유로 설명하지 않았던 것이다(부록 1 참조). 그러나 이것은 대승의 기본 주제이다.

게다가 대승에서뿐만 아니라 상좌부에서도 붓다는 초월적 존재로 상승했다. 한편 대승에서는 붓다의 진신眞身이 무소부재의 비이원적 법신法身dharmakāya이라는 극단적 주장까지 제기되었다. 그러한 초월적 붓다의 개념이 불교를 지배하고 난 후 (우파니샤드 성자의 후계자인) 힌두교도들은 붓다를 비슈누Viṣṇu의 최고의 화신(*avatār*)으로 삼았다. 그리하여 현대뿐만 아니라 고대의 불교학자들은 힌두교와 불교의 초월론을 구별하는 성가신 일을 해야만 했다. 이것을 제대로 하지 못한 일부 학자들은 "붓다는 힌두교도로 태어나 힌두교도로 살고 힌두교도로 죽었다"라고 선언했다.

형태와 관계없이 인류를 매혹했던 초월론이 붓다의 사후에 불교사상을 지배하게 되었다. 불교의 철학적 내용은 초월적 실재를 강조한 결과 거의 부정되었다. 따라서 '관습적' 또는 '일상의 언어'를 가리키는 삼무티sammuti(*saṃ* √*mn*, '생각하다')는 상으리티saṃvṛti(*saṃ* √vṛ, '가리다'), 즉 실재를 은폐하는 것을 의미하게 되었다. 따라서 실재는 묘사할 수 없고(*avācya*) 정의할 수 없는(*anirvacanīya*) 것이 되어버렸고, 그 결과 철학적 설법은 평가절하되었다. (선대의 모든 초월론철학에 전혀 관여하지 않으려 했던 딘나가Dinnāga[陳那]의 철학에 실제로 그런 철학의 내용이 많다는 점은 주목할 만하다.) 불교를 중요한 철학적 운동으로 간주하지 않은 사람들은 불교의 철학적 업적은 철저히 무시한 채, 그 종교적 가르침만을 지나치게 강조해왔다. 이 책의 주요 목적은 초기 불교가 가진 철학적 풍부함에 주목하고, 불교를 마침내 세계종교로 만든 종교적 차원을 재정립하는 것이다.

제2부에서는 이어지는 불교 사상의 분파를 개략적으로 설명한다. 기본적인 철학적 개념은 불교가 인도 본토를 벗어나기 전에 충분히 발달했기 때문에 여기서는 후대의 학파들은 다루지 않고 오직 선불교禪佛敎의 일부 측면만을 다루려 했다(부록 2 참조). 선에 대해 약간의 지면을 할애하였는데, 그것은 선이 다른 어떤 것보다도 중국 사상을 가장 잘 대변한다는 견해가 일반적이기 때문이다. 이것은 붓다의 가르침을 완전히 오해한 데서 나온 것이다. 중국의 불교 학파 중에서 화엄종은 불교의 상이한 개념을 종합하려 했다. 그 종합의 결과야 어찌 되었든 간에 화엄종이 다룬 개념은 이미 불교 전통에 있었던 것들이다. 이런 이유로 해서 이 책에서는 실론·중국·일본, 심지어 티베트의 불교 학파조차도 전혀 다루지 않았다.

데이비드 J. 칼루파하나David J. Kalupahana

지은이의 일러두기

이 책 전체를 통해 사용된 "초감각적 지각extrasensory perception"* 이라는 표현은 "고등 지식(*abhiññā*)"을 가리키며, 따라서 이것은 감관들을 초월하는 형태의 지식이 아니라 일종의 "감관과는 무관한supersensory 지식"으로 이해되어야 한다.

D. J. K.

* 이 술어는 듀크대학교의 심리학자 라인J. Rhine이 직관, 텔레파시, 정신 측정 투시 등의 초능력을 지칭하기 위해 채택한 것이다.

감사의 말

이 책은 1971년 봄 학기에 하와이대학교 철학과에서 방문 교수로서 가르쳤던 불교 철학 강좌에 기원을 두고 있다. 같은 해 가을에 초고가 완성된 이후 스리랑카와 하와이의 많은 친구가 읽어보고 개선을 위해 여러 가지 훌륭한 제안들을 해주었다. 나는 그들 모두에게 깊은 마음의 빚을 지고 있다.

내가 실론대학교에서 대학 생활을 시작한 이래 줄곧 나에게 영감을 제공해주던 스승이자 친구인 말라라세케라 교수의 죽음을 언급하려니 엄청난 개인적인 상실감이 밀려온다. 그는 이 책의 추천사를 흔쾌히 써주었지만 출판되는 것은 보지 못한 채 세상을 떠나고 말았다.

하와이대학교 예술대학 학과장인 나의 동료 프리트위시 네오지 Prithwish Neogy 교수에게 각별한 감사를 드린다. 인쇄를 위해 원고를 준비하는 과정에서 진심 어린 도움을 준 플로리스 사카모토 부인Mrs. Floris Sakamoto에게도 감사의 마음을 전한다.

약어표

A *Aṅguttara-nikāya*[『증지부增支部』] ed. R. Morris and E. Hardy, 5 vols., London: PTS, 1885-1900; tr. F. L. Woodward and E. M. Hare, *The Book of the Gradual Sayings*, 5 vols., London: PTS, 1932-1936.

AD *Abhidharmadīpa: with Vibhāṣāprabhāvṛtti*[『대법등론對法燈論』], ed. P. S. Jaini, Patna: K. P. Jayaswal Research Institute, 1951.

ADV *Vibhāṣāprabhāvṛtti*[『대법등론』의 주석서], *AD* 참조

D *Digha-nikāya*[『장부長部』] ed. T. W. Rhys Davids and J. E. Carpenter, London: PTS, 1890-1911; tr. T. W. Rhys Davids, J. E. Carpenter, and W. Stede, *Dialogues of the Buddha*, 3 vols., London: PTS, 1899-1921.

DA *Sumaṅgalavilāsinī*[『수망갈라윌라시니』], *Digha-nikāya-aṭṭhakathā* [『장부』의 주석서], ed. T. W. Rhys Davids, J. E. Carpenter, and

W. Stede, 3 vols., London: PTS, 1886-1932.

Dhs *Dhammasaṅganī*[『법취론法聚論』], ed. E. Müller, London: PTS, 1885.

DhsA *Atthasālini*[『승의론소勝義論疏』], *Dhammasaṅganī-aṭṭhakathā*[『법취론』의 주석서], ed. E. Müller, London: PTS, 1897.

GS *The Book of the Gradual Sayings*[『증지부』의 영역본], *A* 참조.

It *Itivuttaka*[『여시어경如是語經』], ed. E. Windish, London: PTS, 1889.

KS *The Book of the Kindred Sayings*[『상응부相應部』의 영역본], *S* 참조.

M *Majjhima-nikāya*[『중부中部』], ed. V. Trenckner and R. Chalmers, London: PTS, 1887-1901; tr. I. B. Horner, *Middle Length Sayings*, 3 vols., London: PTS, 1954-1959.

MK *Mūla-madhyamaka-kārikā*[『중론中論』] of Nāgârjuna, *MKV* 참조.

MKV *Madhyamakavṛtti*(*Madhyamakakārikās*)[『중론송中論頌』], ed. L. de la Vallée Poussin, *Bibliotheca Buddhica* 4, St. Petersburg: The Imperial Academy of Sciences, 1903-1913.

MLS *Middle Length Sayings*[『중부』의 영역본], *M* 참조.

PTS The Pali Text Society.

S *Saṃyutta-nikāya*[『상응부』], ed. L. Feer, 6 vols., London: PTS, 1884-1904; tr. C. A. F. Rhys Davids and F. L. Woodward, *The Book of the Kindred Sayings*, 5 vols., London: PTS, 1917-1930.

Sakv *Sphuṭârthâbhidharmakośa-vyākhyā*[『아비달마구사론阿毘達磨俱舍論』에 대한 야쇼미트라Yaśomitra의 주석서], ed. U. Wogihara, Tokyo:

The Publication of Association of Abhidharma-kośavyākhyā, 1932-1936.

SBB *The Sacred Books of the Buddhists*, PTS 출간.

SBE *The Sacred Books of the East*, ed. Max Müller, London: Oxford University Press.

Sdmp *Saddharmapuṇḍarīka-sūtra*[『묘법연화경妙法蓮華經』], ed. H. Kern and B. Nanjio, St. Petersburg: The Imperial Academy of Sciences, 1912; romanizedtext, ed. U. Wogihara and C. Tsuchida, Tokyo: Seigo Kenkyu-kai, 1934-1936.

Sn *Sutta-nipāta*[『경집經集』], ed. D. Anderson and H. Smith, London: PTS, 1913.

TD *Taishō Shinshu Daizōkyō*[『대정신수대장경大正新修大藏經』], ed. J. Takakusu and K. Watanabe, Tokyo: Daizō-Shuppan Co., 1924-1934.

Thag *Thera-gathā*[『장로게長老偈』], in *Thera-therī-gathā*, ed. H. Oldenberg and R. Pischel, London: PTS, 1883.

Ud *Udāna*[『자설경自說經』], ed. P. Steinthal, London: PTS, 1948.

Vajra *Vajracchedikā-prajñāpāramitā*[『금강반야바라밀경金剛般若波羅蜜經』], ed. and tr. E. Conze, *Serie Orientale Roma* 13, Rome: Istituto italiano per il Medio ed Estremo Oriente, 1957.

VbhA *Sammohavinodanī*[『삼모하위노다니』], *Vibhaṅga-aṭṭhakathā*[『분별론分別論Vibhaṅga』의 주석서], ed. A. P. Buddhadatta, London: PTS, 1923.

Vin *Vinaya Piṭtaka*[『율장律藏』], ed. H. Oldenberg, 5 vols., London: PTS, 1879-1883.

VinA *Samantapāsādikā*[『선견율비바사善見律毘婆沙』], *Vinaya-aṭṭhakathā* [『율장』의 주석서], ed. J. Takakusu and M. Nagagi, 7 vols., London: PTS, 1924-1947.

Vism *Visuddhimagga*[『청정도론淸淨道論』], ed. C. A. F. Rhys Davids, 2 vols., London: PTS, 1920-1921.

제1부
초기 불교

1장
역사적 배경

인도 학계는 대체로 인도 문화와 문명의 기원을 지금껏 아리안족이 중앙아시아에서 인도에 도착한 시기(약 기원전 1750년) 정도로 본다. 대부분이 자연의 위력을 찬양하는 찬가집으로 베다 시인들의 작품이라고 생각되는 『리그베다Ṛgveda』는 침략자 아리안족과 다시우스Dasyus라고 불리는 검은 피부의 원주민 사이의 충돌을 언급한다. 아리안족이 다시우스족에 대해 가진 편견 때문에 『리그베다』에서는 실제로 아리안족이 침범해 올 당시 인더스 계곡을 점령하고 있던 사람들을 열등하게 묘사하고 있다. 나중에 네 가지 사회계층으로 발전되는 카스트제도는 이러한 편견이 반영된 것이다. 이러한 묘사는 고고학자들이 인더스 계곡에 남아 있던 고도로 문명화된 유적을 발견한 뒤로 완전히 바뀌었다. 이제 아리안족이 정복한 검은 피부의 원주민을 미개 종족으로 간주하는 사람은 없다. 그들은 매우 발달된 문화와 도시 사회를 가졌던 것 같다. 학자들의 최근 과제는 아리안족과 비아리안족의 문화와 문명의 상이한 흐름을 분류하는 것이었다. 이 흐름은 시간이 지남에 따라 하나로 수렴되어 『우파니샤드Upaniṣad』라고 불리는 후기 베다문학의 시대를 열게 된다.

이후에 인도를 지배하게 되는 수행주의 문화는 대체로 아리안족 도래 이전의 인더스 계곡 문명과 관련된 것인데, 그 이유는 유명한 인더스의 문장紋章이 시바Śiva의 원형을 마하요긴mahāyogin[대요가 수행자]으로 묘사하고 있기 때문이다. 소마soma를 마시고 장난치기를 즐기는 신들에 대한 찬가에서 분명히 알 수 있듯이 아리안족의 문화는 좀 더 현세적이었다. 이런 이유 때문에 아리안족은 비아리안족의 문화를 매우 이상하게 생각했다. 이 점은 발가벗고 긴 머리를 한 수행자들을 본 베다 시인이 두려움을 표현하는 『리그베다』[1]의 「케쉬 수크타Keśī-sūkta」에서 나타난다. 결국에 비아리안족의 수행주의 전통은 좀 더 현세적인 아리안족 전통의 지배로 인해 뒷전으로 밀려나게 되지만 완전히 소멸될 수는 없었다. 얼마간 잠복기를 거친 뒤에 신선한 활력과 생동성을 가지고 다시 등장했던 것 같다. 인도철학사는 이 두 전통이 벌이는 주도권 경쟁의 이야기로 서술할 수 있을 것이다. 베다 이전 시대에 관한 기록이 전혀 없기 때문에 인도철학의 시발점에 대한 연구는 대개 베다 연

1 *Ṛgveda*, ed. Max Müller, 6 vols.(London: W. H. Allen, 1849-1874), x. 136. *Vrātya Book of the Atharvaveda*(Book xv) 참조. 일부 학자들에 따르면 으라티야Vrātya는 크샤트리아Kṣatriya 계급의 '금욕주의자ecstatics'이며 요긴yogin[*요가 수행자]의 선구였다고 한다.

구에서 시작한다. 아리안족은 베다 시대에 현상의 본성에 대해 사유했고 그 결과 아직 체계적인 철학적 사유가 싹트기도 전에 이미 자연의 통일성이라는 개념을 생각해냈다. M. 히리야나M. Hiriyana* 는 베다의 신 개념을 탄생시킨 심리학적 배경에 대해 언급하면서 다음과 같이 말했다. "원시인이 신들을 창조하여 모든 현상과 사건을 설명한 것은 자연현상에서 반복이라는 규칙성을 발견했고, 그리고 모든 일에는 원인이 있다는 것을 마음속으로 확신했기 때문일 것이다."[2] 리타ṛta('세계 질서')라고 알려진 이러한 순수 물리적 질서의 개념은 점차 희생 제의犧牲祭儀의 체계로, 그리고 나서 도덕 법칙으로 발전해나갔다. 이쯤에서 신에 대한 개념과 희생 제의 체계가 어떻게 발전했는지 간략하게 설명하는 것이 좋을 것 같다.

사실상 『리그베다』에 나타나는 신에 대한 개념은 인도유럽어 시기가 아니라 인도이란어 시기에 기원을 두고 있고,** 따라서 매우 복합적이다. 하지만 인도학 학자들은 거기에서 어떤 매우 뚜렷한 발전 단계가 나타난다는 것을 발견했다. 시초에는 자연에 대한 신인동형동성론적anthropomorphic 관점이라는 특징이 있다고 말한다. 불·바람·비와 같은 자연의 세력은 인간의 형상과 감정이나 욕망 등을 갖는다고 여겨졌다. 그러나 시간이 흐름에 따라 이러한 세력

* 인도철학에 대한 가장 탁월한 저술가 중 한 사람이다.

2 M. Hiriyanna, *Outlines of Indian Philosophy*(London: George Allen & Unwin, 1956), p. 31.

** 실제로 조로아스터교의 경전인 『아베스타Avesta』에 나오는 신과 베다의 신 사이에는 유사성이 많다.

은 신비하고 강력하며 경외심을 자아내는 신성이라고 생각되었다. 그 결과 인간이 평화롭고 안락한 생활을 영위하도록 은혜를 베푸는 신들의 거대한 만신전pantheon이 등장했다. 인간은 각자 자신의 필요와 욕망에 따라 이런 신들 중에서 숭배할 대상을 선택하고 적절한 과정을 통해 그 신을 최고의 신으로 떠받들게 되었다. 막스 뮐러Max Müller*는 이러한 단계를 단일신교henotheism라고 불렀다. 신에 대한 이러한 개념은 두 방향으로 발전하게 된다. 처음에는 바루나Varuṇa, 나중에는 프라자파티Prajāpati와 브라마Brahmā**가 대표하는 일신교와, 『우파니샤드』에서 나타나듯 브라만과 아트만Ātman의 합일이라는 관념에서 정점에 이르는 일원론이었다.

우리는 이러한 발전과 함께 희생 제의도 점차 발전하는 것을 볼 수 있다. 신인동형동성론이 성행하던 최초의 단계에서 희생 제의란 인간과 별 차이가 없다고 여겨지는 존재 계층을 만족시키기 위해 단순히 소마·우유·버터·기름 같은 것을 바치는 행위였다. 이는 주어진 은혜에 대한 감사의 표현이었다. 그러나 인간과 신의 간격이 점점 더 커지고 신이 더욱 큰 힘을 가진 존재로 생각되자, 희생 제의의 목적은 신의 선한 은혜를 얻고 싶어 그를 달래는 것으로 바뀌었다.

희생 제의가 더욱 정교해짐에 따라 의례를 집전하는 바라문 사제(*brāhmaṇa*)*** 계층이 등장했다. 그들은 신과 인간의 중개자 역할

* 독일 태생의 저명한 어원학 및 동양학 학자이다.

** 우파니샤드의 최고 실재였던 중성명사 브라만이 인격화된 남성 신으로 후기 우파니샤드의 창조신이다.

*** 사제를 가리키는 말에는 '브라만'과 '브라마나'가 있다. 브라만이 중성으로

을 했고, 결국에는 사실상 반신半神으로 간주되었다. 광범위하고 정교한 의례가 인도인의 종교 생활을 지배했다. 희생 제의는 바라문 사제가 숭배자나 제사자에게 건강과 번영을 내려주기 위해 사용하는 도구로 간주되었다.

시인들이 지은 단순한 베다의 찬가는 의례가 더욱 정교해지면서 희생 제의의 일부로 사용되기 시작했다. 의례를 집전하는 사제의 의식 중 하나는 이 찬가를 낭송하는 것이었고, 그리하여 사제들은 베다의 보존자가 되었다. 희생 제의의 핵심 부분은 이러한 찬가를 낭송하는 것이었기 때문에 찬가는 마술적 위력을 갖는다고 여겨졌다. 낭송은 반드시 정확해야 했으며, 안 그러면 원하는 혜택을 기대할 수 없다고 생각됐다. 결국 베다가 점차 신성神性과 결부됨에 따라 그것이 인간에게서 비롯되었다는 사실은 망각되었다. 베다가 신에게서 유래되었다고 주장하는 최초의 설명에 따르면 찬가를 만들게 된 계기는 푸루샤(*puruṣa*)*를 바치는 희생 제의 때문이었다.[3] 일원론의 설명 원리가 통용될 때는 베다가 푸루샤에서 나왔다고 생각했으나, 일신교가 유행하자 베다의 기원을 인격을

쓰일 경우 베다의 언어·기도·주문의 신비력 및 우파니샤드의 근본원리 등을 의미하고, 남성으로 쓰일 경우는 '성지聖智가 충만한 자', 즉 '사제 바라문'을 의미한다. 브라만의 의미는 '제식의 지식이나 위력'에서 '제식의 힘이나 지식에 의해 그 위력을 통제할 수 있는 사제 계급'으로, 그리고 나중에 우파니샤드의 근본원리로, 힌두교의 신 브라마로 발전했다. 브라마나는 '브라만을 소유한 자'라는 뜻이다. 이 책에서는 브라만을 둘러싼 혼란을 피하기 위해 사제의 의미를 모두 바라문으로 옮겼다.

* 우주 자아 또는 원인原人.

3 *Ṛgveda* x. 190.

가진 신성한 존재에서 찾았다. 프라자파티에게도 종종 베다를 창조한 업적이 있다고 간주되었는데,[4] 우리는 나중에 브라마의 관념이 발전하고 또 브라마와 프라자파티가 동일시되면서 바로 이 위대한 신이 베다를 창조했다고 주장하는 것을 보게 된다. 초기 우파니샤드 가운데 하나에 분명하게 기록된 사실은 베다 지식이 브라마로부터 비롯되었고, 브라마는 그것을 프라자파티에게 알려줬고, 프라자파티는 다시 그것을 마누Manu(최초의 인간)에게 말했으며, 마누는 그것을 다시 인간에게 전했다는 것이다.[5] 신에게서 유래되었다고 여겨지는 이 지식을 구체화한 베다는 현인들의 길고 부단한 전통을 통해 대대로 전승되었다.

이렇게 탄생한 것이 전통주의자들이다. 이들은 자신들이 가진 지식의 원천을 전적으로 경전의 전통과 그 해석에서 찾는다. 바로 이들이 베다의 신성한 권위를 주장하는 바라문인데, 베다가 갖는 이러한 신성한 권위는 아리안 전통의 가장 중요한 특징 가운데 하나이다.

수행주의 문화는 아리안족이 지배하던 초기에 사실상 활력을 상실했지만 완전히 소멸될 수는 없었다. 이것은 『브라마나Brāhmaṇa[祭儀書]』 문헌이 대표하는 전기 베다 시대 말기쯤에 다시 두각을 나타내기 시작했다. 이 수행주의 문화는 『아란야카Āraṇyaka[森林書]』

4 *Taittirīya Brāhmaṇa*(of the Black Yajurveda with the commentary of Sāyana, ed. Rajendralal Mitra, *Bibliotheca Indica*, 3 vols.[Calcutta: Asiatic Society of Bengal, 1859]), 2. 3. 10. 1.

5 *Chāndogya Upaniṣad*(*The Principal Upaniṣad*, ed. and tr. S. Radhakrishnan[London: George Allen & Unwin, 1953] 참조), 8. 5.

의 시대에 부활했고, 우파니샤드에서는 이것이 이른바 브라마나 문화를 압도하는 것처럼 보인다. 이제 강조점은 희생 제의나 의례(*karma*)로부터 지식이나 이해(*jñāna*)로, 그리고 외부 세계(*loka*)의 지식으로부터 개인(*ātman*)의 이해로 바뀐다. 이처럼 인간의 실재를 강조하게 된 이유는 수행주의 전통의 가장 중요한 측면이었던 요가의 집중을 수행한 직접적 결과일 것이다.

우파니샤드 시대에 유행한 일부 관념의 발생 경위를 이해하기 위해서는 알라라 칼라마Ālāra Kālāma, 웃다카 라마풋타Uddaka Rāmaputta 같은 일부 초기 수행자와 특히 고타마 싯다르타가 설명했을 법한 요가의 집중 과정과 여기에서 얻는 법열의 상이한 단계를 검토하는 것이 도움이 될 것 같다. 요가 집중의 주요 목적은 감각적 인상, 그리고 이것과 결부된 탐욕과 같은 더러운 충동을 단계적으로 제거하는 것이다. 후기의 불교 입문서에 따르면 명상(*jhāna*)*의 과정은 옅은 붉은 모래로 된 원, 푸른 꽃으로 된 원, 또는 심지어 붓다의 상像 같은 감각의 사극에 집중함으로써 시작된다. 트랜스trance**의 첫 단계는 우리가 감각의 욕망, 나쁜 의지, 나태와 무기력, 흥분과 당황 같은 유해한 경향을 일시적으로 억누를 때 성취된다. 여기서 우리는 이것에 초연하고 또 명상을 위해 선

* 명상을 의미하는 갸나jhāna(Sk. dhyāna)는 선나禪那(약칭 선)로 번역되며 일반적으로 선정禪定으로 통용된다. 여기서 정은 선을 원인으로 할 때의 결과를 의미하며, 전체적으로는 사색계선四色界禪(약칭 사색선)과 사무색계정四無色界定(약칭 사무색정)으로 구성된다. 지은이는 선과 정을 각각 명상과 고등 명상으로 옮겨 구별한다.

** 트랜스는 정상의 각성 의식이 아닌 의식 상태를 가리킨다.

택한 대상에게만 자신의 모든 사념을 집중하는 법을 알게 된다.

둘째 단계에서 우리는 사념을 그치고 더욱 합일되고 평온하며 자신만만한 태도를 취한다. 사념이 제거되면서 이 자신만만한 태도는 의기양양함과 열광의 환희로 진입한다. 그러나 이 의기양양함 자체는 마음의 평화에 걸림돌이 되기 때문에 차례대로 극복되어야 한다. 이 과제는 이어지는 두 단계에서 성취되는데, 네 번째 자나jhāna에 이르면 우리는 편안함과 불편함, 행복과 불행, 의기양양함과 낙담, 상승과 방해를 더 이상 의식하지 않게 된다. 이로써 마음이 유연해지고 감수성이 예민해져 고등 명상의 단계, 즉 사무색정에 이르거나 초감각적 지각이나 지식(*abhiññā*)에 이를 수 있다. 사무색정의 첫째 단계에서 우리는 모든 것을 '무한한 공간(*antâkasā*)'으로 지각하고[空無邊處定], 둘째 단계에서는 '무한한 공간'을 단지 공간의 '의식(*viññāṇa*)'으로 지각하고[識無邊處定], 셋째 단계에서는 '의식'을 단지 '공空(문자 그대로 '무無', *akiñci*)'으로 지각하고[無所有處定], 넷째 단계에서는 '공'에 집착했던 행위를 포기하고 '지각도 비지각도 없는(*nevasaññānâsaññā*)' 순간에 도달하는 상태[非想非非想處定]에 이른다.

초기의 어떤 설법에서 붓다는 자신이 알라라 칼라마와 웃다카 라마풋타가 각각 가르쳐준 지침에 따라 이 마지막 두 단계에 도달했다고 선언했다.[6] 붓다는 이어서 자신이 스승들을 뛰어넘어 '지각과 느낌의 소멸(*saññāvedayitanirodha*[想受滅定])'이라고 스스로 묘사한

6 *Ariyapariyesana-sutta*, *M* 1. 160ff.

단계에 도달했다고 주장했다. 이 명상의 단계가 갖는 가치는 불교의 열반nirvāna 개념을 분석할 때에 다시 논의할 것이다. 현재의 논의에서 할 수 있는 말은 정신의 발전에 있어 이러한 단계가 앞에서 언급했듯이 수행주의 문화의 필수 부분인 요가 집중의 결과라는 점이다. 콘즈Conze는 서구의 용어를 통해 이러한 정신 상태를 묘사하면서 다음과 같이 말한다.

> 외적으로 이 상태는 혼수상태로 보인다. 움직임·말소리·사고는 보이지 않는다. 오직 생명과 온기만이 남아 있다. 무의식적 충동까지도 잠자고 있다고 한다. 내적으로는 기타 신비주의 전통들이 주장한 원본적 명상의 언표 불가능한 인식, 궁극적 실재에 이르려는 원본적 의도, 무無와 무, 즉 일자一者와 일자의 합일, 거룩한 심연, 즉 신성神性의 사막에 거주하는 것과 일치하는 것 같다.[7]

다시 말해 개인의 정신 과정은 더 크고 더 넓은 실재, 즉 궁극적 실재와 합일하는 것으로 보인다.

이와 같은 요가 법열의 분석은 불교도들이 서술한 갸나에 기초하지만, 이것이 불교 이전이나 우파니샤드 이전의 수행자들이 발전시킨 것과 전혀 다르다고 생각할 필요는 없다. 『아란야카』 문헌

7 Edward Conze, *Buddhism: Its Essence and Development*(New York: Harper & Row, 1963), p. 101.

이 수행주의 문화가 베다 전통 자체 내에 수용되던 시대를 상징한다고 해서, 이 수행주의 전통이 『우파니샤드』가 상징하는 후속 시대에 와서 영향력을 상실했다고 생각할 수는 없을 것이다. 따라서 수행주의 전통이 완전히 사라지지 않았다는 가정 아래 우리는 우파니샤드 스승들의 근본 가르침을 더욱 잘 이해할 수 있다.

초기 우파니샤드, 특히 『브리하다란야카Bṛhadāraṇyaka』와 『찬도기야Chāndogya』의 주요 특징 가운데 하나는 사변적 경향이라고 말할 수 있다. 자야틸레케K. N. Jayatilleke는 각 사상가가 강조하는 인식 방식에 따라 그들을 전통주의자·합리주의자·경험주의자, 이 세 가지 유형으로 나눈다. 그는 합리주의자를 다음과 같이 설명한다. "그들은 초감각적 지각을 완전히 배제한 채 추론과 사유를 통해서만 지식을 이끌어낸다. 초기 우파니샤드의 형이상학자, 회의주의자, 물질주의자 및 대부분의 아지비카Ājīvika* 학자들이 이 부류에 속한다."[8] 이어서 그는 경험주의자가 초감각적 지각을 포함하는 개인의 직접 지식과 경험에 의존했으며, 이 기초 위에 이론을 수립했다고 말한다. 자야틸레케의 이론은 우선 초기 우파니샤드에 나타난 개인 '자아(*ātman*)'와 우주 '자아(*Brahman*)'라는 개념이 사변과 합리적 논증에 의해 도출되었고, 경험에 의존하여 그러한 자아 이론을 정당화하거나 심지어 도출한 것은 나중의 일이라는

* 붓다 시대에 막칼리 고살라Makkhali Gosala가 창설한 자연주의자 교단이다. 인간의 의지 작용을 부정한 극단적 숙명론을 주장했다.

8 K. N. Jayatilleke, *Early Buddhist Theory of Knowledge*(London: George Allen & Unwin, 1963), p. 170.

점을 암시한다. 그러나 초기 우파니샤드의 근본 가르침 — 개인 자아와 우주 자아라는 개념 — 과 요긴의 최고 명상 상태에서의 인식(예를 들어 고차원의 의식, 즉 궁극적 실재와 합일하거나 궁극적 실재로 발전하는 개인의 사유 과정)을 비교한다면, 우파니샤드의 사변은 요긴의 인식을 기초로 했을 가능성도 있을 것 같다. 초기 우파니샤드 사상가들은 초감각적 지각과 요가 직관에 대한 직접적 언급을 배제한 채 고도의 신비적 묵상에서 얻은 결론을 합리적으로 설명하는 일에 관심이 있었던 것 같다. 아마도 이것은 베다, 더 정확히 말하면 바라문 전통 자체가 오랫동안 저항했던 수행주의 전통과 거리를 두려고 했기 때문이다. 그러나 마침내 중기나 후기 우파니샤드에 이르러 이러한 수행주의 문화는 아리안 전통을 완전히 지배하게 된다.

그러나 만일 우파니샤드의 스승들이 실제로 신비주의자들이나 명상가들(*yogin*)이 발견한 것을 합리화했던 것이라면, 왜 그들은 신비적 명상의 방법을 따랐던 붓다와 철저하게 달랐는가? 사실 불교에 대해 저술한 거의 모든 힌두학자의 한결같은 주장은 붓다가 힌두교도로 태어나 힌두교도로 살다 힌두교도로 죽었다는 것이다. 붓다가 죽고, 교의가 철저한 변화를 겪은 지 수세기 후에 붓다를 비슈누Viṣṇu의 '화신(*avatār*)'으로 간주하게 된 것은 사실이다. 그러나 우리는 당시의 정통 종교 스승들이 붓다를 최악의 이단으로 간주했다는 것을 잊지 말아야 한다. 앞으로 보겠지만 많은 학자가 초기 불교의 열반 개념을 잘못 이해했고 또 부당하게 해석함으로써 궁극적 실재에 관한 한 붓다의 가르침과 우파니샤드 스승들의 가르침 사이에 전혀 차이가 없다고 생각했다. 하지만 우리는 붓다의 가르침이 우파니샤드 및 후기 힌두교의 가르침뿐만 아니라 후기의 절대론 형태의 불교와도 완전히 다르다는 사실을 확인하게 될 것이다.

우파니샤드 사상가들이 신비경험을 통해 제시한 형이상학 이론 때문에 물질주의자들 — 이들 중 일부는 수행자(*samaṇa*, Sk. *śramaṇa*)를 자칭한다 — 은 일종의 반작용으로서 초감각적 지각 및 요가 직관의 타당성을 거부했다. 한편 붓다는 그러한 직관의 타당성을 완전히 부정하지는 않았다. 그는 그 한계를 강조하면서도 요가 트랜스의 가치를 제한적으로 인정함으로써 중도中道의 길을 따랐다. 따라서 붓다는 한편으로 초감각적 지각을 인식의 타당한 수단으로 인정하면서, 다른 한편으로 그런 지각이 우주의 시초나 우파니샤드 사상가들이 인정했던 궁극적 실재와 같은 문제에 대한 지식을 제공한다는 생각은 거부했다. 이와 동시에 붓다는 요긴이 도달하는 트랜스의 최고 단계, 즉 지각과 느낌이 소멸되는(*saññāvedayita-nirodha*) 멸진정滅盡定nirodhasamāpatti과 같은 단계를 평화와 정적이 잠시 이루어지는 국면이라고 생각했다.

우파니샤드 스승들은 수행주의 문화의 신비주의 측면을 채택했지만 기본적으로는 베다 전통에 속한다. 앞에서 지적했듯이 베다 전통은 대체로 수행주의 전통을 거부했다. 초기 우파니샤드 스승들이 참된 '자아(*ātman*)'를 찾기 위해 추구하는 방식에서 매우 분명히 알 수 있듯이 베다 전통은 무엇보다 자아를 내세우며 자기 본위적이다. 『찬도기야 우파니샤드Chāndogya Upaniṣad』에는 인드라

Indra가 단계적 가르침을 통해 프라자파티에게 진정한 '자아'에 대해 설명하는 절이 있다.[9] 인드라는 우선 프라자파티에게 냄비 안의 물을 보게 하고는 거기서 본 것[물속에 비친 자신의 모습]을 "자아, 즉 불멸의 용맹한 브라마Brahma"로 간주하라고 요구한다. [그러나] 인드라는 이것을 곧 부정한다. '자아' 역시 육체의 변화와 함께 변화할 것이기 때문이다. 그러고는 다음의 사실을 지적한다. "꿈속에서 즐겁게 움직이는 사람 — 그가 진정한 자아(Ātman)이다. … 그것이 불멸자요, 용맹자이다. 그것이 브라마이다."[10] [인드라는] 이것 역시 만족스럽지 못하다고 느꼈다. 꿈속에도 즐겁지 못한 경험이 반드시 있기 때문이다. 그래서 다음과 같이 생각했다. "자, 우리가 깊이 잠들었을 때 우리는 평온하고 조용해서 꿈을 전혀 알지 못한다. 그것이 진정한 자아(Ātman)이다. … 그것이 불멸자요, 용맹자이다. 그것이 브라마이다."[11] 그러나 이 입장도 만족스럽지 못해 다시 제시된 논증은 사실 우파니샤드 사상가들이 찾고 있던 '자아(*ātman*)'의 본성과 같은 것이었다. 꿈을 꾸지 않는 수면 상태의 의식은 아트만의 성립 조건 중에서 하나를 제외한 모든 조건을 만족시켰다. 『찬도기야 우파니샤드』에서는 다음과 같이 말한다. "그렇다면 그(인드라)는 신들의 반열에 오르기도 전에 이 위험을 알았다. '분명히 이 사람은 '내가 그다'라고 생각하면서도 자기 자신(*ātmānam*)을 정확히 모르고, 여기에 관계된 일들도 모르고

9 *Chāndogya Upaniṣad* 8. 7. 1ff.
10 Ibid., 8. 10. 1.
11 Ibid., 8. 11. 1.

있음이 분명하다. 그는 이미 파괴된 사람이다. 여기에는 즐거운 일이 전혀 없다.'" 분명한 점은 우파니샤드 사상가들이 불멸하고 영원하면서 동시에 자신을 의식하는 '자아'를 찾고 있었다는 점이다.

우파니샤드 사상가들은 초기의 베다 사상가들과는 달리 세속의 즐거움에 만족하지 않았으며, 숭고한 초세간超世間의 행복을 추구하면서도 기본적으로 자아를 내세우는 경향을 유지했다. 따라서 그들은 영혼의 불멸성에 대한 믿음을 강조했다. 요가 트랜스와 우파니샤드의 해방(*vimukti*)의 개념은 매우 유사한 것으로 보인다. 트랜스 안에서 개인의 의식은 평온과 정적을 특징으로 하는 고등 의식의 형태를 지향하듯이 자유를 얻게 되면 개인적 실재(즉 '자아' 혹은 아트만)는 반드시 궁극적 실재(브라만)와 합일을 이룬다. 분명한 사실은 생멸의 법칙을 따르면서 온갖 종류의 번뇌에 오염된 경험 의식을 거부한다면, 개인 속에 있으면서 영원하고 변치 않으며 또 환희의 본성을 갖는다고 여겨지는 참된 '자아(*ātman*)'를 주장하게 된다는 점이다.

아마도 이 사실 때문에 초기 우파니샤드 시대 이후부터 전통적인 베다의 가르침에는 없던 새로운 교의들을 베다 전통에서 가르치게 되었을 것이다. 따라서 최초의 우파니샤드 가운데 하나에서 보듯이(*Chāndogya* 6. 1. 2-3) 웃달라카Uddālaka는 모든 베다를 학습한(*sarvān vedān adhītya*) 슈웨타케투Śvetaketu에게 "이로써 [아마도 베다 전통 안에서는] 듣지 못했던 것이 들린다(*yenâśrutaṃ śrutaṃ bhavati*)"는 교의를 가르쳐야만 했다. 따라서 전통적으로 전해져 내려온 것은 아니지만 요가 명상을 통해 획득한 고등 지식의 결정체인 일부 교의들이 점차 초기 우파니샤드 전통 속으로 편입되었다. 모든 베다의 가르침과 존재하는 거의 모든 지식은 아트만과 브라만의 합일에 관한 지식을 얻기에는 부족하다는 것이 초기 우파니샤드(『브리하다란야카』와 『찬도기야』)에서 인정된다. 『찬도기야 우파니샤드』 7. 1. 1-3에서 나라다Nārada는 자신이 모든 합리적 사변은 잘 알아도 '자아(*ātman*)'는 잘 알지 못한다고 사나트쿠마라Sanatkumāra에게 시인한다.

> 존경하는 분이시여, 저는 『리그베다』, 『야주르베다Yajurveda』, 『사마베다Sāmaveda』, 넷째 [베다] 『아타르바나Atharvaṇa』를 배웠고, 다섯 번째로는 서사시와 고대의 설화를 배웠고, 베다 중의 베다[즉 문법], 조상들에 대한 제의, 수에 대한 지식[수학], 예언학, 시대학[연대기], 논리학, 윤리학, 정치학, 신들에 대한 지식, 성스러운 앎에 대한 지식, 사대四大의 정령에 대한 지식, 무예, 천문학, 뱀에 대한 지식 및 예술을 배웠습니다. 존경하는 분이시여, 저는 이것들을 익혔습니다. 그러나 존경하는 분이시여, 저는 글자를 알 뿐 자아는 전혀 모릅니다.

초기 우파니샤드에서 브라만과 아트만을 초감각적 지각의 대상이라고 명시하지 않은 것은 사실이다. 그러나 (자야틸레케처럼) 이 점을 이유로 초기 우파니샤드의 형이상학자들을 합리주의자라 하는 것은 사안을 과장하는 것이다.

이것들은 인도의 철학과 종교의 전체 역사를 지배하는 형이상학적 교의이다. 절대론 경향은 일찍이 우파니샤드 시대에 이미 절정에 이르렀다. 개인[有情] 및 무정물無情物의 실재는 궁극적 실재와 동일시되었다. 다시 말해 아트만ātman은 아트만Ātman 또는 브라만Brahman이 되었다. "당신이 그것이다(*tat tvam asi*)"*라는 구절은 바로 이러한 우파니샤드 사상가들의 가르침을 집약적으로 표현한 것이다.

이러한 형이상학 이론들과 이것들을 합리화하는 지식의 원천에 대해 최초로 반응한 이들은 차르바카Cārvāka · 로카야티카Lokāyatika · 바르하스파티야Bārhaspatya로 다양하게 알려진 물질주의자들이다. 그들은 관념론적 형이상학을 거부하고 감각적 지각만이 타당한 지식의 원천이라고 주장했다. 따라서 그들에게는 물리적 세계만이 유일한 실재였고, 의식은 오감五感의 대상이 아니기 때문에 실재하지 않는 것, 즉 보이지 않는 것adṛṣṭa이었다. 물리적 세계는 '자성自性(*svabhāva*)'이라 부르는 고정된 양식에 따라 작용한다. 이 물리법칙은 전적으로 인간의 삶과 행위를 결정한다. 정신적 삶psychic life이란 단지 사대四大(*mahābhūta*)**의 부산물일 뿐이기 때문에 신체 인격physical personality이나 외부 세계에 전혀 영향을 미칠 수 없다. 인간은 자동화 기계일 뿐이다. 도덕과 정신적 문제에 대한 사변은 무의미하고 덧없다. 신체 인격이 파괴되면 인간은 완전히 단절되고

* 웃달라카가 아들 슈웨타케투에게 현시한 것으로 우파니샤드의 가장 유명한 가르침이다. '그것'은 브라만을 가리키고 '당신'은 아트만을 의미한다.

** 땅, 물, 불, 바람의 네 가지 물질적 요소이다.

멸절된다. 내세라는 것은 존재하지 않는다. 이 교의는 인간이 갖는 인격의 연속성을 부정할 뿐만 아니라 행위가 결과를 통해 이어진다고 주장하는 도덕법칙(*karma*)도 거부한다. 이것은 인도 사상에 있어 극단적 형태의 자연주의이고, 어느 정도는 이전 시기의 관념론적 형이상학에 대한 반작용으로 출현했다.

또 다른 형태의 자연 결정론을 대변하는 아지비카 학파는 물질주의와 자연 진화론을 결합했다. 이 학파의 추종자들은 잔존에 대한 믿음을 받아들였다는 점에서 물질주의자들과는 달랐다. 그러나 잔존은 식물의 성장 및 성숙과 유사한 것, 즉 예정된 목적을 향해 가는 진화적 윤회로 생각되었다. "존재는 되처럼 즐거움과 슬픔으로 측정될 수 있고, 정해진 목적으로 측정될 수 있다. 그것은 줄어들 수도 없고 늘어날 수도 없으며, 초과도 미달도 없다. 실타래를 던지면 다 풀어지는 것과 마찬가지로 바보와 현자는 동등하게 자신의 인생을 살고 고통을 끝내게 될 것이다."[12] 물론 이것은 결정론이나 운명론(*niyati-vāda*)의 극단적 형태이다.

인도철학 연구자들이 당면한 가장 중요한 문제들 중 하나는 다음과 같다. 정신적 현상의 타당성을 부정하는 이 두 학파는 무슨 이유로 세속의 사제(*brāhmaṇa*) 문화가 아니라 수행주의(*śramaṇa*) 문화의 범주에 포함되는가? 『마하바라타Mahābhārata』의 「샨티 파르반Śānti-parvan」[13]에 따르면 사실상 물질주의 철학의 창시자는 아자가라

12 *D* 1. 54.

13 *Mahābhârata*(Poona: Bhandarkar Oriental Research Institute, 1933), 12. 179. 11.

Ajagara라고 하는 위대한 성자(*ṛṣi*)이다. 수행주의의 삶에 헌신하고 초감각 능력을 획득했을 것 같은 성자ṛṣi가 무엇 때문에 정신적 현상의 타당성을 부정하고 물질주의 철학을 주장해야만 했을까? 만일 아자가라 같은 성자들이 초감각적 지각을 계발한 후에도 초월적 실재, 즉 브라만이나 아트만의 존재를 증명할 수 없었다면, 그들은 당연히 우파니샤드 요긴들의 일부 주장을 의심했을 것이다. 그러나 그들은 자연의 측면에 관한 지식을 획득하는 데 있어 초감각 능력은 적절하지 않으며 평화와 고요를 달성하는 데 법열은 필요하지 않다고 붓다와 다르게 주장하며 극단으로 나아갔다. 불교 원전들은 단호하게 자연주의자가 초감각적 지각을 부정했다고 진술한다. 이런 형태의 고등 지식을 부정한 이유는 이 지식을 기초로 하는 관념론적 형이상학을 제거하고 싶었기 때문일 것이다.

불교 이전의 사상에서 그다음으로 주요한 학파는 역시 완전한 수행주의(*śramaṇa*) 전통에 속한 자이나교Jainism이다. 이 학파는 수행의 열정(*tapas*)을 극단적으로 추구했으며, 불교도들은 사실상 이 학파를 가리켜 '네 가지 계율(*catuyāmasaṃvara*)'*을 강조한 학파라고 말했다.[14] 자이나교도들은 도덕 행위(*karma*)에 대한 결정론을 주장했다. 그들에 따르면 인간에게는 자신의 행동이나 행위에 대한 책임이 있다. 그러나 일단 행동을 하면 어떤 상황에서도 그 결과에서 벗어날 수 없기 때문에 행동은 행위자의 외부에 있는 것이다.

* 살생·음행·거짓말·도둑질의 금지.

14 *D* 1. 57.

어떤 의미에서 인간은 자신이 저지른 행동의 희생물이 되는 것이다. 아마도 자이나교도들이 극심한 고행을 통해 과거의 행동을 보상하려 했고, 행동하지 않음으로써 미래의 업karma을 쌓지 않으려 했던 것은 불교 경전들이 우리를 설득하는 것처럼 인간에게는 자신의 행동의 결과를 통제할 힘이 없기 때문일 것이다.[15]

자이나교도들은 인식론의 입장에 관한 한 대체로 비절대론자(*anekântavādī*)로 간주된다. 그들의 철학은 혼합주의 형태를 보인다. 그들은 변화, 연속성, 무상無常, 지속과 같은 다양한 형태의 경험을 설명하려는 목적에서 '존재(*sat*)'가 다양한 형태를 갖는다고 주장했다. '존재'에는 생산이나 생기生起(*utpāda*), 파괴나 소멸(*vyaya*), 영원성이나 지속성(*dhrauvya*[恆久])이라는 상이한 특징이 있기 때문이었다.[16] 그들의 인식론에 의하면 모든 판단은 어느 정도 상대성을 갖기 때문에 세속의 차원에서는 절대적 판단을 할 수 없다. 하지만 그들은 실재를 전체적으로 지각할 수 있는 수단인 '전지全知(*kevalajñāna*)'를 주장했다. 따라서 그들은 무상(*anitya*)을 존재의 한 측면으로 인정하면서도 아울러 우파니샤드 사상가들이 인정했던 '개인 자아(*ātman*)'와 비교될 수 있는 영원한 '영혼(*jīva*)'의 존재를 믿었다.

다양한 형태의 절대론이 이러한 철학 학파들 모두를 지배하고 있다는 점이 두드러지는 특징이다. 우파니샤드 전통은 변화와 무상

15 *M* 2. 214.

16 *Tattvârthādhigama-sūtra* 5. 29, S. N. Dasgupta's *History of Indian Philosophy*, vol. 1, p. 175에서 인용.

을 환상이라고 부정하며 영원한 '자아'의 실재를 주장한 반면에, 물질주의 전통은 물질이 궁극적 실재라고 생각했다. 자이나교도들은 무상뿐만 아니라 영원성도 궁극적 실재의 특성이라고 믿었다. 우파니샤드 사상가들은 종교적 측면에서 구원을 '개인 자아'와 '우주 자아'의 합일이라고 생각했다. 물질주의자들은 모든 영성靈性을 부정했고, 자이나교도들은 원래 순수한 '자아'가 업으로 인해 빠져든 존재의 굴레에서 '자아'를 해방시키기 위해 극단적인 자기 절제를 강조했다. 간단히 말해서 이것이 불교가 발생하게 된 철학적, 종교적 환경에 대한 설명이다. 이러한 배경을 통해서만 우리는 붓다가 이 두 측면에 기여한 공헌을 올바르게 이해할 수 있을 것이다.

참고 문헌

Barua, B. M., *A History of Pre-Buddhistic Indian Philosophy*, Calcutta: University of Calcutta Press, 1921.

Dasgupta, S. N., *History of Indian Philosophy*, Vol. I, Cambridge: Cambridge University Press, 1922.

Deussen, Paul., *The Philosophy of the Upaniṣads,* Tr. A. S. Geden, Edinburgh: T & T. Clark, 1906.

Hiriyanna, M., *Outlines of Indian Philosophy*, London: George Allen & Unwin, 1956.

Hume, E. R., *Thirteen Principal Upaniṣads*, London: Oxford University Press, 1934.

Radhakrishnan, S., *Indian Philosophy*, Vol. I, London: George Allen & Unwin, 1941.

Smart, Ninian, *Doctrine and Argument in Indian Philosophy*, London: George Allen & Unwin, 1964.

2장
인식론

고타마 싯다르타가 인간존재에 관한 진리를 탐구하기 시작한 동기는 인간존재에 내재하는 고통에서 해방되려는 욕구 때문이었다. 그는 이것을 위해 여러 스승을 찾아다니며 배울 수 있는 모든 가르침을 추구했다고 전해진다. 그는 당시 유행했던 종교 수행 및 다양한 철학 이론에 정통하게 되었다. 수행주의(*samaṇa*) 문화는 당시 갠지스강 계곡의 하류를 지배하고 있었고, 고타마는 상당히 이른 시기에 요가 명상을 수련한 것 같다.[1] 게다가 고타마가 최후의 깨달음을 얻기 전에 그에게 정신의 문제에 관해 가르친 마지막 두 스승은 그에게 요가 명상이나 묵상 기술을 가르쳤다고 한다. 요가 명상을 수련하고 그 방법을 통해 초감각 능력에 대해 알게 되었을 즈음

1 그는 어렸을 때 부왕父王 숫도다나Suddhodana가 주재한 밭갈이 제전에서 고등 갸나를 획득했다고 한다. 그는 깨달음을 얻기 전에 이 사건을 회상했으며 또한 최고의 수단으로 간주했다고 주장한다.

고타마는 이미 감각적 지각이 지식의 원천이 되는 데 한계가 있음을 깨달았다. 게다가 「칼라마경Kālāma-sutta」과 같은 원전에서 알 수 있듯이[2] 사람들은 이미 추론(*takka*)과 논리(*naya*[理趣])가 진리와 실재에 대한 지식의 수단으로 타당하지 않다고 생각하기 시작했다. 심지어 고타마는 요가 묵상과 초감각 능력마저도 한계가 있다고 생각했다. 수행자들이 이러한 초감각적 지각에 기초하여 형이상학 이론을 수립한 것은 아니었지만 고타마는 실재의 본성에 대한 형이상학 이론을 제시한 수행자들이 이러한 능력을 오용하고 있다는 것을 깨달았다.[3] 그리하여 상황이 매우 복잡해진 것으로 보인다. 그래서 고타마는 깨달음을 얻은 뒤에 지식의 다양한 원천을 그 타당성 및 한계를 지적함으로써 설명하려 했다. 그러나 그는 수행주의 전통의 선배인 산자야 벨랏티풋타Sañjaya Bellaṭṭhiputta처럼 불가지론不可知論이라는 극단에 빠지지는 않았다.

1장에서 붓다 이전의 사상가들이 인식 방법에 따라 세 부류, 전통주의자 · 합리주의자 · 경험주의자로 나뉜다는 것에 주목했다.[4] 전통주의자에게 지식의 원천은 전적으로 경전의 전통과 그 전통에 기초한 해석이었다. 그들은 신의 계시인 베다의 신성한 권위를 지지하는 바라문이었다. 붓다는 베다가 신의 계시물이라는 것 및 지식의 기타 원천 대여섯 개를 비판했는데, 이 비판은 『중부中部

2 *A* 1. 189; *TD* 1. 438.

3 *Brahmajāla-suttanta*, *D* 1. 1ff; *TD* 1. 88bff. 참조.

4 Jayatilleke, *Early Buddhist Theory of Knowledge*, p. 170.

Majjhima-nikāya』의 「창키경Caṅkī-sutta」에 나와 있다.[5] 그는 다음과 같이 말한다.

> 우리 삶에는 두 가지 결과를 갖는 것이 다섯 가지 있다. 그 다섯 가지는 무엇인가? 믿음, 좋아함, 계시, 피상적 반성, 숙고한 이론에 대한 승인[에 기초한 지식]이다. … 비록 내가 가장 심오한 계시(*svānussutaṃ*)에서 무엇인가를 듣는다고 해도 그것은 비어 있고 공허하고 잘못된 것일지 모른다. 반면에 내가 가장 심오한 계시에서 듣지 못하는 것이 사실(*bhūtaṃ*)이고 진리일 수 있으며, 그렇지 않을 수도 있다. 진리를 옹호하는 지성인이 이 문제에 있어 무조건 이것만이 진리이고 다른 것들은 모두 거짓이라고(*idam eva saccaṃ mogham aññaṃ*) 단언적으로(*ekaṃsena*[一邊]) 결론(*niṭṭham*[終結])을 내리는 것은 온당하지 못하다.

반대로

> 만일 어떤 사람이 [계시, 전통 또는 보고로부터] 듣고서 "이것이 내가 [계시, 전통, 또는 보고로부터] 들은 것이다"라고 말할 때, 무조건 이것만이 진리이고 다른 것들은 모두 거짓이라고 단정 짓지 않는다면, 그는 진리를 옹호하는 것이다.

5 *M* 2. 170.

붓다는 여기에서 전통이나 보고, 계시에 기초한 이론이 진리일 수도 있고 거짓일 수도 있다고 주장하고 있다. 진위가 전혀 보장되지 않은 상황에서 그러한 이론을 지식의 정당한 수단으로 간주하는 것은 옳지 못하다. 우리는 그런 지식에 근거해서 실재의 본성에 관해 확정적 결론을 내려서는 안 된다. 붓다가 지적하듯이 우리는 판단을 중지해야 한다. 이것은 전통이나 계시가 타당한 지식의 원천이 되지 못한다는 것을 의미한다.

붓다는 합리주의자들이 추론(*takka*)이나 논리(*naya*)를 기초로 정식화한 이론에 대해서도 같은 태도를 취했다. 『중부』의 「산다카경 Sandaka-sutta」[6]에 따르면 불만족스럽지만(*anassāsika*) 반드시 거짓은 아니라고 언급되는 네 가지 유형의 종교 중 하나는 이성과 사변(*takka*, *vīmaṃsā*[思惟])에 기초한 종교이다. "여기에 … 추론가이자 탐구자인 한 스승이 있다. 그는 추론과 사변을 통해 얻은 자명한 교의를 가르친다. 그러나 추론과 사변의 경우 그 추론은 좋을 수도 있고 나쁠 수도 있으며, 진리일 수도 있고 거짓일 수도 있다." 초기 불교에 따르면 추론이 일관성을 갖는다 해서 어떤 이론이 반드시 사실과 일치하는 것은 아니다. 때로는 정확하게 추론된 이론이 불확실한 사실이어서 틀릴 수도 있고, 잘못 추론된 이론이 옳을 수도 있다. 추론의 타당성은 진리의 유일한 기준일 수 없다.

붓다 이전의 세 부류 철학자 가운데 마지막은 경험주의자이다. 우리가 알다시피 붓다는 자신을 가리켜 고등 지식을 소유한 은둔

6 *M* 1. 520.

자와 바라문 가운데 하나라고 주장했다.[7] 이 주장에서 분명히 알 수 있는 것은 붓다가 자신의 인식 방법이 이전 시대나 동시대에 살던 다른 종교 지도자의 것과 다르다고 주장하거나 스스로 그렇게 생각하지 않았다는 사실이다. 중요한 점은 붓다가 이러한 지식을 통해 그의 선배들과는 다른 결론에 도달했다는 사실이다. 예를 들면 이러한 종류의 경험 지식을 따랐던 우파니샤드 사상가들은 '개인 자아(*ātman*)'와 '우주 자아(*Brahman*)'가 하나이고 동일하며, 구원은 이 사실을 깨닫는 데 있다는 이론이나, 후기 우파니샤드에서처럼 브라마(인격신)가 이 세계를 창조했으며 창조자와 피조물(개인 아트만)이 실제로는 하나이고 동일하다는 이론에 도달했다. 「범망경梵網經Brahmajāla-suttanta」[8]에서 붓다는 수행자와 바라문이 요가의 집중(*ātappam anvāya*[因熱心] *padhānam anvāya*[因努力] *anuyogam anvāya*[因實踐] *sammā manasikāram anvāya*[因正思念])을 통해 초감각 능력을 획득한 뒤 세계(즉 '우주 자아')와 '자아(즉 개인 자아)'가 영원하며, 유일신(*issara*)이 세계를 창조했다고 믿었다는 것을 언급했다. 사실상 붓다는 이러한 지식의 내용이 모든 궁극적 실재와 동일하다고 생각하지 않았고, 이러한 지식을 가지면 구원된다고 생각하지도 않았다. 붓다는 초감각적 지각을 통해 얻은 모든 지식은 목적 자체가 아니라 목적에 이르는 수단이라고 생각했다. 붓다에 따르면 그러한 지식이 우리의 호오好惡에 의해 채색되었을 때, 우리는 온갖 형태의 독단적 믿음

7 *Saṅgārava-sutta*, *M* 2. 211.
8 *D* 1. 12ff.; *TD* 1. 90aff.

에 빠져 사물을 있는 그대로(*yathābhūta*[如實]) 보지 못하게 되고, 무집nongrasping을 통한 완전한 자유(*anupādā vimutti*)를 얻을 수 없게 된다.[9] 그러나 직관을 통해 얻는 이러한 직접 지식이 호오에 의해 방해받지 않을 때, 우리는 사물의 본성을 꿰뚫어 보는 지혜를 얻게 되어 이에 따라 행할 수 있게 되고 아울러 완전한 자유(*vimutti*)를 획득할 수 있게 된다. 이 점은 이후에 다시 다룰 것이다(7장 참조).

더구나 인간의 지식과 지혜가 결국 인간의 노력이 아니라 아트만Ātman 또는 유일신의 은총이나 중재, 혹은 심지어 표현할 수 없는 어떤 신비스러운 것에서 기인한다는 우파니샤드와 달리, 붓다에게 그것은 초자연이 아니라 자연에서 발생하는 것이다. 초감각적 지각(*abhiññā*)은 언제나 '인과적 발생(*dhammatā*[法性])'을 통해 계발된다고 여겨진다.[10] '삼매三昧(*samādhi*)'는 항상 인과의 지배를 받는데, 바로 이 삼매는 우리가 존재의 본성을 밝히는 초감각적 지각[11]을 계발하는 원인(*upanisā*[因素])이 된다. 이는 일상적인 감각적 지각으로는 존재의 본성에 도저히 접근할 수 없기 때문이다.

이 분석은 붓다가 모든 지식의 원천이 갖는 한계를 알고 있었다는 매우 중요한 사실을 분명히 보여준다. 붓다는 이러한 한계를 깨달았기에 그의 선배들이 주장했던 종류의 전지를 부인하게 되었다.[12] 그가 주장한 지식은 ① 숙명통宿命通, ② 천안통天眼通, ③ 누진

9 *D* 1. 16-17; *TD* 1. 90b.
10 *A* 5. 3, 313; *TD* 1. 485bf.
11 *A* 3. 200; *TD* 2. 129a.
12 *M* 1. 482.

통漏盡通으로 구성된 세 가지 지식(*tisso vijjā*[三明])이었다.[13] 이 세 가지는 여섯 형태의 고등 지식(*chaḷabhiññā*[六神通]) 가운데 가장 중요하다.

지식의 각기 다른 온갖 원천 — 이성, 지각, 초감각적 지각 — 의 한계를 강조한다고 해서 불교를 회의주의로 분류해야 할까? 전혀 그렇지 않다. 지식의 한계를 강조한 의도는 오히려 사람들이 '비존재'를 '존재'로 가정하는 사변 이론의 덫(*diṭṭhijāla*[見網])에 빠지지 않게 하려는 것이었다. 따라서 있는 그대로의 사물에 대한 지식(*yathābhūtañāṇa*[如實智見])은 "존재를 '존재'로, 비존재를 '비존재'로(*santaṃ vā atthî ti ñassati, asantaṃ vā n'atthiti ñassati*)" 인식하는 데서 비롯된다.[14]

붓다는 아울러 좋아함(*ruci*)[15]과 싫어함(*aruci*) 같은 주관적인 태도뿐만 아니라 집착이나 경향(*chanda*[欲]), 혐오(*dosa*[瞋]), 혼란(*moha*[痴]), 공포(*bhaya*[怖])[16]가 사물을 있는 그대로 지각하지 못하게 한다는 사실을 인식했다. 그는 이러한 주관적인 편견과 특정한 사유 습관을 제거하면 사물을 이해하는 데 도움이 되리라고 생각했다. 이 문제는 무아無我(*anatta*[비실체성])에 관한 불교 이론을 살펴볼 때 다시 논의할 것이다.

붓다는 주관적인 편견이 진리를 이해하거나 지각하는 데 중요

13 Ibid.
14 *A* 5. 36.
15 *Sn* 781.
16 *A* 2. 18.

한 역할을 한다는 것을 알았기 때문에 깨달음을 얻은 뒤에는 담마 dhamma를 설파하는 것을 꺼렸다.[17] 그러나 일단 설법하기로 결정하고 난 뒤에는 사람들의 근기根基[기질과 능력]가 서로 다르다는 것을 알았기에 점진적 가르침(*ānupubbikathā*[次序])의 방법을 채택했다.

올바른 이해(*sammā diṭṭhi*[正見])를 획득하는 방법에 대한 질문을 받았을 때, 붓다가 지목한 근본 원천은 ① 타인의 증언(*parato ghosa*[他聲])과 ② 적절한 반성(*yoniso manasikāra*[如理作意]) 두 가지였다.[18]

우리는 이미 붓다가 신의 계시와 증언 같은 지식의 원천을 비판했다는 것을 알고 있다. 하지만 그의 비판이 모든 것을 파괴하려는 것은 아니었다. 사실상 그가 비판한 주요 대상은 이러한 것들만이 지식의 정당한 원천이라고 주장한 사람들이었다. 그러나 여기에서 우리는 붓다가 증언을 지식이나 이해에 이르는 초기 단계로 인정한다는 것을 알게 된다. 그렇다면 이러한 타인의 증언이나 보고는 자신의 경험에 비추어서 입증되어야 할 것이다. 증언은 옳을 수도 있고 그를 수도 있다. 적절한 반성(*yoniso manasikāra*)에는 경험과 반성이나 추론이 포함된다. 따라서 붓다는 감각 및 초감각 경험과 경험에 기초한 추론이나 추리를 지식의 원천으로 인정했다.

초기 불교는 감각적 지각의 타당성을 부정하지 않았다. 사실상 감각 자료(*phassa*[接觸] 또는 *saññā*[概念])는 세계에 대한 우리의 지식

17 *M* 1. 167-168; *TD* 1. 777b.
18 *M* 1. 294; *TD* 1. 50a.

과 이해의 근본 원천이다. 그러나 붓다는 감각적 지각이 사람을 오도하기 쉽다는 점도 동시에 강조했다. 그것은 감각적 지각 자체에 있는 어떤 결점 때문이 아니라 우리가 보고 듣고 느낀 것 등을 해석하는 대부분의 방식에 내재하는 제약 때문이다.

감각적 지각의 과정을 묘사하는 『중부』의 유명한 진술 역시 감각적 지각이 어떻게 사람을 오도하는지 보여준다.

> 오, 친구여, 시각 의식은 시각기관과 시각 대상에 의존하여 일어난다. 이 세 가지가 함께 만나는 것이 접촉이다. 접촉으로 인해 느낌이 일어난다. 인간은 느끼는 것을 지각하고, 지각하는 것을 추론하고, 추론하는 것에 집착한다. 인간이 집착하는 것, 그것 때문에 그러한 집착적인 지각의 성격을 가진 개념은 과거·미래·현재에 속하고 시각기관에 의해 인식될 수 있는 시각 대상에 관하여 그를 괴롭힌다.[19]

이 정식定式은 "이것이 존재할 때, 저것이 존재한다(*imasmiṃ sati idaṃ hoti*)"라는 연기(*paṭiccasamuppāda*)의 일반 정식에 기초하여 사람을 주어로 삼지 않고 시작한다(3장 참조). 이 비인칭 진술은 '느낌(*vedanā*)'까지만 진행한다. 그런 다음 서술의 성격과 심지어 문법 구조까지도 바꾸어 사유 활동을 암시하듯 사람을 주어로 사용한다. 따라서 "그가 느끼는 것을 그는 지각한다"처럼 삼인칭 구조를 사

19 *M* 1. 111-112; *TD* 1. 604b.

용한다. 여기에서 자아의식이 침입하는 것을 볼 수 있는데, 이후로 이 자아의식은 지각의 전체 과정을 재단하여 집착 — 이는 주석가들에 따르면 탐욕(*taṇhā*), 자만(*māna*), 독단적 견해(*diṭṭhi*) 세 가지이다 — 의 발생에서 절정에 이른다. 그리고 이러한 지각의 과정의 최종 단계가 아마도 가장 흥미로울 것이다. "이것은 단순한 우연의 과정도 아니고 의도된 활동도 아니지만, 이것이 사물의 객관적 질서에 냉혹하게 종속된다는 것은 분명하다. 이러한 지각의 최종 단계에서 이제까지 주체였던 그는 불행히도 객체가 된다."[20] 앞서 언급했듯이 호오와 같은 주관적인 태도는 감각적 지각을 방해하여 결국에는 감각적 인상을 왜곡시킨다. 이러한 주관적인 편견은 명상의 과정과 초감각적 지각의 계발을 통해 어느 정도 제거된다. 그러나 붓다는 붓다 이전의 사상가들이 이러한 방법을 통해 초감각적 지각을 계발하고 또 사물의 본성을 입증한 후에도 주관적인 편견으로 인해 그러한 고등 지각의 형식 속에 주어진 사물을 올바로 해석하지 못했다고 주장한다. [전생을 인식할 수 있는] 숙명통 같은 초감각적 지각을 계발한 사람마저도 '자아(*ātman*)' 같은 형이상학적 실체나 전능한 유일신이 창조한 우주 같은 것을 믿었다. 그러나 다양한 형태의 초감각적 지각은 결코 형이상학적 믿음의 기초가 될 수 없었다. 초기 불교에서 인정한 초감각적 지각이나 능력은 다음과 같다.

20 Bhikkhu Ñāṇananda, *Concept and Reality in Early Buddhist Thought*(Kandy: Buddhist Publication Society, 1971), p. 5.

1. 신족통神足通(*iddhividha*): 이것은 지식의 형태가 아니고 능력이다. 갸나에서 말하는 '의지력(*adhiṭṭhāna iddhi*[訣意神通])'의 다양한 현시 속에 존재한다.[21]

2. 천이통天耳通(*dibbasota*): 일상의 청력 범위를 훨씬 초과하는 아주 먼 곳의 소리까지 지각할 수 있는 능력이다. 청각의 범위와 심도가 모두 늘어나면 대개는 추론할 수밖에 없는 어떤 상관相關 현상을 직접 지각할 수 있다.

3. 타심통他心通Telepathy(*cetopariyañāṇa*): 타인이 처한 마음의 일반 상태와 작용을 알게 해주는 능력이다.

4. 숙명통(*pubbenivāsânussatiñāṇa*): 자신의 과거를 지각하는 능력이다. 이것은 기억(*sati*)에 의존하고, 전생에 대한 이러한 기억은 다른 능력의 계발과 마찬가지로 강도 높은 정신 집중(*samādhi*)을 통해 얻는다.

5. 천안통(*dibbacakkhu* 또는 *cut'ūpapātañāṇa*): 자신의 행위(*karma*)에 따라서 윤회의 세계를 헤매는 다른 존재의 죽음과 생존에 대한 지식이다. 이것은 숙명통과 더불어 재생의 현상을 입증할 수 있게 만든다.

6. 누진통(*āsavakkhayañāṇa*): 앞에 언급한 마지막 네 가지와 함께 사성제四聖諦에 이르는 지혜를 제공한다.

우리는 앞으로 이러한 초감각적 지각과 보통의 감각적 지각 사이

21 *Vism* 405.

에 어떤 연관성이 있음을 보게 될 것이다. 초감각 능력은 상응하는 대상을 갖고 있으며, 또 다음 〈도표〉에서 보이는 방식에 따라 감각 능력과 연결될 수 있을 것이다.

〈도표〉

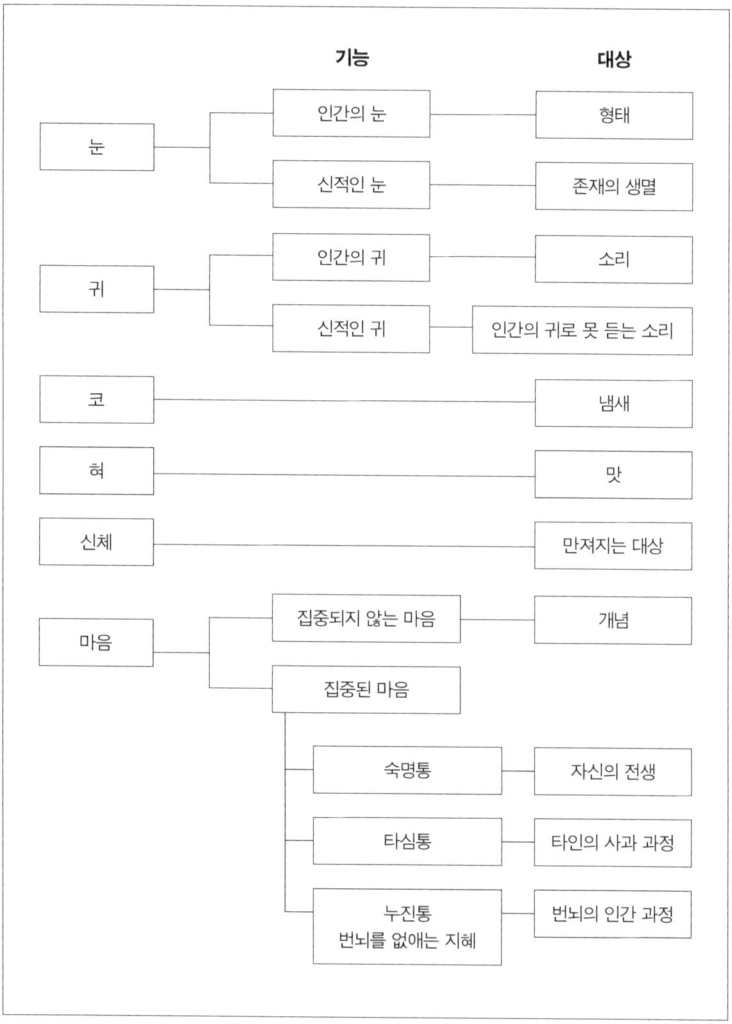

〈도표〉에서 보듯이 초감각적 지각에는 상응하는 대상이 있지만 보통의 감각으로는 이 대상을 지각할 수 없다. 이러한 두 가지 형태의 지각은 침투력의 차이를 갖는 것으로 보인다. 직접 지각은 감각적이든 초감각적이든 모두 현상에 대한 지식(*dhamme ñāṇa*[法智])을 제공한다. 붓다는 이 직접 지식의 토대 위에서 ① 연기(*paṭiccamuppāda*), ② 무상(*aniccatā*), ③ 불만족(*dukkhatā*) ④ 무아(*anattatā*)의 보편성을 귀납적으로 추론했다. 이러한 추론은 추론적 지식(*anvaye ñāṇa*)이 되었다.

따라서 붓다는 당시의 인식론을 비판한 뒤에 (일상적인 감각 경험과 초감각적 지각 모두를 폭넓게 수용하는) 경험주의의 한 형태를 받아들인 것으로 보인다. 이 경험주의는 「일체경一切經Sabba-sutta」[22] 이라는 매우 짧으나 극히 중요한 설법에 간결하게 진술되어 있다. 여기에서 붓다 당대의 철학자 자눗소니Jāṇussoṇī가 붓다에게 '일체(*sabba*)'에 대하여 질문하는데, 이것은 이 우주에서 '일체'를 구성하는 것이 무엇인지에 대한 형이상학적 질문이었다. 붓다는 '일체'가 눈, 형태, 귀, 소리, 코, 냄새, 혀, 맛, 몸, 유형의 대상, 마음, 마음의 대상 또는 개념을 의미한다고 그 자리에서 답변했다. 한마디로 '일체'는 여섯 감각과 이에 상응하는 대상으로 구성된다는 것이다. 앞의 도표는 이것을 보여준다. 이어서 붓다는 자신에게 동의하지 않고 다양한 기타 사물을 '일체'로 가정하는 사람들이 있을 것이라 말한다. 그러나 그러한 사변은 단지 근심과 걱정만을 초래할

22 *S* 4. 15; *TD* 2. 91a-b.

것이다. 왜냐하면 그러한 것은 어떤 것이든 모두 경험의 영역을 초월(*avisaya*[非境])할 것이기 때문이다. 이 간단한 원전이 초기 불교의 모든 인식론적 입장을 매끄럽게 요약한다.

참고 문헌

1차 문헌

Brahmajāla-suttanta(*D* 1. 1 ff.); "The Perfect Net"(*SBB* 2. 1ff.); *TD* 1. 88ff.

Sāmaññaphala-suttanta(*D* 1. 47ff.); "The Fruits of a Life of a Recluse"(*SBB* 2. 65ff.); *TD* 1. 107ff.

Tevijja-suttanta(*D* 1. 235ff.); "On Knowledge of the Veda"(*SBB* 2. 300ff.); *TD* 1. 104ff.

Madhupiṇḍika-sutta(*M* 1. 108ff.); "Discourse on the Honeyball"(*MLS* 1. 141ff.); *TD* 1. 603ff.

Ariyapariyesana-sutta(*M* 1. 160ff.); "Discourse on the Aryan Quest"(*MLS* 1. 203ff.); *TD* 1. 775ff.

Mahā-taṇhāsaṇkhaya-sutta(*M* 1. 256ff.); "Greater Discourse on the Destruction of Craving"(*MLS* 1. 311ff.); *TD* 1. 766ff.

Mahā-vedalla-sutta(*M* 1. 292ff.); "Greater Discourse on the Miscellany"(*MLS* 1. 350ff.); *TD* 1. 790ff.

Tevijja-vacchagatta-sutta(*M* 1. 481ff.); "Discourse to Vacchagotta on the Threefold Knowledge"(*MLS* 2. 159ff.).

Sandaka-sutta(*M* 1. 513ff.); "Discourse to Sandaka"(*MLS* 2. 192ff.).

Cankī-sutta(*M* 2. 164ff.); "Discourse with Cankī"(*MLS* 2. 354ff.).

Saṅgārava-sutta(*M* 2. 209ff.); "Discourse to Saṅgārava"(*MLS* 2. 398ff.).

Sabba-sutta(*S* 4. 15); "The All"(*KS* 4. 8); *TD* 2. 91a.

Kālāma-sutta(*A* 1. 188ff.); "Those of Kesaputta"(*GS* 1. 170ff.); *TD* 1. 438f.

2차 문헌

Jayatilleke, K. N., *Early Buddhist Theory of Knowledge*, London: George Allen & Unwin, 1963.

Kalupahana, D. J., "Buddhist Tract on Empiricism", *Philosophy East and West*, 19(1969): 65-67.

Lindquist, S., *Siddhi und Abhiññā*, Uppsala: Uppsala University, 1935.

Ñāṇananda, Bhikkhu, *Concept and Reality in Early Buddhist Thought*, Kandy: Buddhist Publication Society, 1971.

Saratchandra, E. R., *Buddhist Psychology of Perception*, Colombo: Associated Newspapers of Ceylon, 1958.

Tischner, R., *Telepathy and Clairvoyance*, London: Kegan Paul & Co., 1925.

3장
연기

붓다는 사물의 본성을 탐구하면서 연기 과정의 무예외성(*dhammaṭṭhitatā*, *dhammaniyāmatā*, 간략히 *dhammatā*[法性/常法])을 발견하게 됐다고 말한다. 그가 모든 오염의 경향성을 완전히 끊고 자유(*vimutti*)를 얻을 수 있었던 것은 연기의 양상에 대한 지식 덕분이었다.[1] 붓다의 이 주장을 제대로 평가하기 위해서는 먼저 현상의 작용을 설명하기 위해 상정된 영원한 '영혼'이나 '자아(ātman)', '자성(*svabhāva*)', 또는 창조신(이슈바라iśvara) 등에 관한 다양한 형이상학 이론이 등장한 배경부터 살펴야 한다. 붓다가 제자에게 행한 가장 중요한 설법 중 하나는 「인과관계에 대한 설법(*paccaya-sutta*[緣起經])」[2]인데, 그는 여기에서 ① 연기(*paṭiccasamuppāda*), ② 연기의 제약을 받는 현상(*paṭiccasam-*

1 *Ud* 1ff.
2 *S* 2. 25ff.; *TD* 2. 85b.

uppanna dhamma)에 대해 말한다.

붓다에 따르면 이 두 개념은 세상의 모든 것, 즉 개별의 사물들과 그것들 사이에 존재하는 관계를 설명한다. 두 개념은 불가분의 관계에 있지만 본 장에서는 인과관계만을 고찰하고 연기의 제약을 받는 현상에 대해서는 나중에 논의할 것이다.

붓다 시대 이전에, 그리고 붓다 시대 당시에 인도의 철학적 분위기는 많은 형이상학 이론에 의해 혼탁해져 있었는데, 인과의 개념도 마찬가지였다. 당시 인과율에 관해서는 ① 자기원인설(*sayaṃ kataṃ*), ② 외부원인설(*paraṃ kataṃ*), ③ 자기원인설과 외부원인설의 결합(*sayaṃ katañ ca paraṃ katañ ca*)이라는 세 가지 주요 이론이 있었다.[3]

첫 번째 이론을 주장한 학파는 실체론 학파였다. 그들은 '자아(ātman)'의 실재를 인정하고, 만물(*sarvaṃ*[一切])에 내재하는 이 원리의 활동이 인과의 원인이라고 생각했다. 내재적 '자아'가 외부 세계뿐만 아니라 인간에게서도 발견되기 때문에 그것이 인간의 모든 활동 및 이 세상 사물의 모든 기능을 설명하는 요인이라고 생각한 것이다. 이 학파가 암시하는 것은 자아 외에는 어떠한 요인도 인과적 효력을 갖지 않는다는 것이다.

두 번째 이론을 주장한 학파는 실체론 학파의 관념론적 형이상학을 거부하는 자연주의자들이었다. 그들은 현상이 기능하는 원인을 '자성(*svabhāva*)'에서 찾았다.

3 *S* 2. 18; *TD* 2. 81a.

자연주의 이론에 따르면 '자성(*svabhāva*)'은 물리적 자연을 지배하는 원리이며, 이 물리적 원리가 인간 자신도 결정한다. 따라서 정신 인격psychic personality은 인간의 행동에 전혀 영향을 미치지 못한다. 이와 반대로 실체론 이론은 자아가 심지어 물리적 현상 속에도 발견되고, 인간의 실재인 정신 원리(*cit*)와도 궁극적으로 동일하다고 주장한다. 따라서 [물리적 원리인] '자성(*svabhāva*)'을 통해 인과를 설명하는 자연주의의 인과 개념은 '외부원인(*paraṃ kataṃ*)'의 형태라고 인식되었다. 이는 인간 중심 철학의 관점에서 볼 때, 인간의 도덕적 책임을 부정하기 때문이다.

세 번째 이론은 앞의 두 이론을 결합해서 자이나교도들이 주장한 것이다. 이 이론은 인과의 두 측면, 즉 자기원인과 외부원인을 모두 인정하면서 두 이론이 갖는 형이상학적 가정도 모두 물려받았다.

불교의 연기론은 외견상 자연주의의 '자성(*svabhāva*)' 이론에서 영향을 받은 것 같지만, 두 가지 점에서 자연주의 이론과 다르다. 첫째, 불교의 연기론은 자연주의 이론과 달리 물리적 인과에만 한정되지 않는다. 불교는 심리·도덕·사회·정신의 영역에서도 인과의 패턴을 인정하는 반면에, 자연주의에서는 물리적 인과에 모든 것이 종속된다. 둘째, 자연주의자들은 '자성'의 원리가 엄격하게 결정되며 또 자연의 과정이 결코 바뀔 수 없다고 믿는 데 반해, 불교도는 다소간 조건성의 이론과 비슷한 연기의 법칙을 받아들였다. 초기 경전에 나타나는 인과관계의 일부 특성을 살펴보면 불교의 연기론의 본성을 쉽게 이해할 수 있을 것이다.

붓다는 「연기경」에서 연기의 특성을 ① 객관성(*tathatā*[如性]), ② 필연성(*avitathatā*[不違如性]), ③ 불변성(*anaññathatā*[不異如性]), ④ 조건성(*idappaccayatā*[此緣性])의 네 가지로 설명했다.

이러한 네 가지 특성은 현상의 인과관계에서 발견할 수 있다고 한다.

첫 번째 것은 인과관계의 객관성을 강조한다. 사실상 이것이 논파하려는 대상은 우파니샤드 전통에 속하는 일부 관념론 철학자들의 주장, 즉 변화와 인과는 단지 언어의 문제로서 이름에 불과하다(*vācârambhanaṃ* … *nāmadheyaṃ*)는 생각이었다.[4] 다시 말해 변화와 인과는 객관적 실재성이 없는 정신의 조작이라는 것이다. 붓다는 연기가 다른 어떤 것만큼이나 실재한다고 생각했다. 사실 한역 『아함경』에 나오는 한 설법에서,[5] 연기론을 날조한(문자 그대로는 '만든') 사람이 누구인지에 대한 질문이 확대되면서 연기의 위상 문제가 제기된다. 붓다의 답변은 다음과 같았다. "그것을 만든 사람은 나도 아니고 다른 사람도 아니다. 여래가 이 세상에 출현하든 출현하지 않든 이러한 사물의 구성[=*dhammadhātu*[法界]]은 영원히 존재한다. 여래는 지혜를 통해 이것[사물의 구성]을 완전히 깨달았다." 붓다는 연기의 객관성을 한층 더 강조하기 위해 연기의 발견을 이미 사라진 왕국(*purāṇaṃ rājadhāniṃ*[古王都])을 발견하는 일에 비유한다.[6]

4 *Chāndogya Upaniṣad* 6. 1. 4-6.
5 *TD* 2. 85b.
6 *S* 2. 105-106.

둘째와 셋째의 특성인 '필연성(*avitathatā*)'과 '불변성(*anaññathatā*)'은 예외 없음, 즉 정칙正則의 존재를 강조한다. 연기의 법칙causal principle의 기본 전제 중 하나는 어떤 일단의 조건은 완전히 다른 것이 아닌 일정한 결과를 일으킨다는 사실이다. 이런 특징을 인정하지 않는다면, 이 현상계에서 지각되는 사건의 기본 패턴을 만족스럽게 설명할 수 없다. 연기의 패턴을 전혀 따르지 않는 것 같은 사건, 즉 우연히 발생한 사건도 사실은 그렇지 않다. 그것을 우연이라고 생각하는 이유는 우리가 연기의 패턴을 전혀 모르기 때문이다.[7]

가장 중요한 것은 연기의 네 번째 특성인 '조건성(*idappaccayatā*)'이다. 이것은 엄정한 결정론이 함축하는 절대의 필연성과, 우연론이 가정하는 절대의 자의성恣意性이라는 양극단을 피해 가기 때문이다. 그리하여 이것은 연기와 동의어로 사용되었다. 이것을 강조하게 된 계기는 당시 세력을 가졌던 (아지비카의 지도자인) 막칼리 고살라의 결정론(*niyativāda*[宿命論])과 비결정론(*adhiccasamuppāda*[偶然論] 또는 *adhiccasamuppanna-vāda*[無因論])이었다.

이러한 연기의 특성을 기반으로 하여 붓다는 초기의 설법에서 다음과 같은 일반적 정식을 제시했다.

> 이것이 있으면 저것이 있게 되고(*Imasmiṃ sati idaṃ hoti*)
> 이것이 일어나면 저것이 일어난다(*imassa uppādā idaṃ uppajjati*).

7 H. Van Rensselar Wilson, "On Causation", in *Determinism and Freedom in the Age of Modern Science*, ed. Sidney Hook(New York: New York University Press, 1965), pp. 225ff.

이것이 없으면 저것이 없어지고(*Imasmiṃ asati idaṃ na hoti*)

이것이 그치면 저것도 그친다(*imassa nirodhā idaṃ nirujjhati*).

초기 경전의 많은 곳[8]에 보이는 이 진술이 설명하는 것은 붓다가 다양한 인과 발생의 경우를 모두 살펴본 후 깨달은 연기 또는 연기의 무예외성uniformity이라는 개념이다. 이러한 개념은 상주론常住論과 단멸론斷滅論이라는 양극단의 중도中道로 알려졌다. 이것이 붓다가 자신이 발견했다고 주장한 세상에 관한 진리이며,[9] 이 진리는 불교의 '중심' 교의가 되었다. 이 관념이 대응하려 했던 것은 두 가지, 즉 바뀌지 않는 불변의 '자아(*ātman*)'를 가정하는 실체론자의 상주론과, 연속성을 완전히 부정하는 비실체론자의 단멸론이었다. 붓다는 다음과 같이 말했다고 전해진다. "올바른 통찰을 통해서 이 세상 사물의 생기를 지각하는 사람에게는 비존재[=단멸]에 대한 믿음이 발생하지 않는다. 올바른 통찰을 통해서 이 세상 사물의 소멸을 지각하는 사람에게는 존재[=불변성]에 대한 믿음이 일어나지 않는다."[10]

이러한 연기 개념에 나타난 중요한 특징 가운데 하나는 후기 인도철학 학파가 주장하는 합리주의적 인과론에서 일반적으로 존재하는 형이상학적 가설이 보이지 않는다는 점이다. 원인과 결과가 같다고(*satkārya-vāda*[因中說果]) 강조하는 상키야 학파와 설일체

8 *M* 1. 262ff.; *TD* 1. 562c; *S* 2. 28; *TD* 2. 85b.
9 *Ud* 1ff.
10 *S* 2. 17; *TD* 2. 85c.

유부說一切有部Sarvâstivāda의 형이상학 이론은 우파니샤드 사상가들이 주장한 자기원인설과 비슷하다. 한편 원인과 결과가 다르다고(*asatkārya-vāda*[無因論]) 주장하는 바이세시카학파와 경량부經量部 Sautrāntika의 이론은 자연주의 전통이 인정한 외부원인설과 다소간 관련이 있을지 모른다. 그러나 붓다는 자신이 채택한 인식론의 입장으로 인해 이러한 형이상학적 교의들을 완전히 배제한 채 경험주의적 연기론을 형성할 수 있었다.

인과 발생의 개별적 경우들은 감각과 초감각을 포함하는 모든 경험의 기초 위에서 입증되었고, 연기법의 무예외성은 이러한 경험에 기초하여 귀납적 방식으로 추론되었다. 연기 자체는 경험적 현상인 반면에, 연기의 무예외성은 귀납적 추론이다. 과거와 미래에 관한 귀납적 추론은 현재 경험하는 인과 발생을 토대로 이루어진다.[11] 과거의 사건들은 회상을 통해 상기할 수 있지만, 기억은 사라지는 경향이 있기 때문에 전혀 의존할 만한 것이 못 된다. 따라서 과거에 대한 지식마저도 귀납적 추론에 기초한다. 초감각적 지각은 과거의 사건도 기억할 수 있기 때문에 과거의 지식은 일부 경험할 수 있을지도 모른다. 그러나 미래의 지식은 오직 귀납에 의한 일반화를 통해서만 얻을 수 있다. 이것이 초감각적 지각이 전혀 미래를 언급하지 않는 이유 가운데 하나일 것이다. 경험적 지식(*dhamme ñāṇa*)은 현재와 일부 과거의 인과관계(*paṭiccasamuppāda*)뿐만 아니라 연기의 제약을 받는 현상(*paṭiccasamuppanna-dhamma*[緣生法])

11 *S* 2. 58; *TD* 2. 99c.

에 관한 지식으로 이루어진다. 추론적 지식은 원칙상 미래의 것이지만 일부는 과거의 것이다. 따라서 미래의 예측을 의미하는 연기의 법칙의 무예외성은 귀납을 통해 일반화된 것이다.

초기 불교는 모든 현상을 설명하기 위해 연기의 법칙을 사용하면서 이 연기법이 모든 것에 적용될 수 있다는 사실을 알게 되었다. 유기체와 무기체를 포함하는 모든 물리현상의 작용을 설명하기 위해 연기의 법칙을 적용한 경우는 무수히 많다. 연기로 설명되는 사건 중에는 세계 과정의 발전과 해체,[12] 가뭄,[13] 지진[14] 같은 자연의 사건, 그리고 식물계[15] 등이 있다. 연기의 법칙을 적용한 특수한 경우는 인격과 관련된 것이었는데, 이것은 붓다 이전의 사상가뿐만 아니라 붓다에게도 가장 중요한 문제였다. 초기 불교 경전들에서 매우 일반적이던 이 십이연기법十二緣起法은 뒤에서 자세히 논의할 것이다. 심리 과정도 역시 연기의 법칙으로 설명한다.[16] 더 나아가 정신적인 행위뿐만 아니라 윤리적이고 사회적인 행위까지도 연기를 통해 설명한다(5-7장). 후대 주석자들의 분류에 따르면 연기가 지배하는 영역이나 분야에는 ① 물리(무기) 질서(*utu-niyāma*[時節決定]), ② 물리(유기) 질서(*bīja-niyāma*[種子決定]), ③ 심리 질서(*citta-niyāma*[心決定]), ④ 도덕 질서(*kamma-niyāma*[業決定]), ⑤ 관념적 정신

12 *D* 3. 80ff.; *TD* 1. 36bff.; *A* 4. 100-103; *TD* 2. 736b-c.
13 *A* 3. 243.
14 *A* 4. 312; *TD* 2. 753c.
15 *A* 1. 223-224; *S* 3. 45; *TD* 2. 8c; *S* 4. 315; *TD* 2. 231a.
16 *M* 1. 111-112, 190; *TD* 1. 604b, 467b.

질서(*dhamma-niyāma*[法決定])의 다섯 가지 질서가 있다.[17]

이 다섯 가지 그룹은 모든 것을 포함하기 때문에 경험에 있어 배제되는 것은 하나도 없는 것 같다. 결국 연기의 틀은 이 우주의 모든 것을 지배한다는 것이다. 따라서 연기를 아는 것은 진리를 아는 것이다. 다음과 같은 붓다의 진술은 바로 이것을 의미한다. "연기(*paṭiccasamuppāda*)를 지각하는 자는 담마를 지각한다."[18]

연기의 법칙이 적용된 여러 경우 중에서 당연히 인격의 연기를 설명하는 십이지十二支가 초기 불교 경전에서 가장 두드러진다. 너무나 완벽하기 때문에 일부 학자들은 이것이 불교가 연기에 대해 말할 수 있는 전부라고 생각했다.[19] 그러나 방금 설명한 불교의 연기론 가운데 몇 가지만 보더라도 금세 그러한 견해가 터무니없음을 알 수 있다.

붓다가 생애 초기부터 절감한 것은 인생을, 즉 이른바 개인이 즐거움과 괴로움을 어떻게 경험하는지를 사실에 근거해서 이치에 맞게 설명해야 할 필요성이었다. 이 과업을 수행하는 과정에서 그는 일부 불교 이전의 사상가들이 초래한 엄청난 난관에 직면했다. 한편에는 인생에 대해 말하면서 '자아(*ātman*)'라는 불변의 실재를 익숙하게 상정하는 일부 학자들이 있었고, 다른 한편에는 자아를 부정한 나머지 인생의 연속성은 물론 도덕과 정신의 범주에 속하

17 *DA* 2. 432; *DhsA* 272.

18 *M* 1. 190-191; *TD* 1. 467a.

19 A. B. Keith, *Buddhist Philosophy in India and Ceylon*(Oxford: The Clarendon Press, 1925), p. 264.

는 모든 것을 부정하는 사람들이 있었다. 게다가 세계와 인생 모두를 만들고 지키는 전능한 존재를 믿는 사람들도 있었다. 붓다가 십이지를 고안한 것은 자신이 찬성하지 않는 이러한 이론들에 전혀 의존하지 않고 인생을 설명해야 하는 절박감 때문이었다.

세계의 절대적 시초에 관한 이 문제는 형이상학적 문제로 간주되기 때문에(부록 1 참조), 십이지는 원圓(*vaṭṭa*)과 같은 순환 형태로 제시되었으며, 대개 다음과 같은 방식으로 설명한다.

> 이것이 있으면 저것이 있게 되고, 이것이 일어나면 저것이 일어난다. 이것이 없으면 저것이 없어지고, 이것이 그치면 저것도 그친다. 다시 말하면 무명無明[*무지]에는 경향성[行]이 의존하고, 경향성에는 의식[識]이 의존하고, 의식에는 정신·신체 인격psychophysical personality[名色]이 의존하고, 정신·신체 인격에는 [감각적 지각의] 문호인 육입六入이 의존하고, 육입에는 접촉[觸]이 의존하고, 접촉에는 느낌[受]이 의존하고, 느낌에는 탐욕[愛]이 의존하고, 탐욕에는 집착[取]이 의존하고, 집착에는 생성[有]이 의존하고, 생성에는 탄생[生]이 의존하고, 탄생에는 늙음과 죽음[老死], 슬픔과 한탄, 괴로움, 낙담, 번뇌 등이 의존한다. 이런 방식으로 이러한 무수한 괴로움[苦]이 일어난다.[20]

20 *S* 2. 28; *TD* 2. 98a.

연기의 법칙이 처음부터 끝까지 적용되는 이 경우에 십이지를 선도하는 것은 무명(*avijjā*)이다. 그러나 무명은 윤회의 시작이 아니라 악이나 불건전한 행위에 기여하는 가장 중요한 요인 중 하나이다. 이것이 완전히 제거될 경우 깨달음에 이르고 그 결과 괴로움이 소멸된다. 무명은 인간 행위(*kamma*)의 본성을 결정하는 데 중요한 역할을 하는 경향성(*saṇkhāra*)의 원인으로 생각된다. 의식(*viññāṇa*)의 본성 역시 경향성의 본성에 의존한다. 의식은 새로운 정신·신체 인격(*nāmarūpa*)의 본성을 결정하는 요인이기 때문에 사후의 삶을 결정하는 데 있어 경향성이 수행하는 역할이 중요하다. 따라서 경향성은 개인의 내생이나 재생(*punabbhava*) 및 행위(*kamma*)의 본성을 설명한다.

재생은 의식(*viññāṇa*)과 정신·신체 인격(*nāmarūpa*)이라는 두 요인이 결합하는 과정이라고 설명된다. 여기서 언급한 정신·신체 인격은 어머니의 자궁(*gabbha*) 속에서 형성된 태아이며, 새로운 삶의 시작을 나타낸다. 과거로부터 잔존하는 의식이 이 새로운 인격에 주입되기 때문에 두 삶은 연속성을 갖는다고 주장된다. 따라서 이러한 잔존 의식 속에 잠복한 경향성은 분명히 새로운 인격의 본성을 결정한다.

개인이 태어나면서 감각이 온전하다면 기능하기 시작할 것이며, 이를 통해 그는 자신의 인격을 결정하는 데 쓰일 새로운 인상을 받아들인다. 이로써 정신·신체 인격과 감각적 지각의 육입(*saḷâyatana*) 사이에 관계가 성립한다. 육입의 본성에 의존하여 접촉(*phassa*)이 일어난다. 접촉은 즐겁고, 괴롭고, 중립적인 느낌(*vedanā*)으로 이어진다. 이 느낌의 본성에 의존해서 탐욕(*taṇhā*)이 생기는데, 탐욕은 대개 세 가지, 즉 감각의 즐거움을 향한 욕망(*kāma*[欲愛]), 존재하려는 욕망(*bhava*[有愛]), 존재하지 않으려는 욕망(*vibhava*[非有愛])으로 간주된다. 탐욕은 집착(*upādāna*)의 원인이며, 집착의 결과로서 생성(*bhava*)의 과정이 작동한다. 이 단계는 한 삶이 끝나고 새로운 삶이 시작함을 나타낸다. 앞에서 새로운 삶의 과정이 시작할 때 작동한다고 말했던 요인, 즉 의식(*viññāṇa*)과 정신·신체 인격(*nāmarūpa*)도 집착(*upādāna*)과 생성(*bhava*)이 전생에서 작동했던 것과 똑같은 방식으로 여기에서도 작동한다. 그러나 차이점은 존재한다. 초기 불교도들이 이런 방식으로 연기 과정을 설명할 때 그들의 관심은 적어도 삼생三生을 설명하는 것이었다. 따라서 그들은 자신들이 강조하고 싶은 뚜렷한 요인들만 채택하고는 그것들을 두 가지 인생의 시작과 결부시켰던 것 같다. 이것이 차이점이다. 따라서 셋째 단계에서의 탄생(*jāti*)은 생성(*bhava*)의 결과로 주어지며, 탄생은 우리가 이승에서 직면하는 수많은 괴로움 전체의 원인으로 간주된다.

재생은 괴로움의 원인이고 반드시 노쇠 및 죽음(*jarā-maraṇa*)과 결부되기 때문에 미래의 탄생이나 생성(*punabbhava*)에서 벗어나는 것이 종교적 삶의 목적이다. 어떻게 미래의 재생을 그치게 할 수 있을까? 연기 과정에 따르면 올바른 이해(*sammā diṭṭhi*)를 계발함으로써 무명(*avijjā*)을 대체하고 또 탐욕(*taṇhā*)을 제거하여 무집(*anupādāna*)을 실현하면, 이러한 생성 과정은 그치게 될 것이다. 따라서 무사無死나 불멸(*amata*, Sk. *amṛta*[不死])은 무재생이나 '무생성

(*apunabbhava*[不再生])'에 불과하다. 그러나 후기 대승불교는 무사를 심지어 이승에서 삶을 종결할 때조차도 죽지 않는 것으로 해석한 것 같다. 따라서 붓다의 반열반을 사실이 아닌 허구라고 간주했다. (이것은 10장에서 논의될 것이다.)

깨달음을 얻고 탐욕을 제거하면 마침내 불사不死에 도달한다. 그러나 깨달음을 얻게 되면 당장에 탐욕이나 집착의 결핍(*virāga*)이 가져다주는 완전한 행복(*parama sukha*[最上樂])을 누릴 수 있다. 『장로게長老偈Thera-gāthā』와 『장로니게長老尼偈Therī-gāthā』에서 승려들과 여승들이 표현한 환희의 노래는 이러한 배경에서 이해할 수 있다.

참고 문헌

1차 문헌

Mahā-nidāna-suttanta(*D* 2. 55ff.); "The Great Discourse on Causation"(*SBB* 3. 50ff.); *TD* 1. 60ff.

Nidāna-saṃyutta(*S* 2. 1-133) 93개 설법 포함; "The Kindred Sayings on Cause"(*KS* 2. 1-94); *TD* 2. 79-86과 대략 상응함.

Ārya-śālistamba-sūtra, restored from quotations and Tibetan and Chinese translations[인용문과 티베트어역 및 한역본에서 복원] by L. de la Vallée Poussin, *Théorie des Douze Causes*, Ghent: University of Ghent, 1913; by N. A. Sastri, Adyar Library Series 76, Adyar: Adyar Library, 1950. *Pratītyasamutpādavibhaṅganirdeśa* 및 *Āryapratītyasamutpāda-sūtra* 복원도 함께 수록.

2차 문헌

Conze, Edward, *Buddhist Thought in India*, London: George Allen & Unwin, 1962, pp. 144-158.

de la Vallée Poussin, L., *Théorie des Douze Causes*, Ghent: University of Ghent, 1913.

Grimm, George, *The Doctrine of the Buddha: The Religion of Reason and Meditation*, Leipzig: W. Drugulin, 1962, pp. 165-226.

Jayatilleke, K. N., *Early Buddhist Theory of Knowledge*, pp. 443-457.

Kalupahana, David J., *Causality: The Central Philosophy of Buddhism*, Honolulu: The University Press of Hawaii, 1975.

Rhys Davids, C. A .F., *Buddhism: A Study of the Buddhist Norm*, Home University Library, London: Williams and Norgate, 1914, pp. 78-106.

Smart, Ninian, *Doctrine and Argument in Indian Philosophy*.

Tatia, N., "Paticcasamuppāda", *Nava-Nālandā Mahāvihāra Research Publication*, I(1957): 177-239.

Thomas, E. J., *History of Buddhist Thought*, London: Kegan Paul, Trench, Trübner & Co., 1953, pp. 58-70.

4장
존재의 세 특성

3장에서 붓다 설법의 핵심이 실재의 두 측면, 즉 연기와 연기의 제약을 받는 현상이라는 점을 지적했다. 그의 가르침에 따르면 이 세계에서 연기법의 영역에 속하지 않는 것은 없다. 연기는 사물의 생기와 소멸을 설명한다. 따라서 연기론에서 추론된 것은 이 세계의 모든 사물이 ① 무상하고(*anicca*, Sk. *anitya*), ② 불만족스럽고(*dukkha*, Sk. *duḥkha*), ③ 무아[비실체]적(*anatta*, Sk. *anātman*)이라는 것이다. 이 세 가지 특징을 강조한 이유는 붓다 시대 철학의 분위기를 지배했던 상주론이 불변의 '자아' 또는 '실체(*ātman*)'가 바로 현상의 실재라고 주장했기 때문이다.

불교의 무상 이론은 대체로 잘못 이해되어왔다. 아비달마(Abhidharma[학문주의]) 계통에 속하는 후기 불교학자들이 변화(*pariṇāma*)의 과정을 논리에 맞도록 분석해 만들었다고 알려진 '순간론(*kṣaṇavāda*)'*과 혼동했기 때문이다. 그러나 눈에 띄는 점은 초기 설법에는 이러한 이론이 보이지 않는다는 사실이다. 사실상 초기 설법에는 "강의 흐름은 한순간도, 눈곱만큼의 순간도 멈추지 않으며, 심지어 그런 조짐도 없다"[1]와 같은 표현처럼 순간성의 이론으로 해석될 수도 있는 표현이 존재하지만, 가장 중요한 견해는 시간의 유한한 분절分節이 우리의 즉각적인 경험을 구성한다는 것이었다. 초기 경전에 나타난 무상 이론은 경험주의 이론으로 보는 것이 맞다. 여러 설법에 나타나는 한 구절은 다음과 같이 진술한다. "무상한 것은 진실로 합성된[즉 제약된] 것이다. 그것은 생기하고 소멸하는 본성을 가진다. 생겨나기 때문에 그것은 없어진다. 따라서 그것이 평정되면 고요해진다(*Aniccā vata saṅkhārā uppādavayadhammino, uppajjitvā nirujjhanti tesaṃ vūpasamo sukho*)."[2] 이 주장에 따르면 사물이 무상한 것은 순간적이기 때문이 아니라 생기(*uppāda*)와 소멸(*vaya*)의 특징 때문이다. 이것을 확대시킨 정의가 가끔 초기 경전에 보이는데, 여기에서는 변화의 과정을 생기(*uppāda*), 소멸(*vaya*), 노쇠 또는 존재하는 것의 변화(*ṭhitassa aññathatta*)라는 세 단계로 분석한다.[3] 순간론은 이 노쇠 또는 변화에 대한 논리적인 분석에서 유래한 것 같은데, 노쇠 또는 변화(*ṭhitassa aññathatta*)의 문자적 의미는 존재하는 것의 변화이다. 그러나 여기에서조차 변화는 순간으로 대체되지 않는다. 태어난 것을 모두 무상하다고 간주하

* 찰나설이라고도 한다.
1 *A* 4. 137. *TD* 1. 682b 참조.
2 *D* 2. 157; *S* 1. 191, 3. 146; *TD* 2. 153c.
3 *S* 3. 38; *A* 1. 152; *TD* 2. 607c.

는 이유는 없어질 게 뻔하기 때문이다. 요컨대 무상은 '생기와 소멸', 즉 '생멸'과 동의어이다. 『상응부相應部Samyutta-nikāya』의 「불문경不聞經Assutavā-sutta」은 변화를 다음과 같이 경험주의적으로 설명한다. "사대四大로 이루어진 육체는 1년, 2년, 3년, 4년, 5년, 10년, 20년, 30년, 40년, 50년, 100년 또는 그 이상 존재하는 것 같다."[4] 이것은 분명 변화에 대한 경험주의적인 설명이다. 이것은 형이상학적 탐구나 신비적 직관의 결과가 아니라 조사와 분석을 통해 직접 얻은 판단이다. 이것은 편견 없는 사고에 근거하고 있으며 순수하게 경험주의에 기초하고 있다.

이 세상이 무상하다는 사실로부터 모든 것은 불만족스럽다(*dukkha*)는 것이 도출된다. 두카dukkha라는 단어는 문맥에 따라 '아픔', '괴로움', '고통' 등으로 다양하게 번역된다. 그러나 예를 들어 오온五蘊에 대한 집착(*pañc' upādānakkhandha*[五取蘊])은 두카라는 맥락에서[5] 그 용어는 '불만족스럽다'의 의미로 보다 넓게 쓰인다. 바로 이 사실을 간과했기 때문에 일부 서구의 해석자들은 불교를 염세적이라고 간주했던 것 같다. 초기 불교는 인간이 세속적인 것들에서 얻는 만족(*assāda*, Sk. *āsvāda*, *ā*+ $\sqrt{svad}$, '맛보다')을 결코 부인하지 않았다. 만족은 부정하지 않았지만, 이 만족에 대개 죄악이나 해로운 결과(*ādīnava*[患難])가 따른다는 사실을 강조했다. 여러 가지 이유에서 맞는 말이다. 인간의 본성은 영원하거나 불변하는 행복을 갈구한다. 그러나

4 *S* 2. 94, 96; *TD* 2. 81c, 82a.
5 *S* 5. 421.

인간이 그러한 행복을 기대하는 사물 자체는 무상하다. 무상하거나 덧없는 사물에서 나온 행복이나 만족은 분명 잠깐일 것이고 따라서 자신의 기대, 즉 영원한 행복을 충족시키지 못할 것이다. 따라서 괴로움이 발생한다. 그가 만족을 얻고자 하는 대상은 결국 불만족스러울 것이다. 따라서 인간의 괴로움은 불만족스러운 것들 자체에 대한 집착에 기인하는 것 같다.

우파니샤드가 영원하고 불멸하는 '자아'에 관한 이론을 통해 만족시키고자 했던 것은 영원한 행복이라는 인간의 뿌리 깊은 탐욕이었던 것 같다. 그러나 붓다는 이 세상의 모든 것이 영원하지 못함을 체득했기 때문에 그러한 해결책에 전혀 만족하지 못했다. 그는 영원과 불변의 '자아'라는 실체는 없음을 깨달았으며, 또한 그런 실체를 믿을 경우 더 큰 괴로움에 직면한다는 사실을 이해했다. 아트만과 같은 영원한 실체를 믿을 경우 종종 이기심과 자기중심주의(*ahamkāra*[我見/我慢], *mamaṃkāra*[我所])에 빠지게 되는데, 붓다는 이러한 믿음이 탐욕과 이에 따르는 괴로움의 근원이라고 생각했다. 붓다가 보기에 우파니샤드 스승들의 수행처럼 '자아(*ātman*)'에 대한 믿음 위에서 무사無私의 덕을 가르치는 것은[6] 만족스럽지도 않았고 옳은 것도 아니었다.

이것이 세 번째 특징인 '비실체성', 즉 '무아無我(*anatta*, Sk. *anātman*)'로 이어진다. 이 무아의 교의보다 잘못 이해되고 해석된 교의는 없다. 많은 사람이 초기 불교가 한편으로는 재생과 도덕적 책임[카르

6 *Bṛhadāraṇyaka Upaniṣad* 2. 4. 5.

마]을 인정하면서 다른 한편으로는 영원한 자아를 부정함으로써 역설의 상황에 빠졌다고 믿는 것 같다. 이러한 믿음은 무아론을 오해한 데서 온다. 그것이 나오게 된 배경을 잘 살펴보면 오해를 해소하는 데 부분적이나마 도움을 줄 것이다.

우파니샤드가 영원한 '자아(*ātman*)'라는 개념을 주장하게 된 것은 아리안족처럼 세속을 중시하고 자아를 내세우는 전통에 속하는 사람들이 신비경험을 합리화했기 때문이라고 여겨진다. 붓다에 따르면 (그리고 수십 세기 이후의 프로이트Freud에 따르면) '삶의 욕망(*jīvitukāma*[生存欲])', '죽음을 면하려는 욕망(*amaritukāma*[不死欲])', '행복에의 열망(*sukhakāma*[幸福欲])', '고통에 대한 혐오(*dukkhapaṭikkūla*[苦厭忌])' 등과 같은 일부 본능이 인간의 인생관과 행동을 결정한다.[7] 우파니샤드의 '자아' 이론은 자기 보존이라는 인간의 뿌리 깊은 갈망을 만족시키기 위한 것이다. 우파니샤드 사상가들은 이 영원하고 불변하는 자아를 받아들임으로써 재생·연속성·도덕적 책임 등과 같은 많은 문제를 큰 어려움 없이 설명할 수 있었다. 그러나 붓다가 생각하는 진리의 본질은 단순히 인간의 경향과 일치하는(*diṭṭhinijjhānakkhanti*[思惟(他人的)見解後接受]) 이론이나, 단지 모순이 없어 그럴듯해 보이는(*bhabbarūpa*) 이론이 아니다. 이것들은 진리의 기준이 될 수 없다. 그가 생각하는 진리는 인간의 기호에 영합하는 것이 아니라 사실(*yathābhūta*)에 부합하는 것이었다. 따라서 그는 단

7 *S* 4. 172ff.; *TD* 2. 313b. 프로이트의 "생존 본능", 즉 자기 보존의 충동이나 "쾌락원칙" 참조.

지 개인의 본능에 영합하는 이론에 기여하기를 원치 않았다.

그러나 불변하는 '자아'에 대한 믿음을 거부했다고 해서 붓다가 물질주의자의 경우처럼 정반대의 극단으로 기울어 재생·연속성·도덕적 책임이나 이와 유사한 것 등을 부정한 것은 아니다. 따라서 그는 인간의 개념을 재정의하는 작업을 수행했다. 붓다에 따르면 인간은 분리되거나 단절되지 않으며,[8] 연기에 의해 연결되어 연속되는 "지각의 묶음(*saṅkhārapuñja*)", 즉 온蘊(*khandha*)의 뭉텅이에 불과하다. 우리는 이 '묶음(*kāya*)'을 편의상 사리풋타Sāriputta나 목갈라나Moggallāna라는 이름으로 표시한다. 따라서 붓다의 제자 가운데 한 사람인 셀라Selā는 다음과 같이 선언한다.

> 부품들이 제대로 맞았을 때
> '전차'라는 단어가 [우리의 마음에서] 일어나듯이
> 우리의 언어 사용의 약속도 마찬가지다.
> 온이 있으면 '존재'라 부른다.
> (*Yathā hi aṅgasambhāra hoti saddo ratho iti,*
> *evaṃ khandhesu santesu hoti satto ti sammuti*.)[9]

더욱이 붓다는 느낌(*vedanā*), 지각(*saññā*), 경향성(*saṅkhāra*), 의식(*viññāṇa*)이 대변하는 심리 과정의 배후에 주체나 정신적 실체를 가

8 David Hume, *A Treatise of Human Nature*(Oxford: The Clarendon Press, 1889), p. 31 참조.

9 *S* 1. 135; *TD* 2. 327b.

정할 생각이 없었다. "나는 생각한다. 고로 나는 존재한다(*mantā asmi*,[10] 데카르트의 코기토 에르고 숨cogito ergo sum 참조)"는 거부해야 할 결론이다. 붓다는 사티Sāti라는 승려가 주장한 이단의 견해를 거부했는데, 이 견해에 대한 붓다의 분석을 보면 무엇이 문제인지를 알 수 있다. 「대애진경大愛盡經Mahā-taṇhāsaṇkhaya-sutta」에서 사티Sāti라는 승려는 붓다의 교의에 따르면 "윤회하는 것은 다른 것이 아니라 이 의식이다"라고 주장한다.[11] (사티가 이런 견해를 갖게 된 이유는 붓다가 여러 차례 두 생은 사후에도 잔존하는 요소, 즉 의식에 의해 연결된다고 말했기 때문일 것이다. 5장 참조.) 특기할 만한 사실은 붓다가 사티의 견해를 그 자리에서 거부하지 않았다는 점이다. 붓다는 계속해서 사티가 이 의식을 가지고 의미했던 것을 설명했고, 따라서 다음과 같이 질문했다. "자, 사티여! 이 의식이란 무엇인가(*katamaṃ Sāti taṃ viññāṇaṃ*)?" 사티는 의식이란 "말하고, 느끼고, 선악善惡 행위의 결과를 여기저기서 체험하는 자입니다"라고 대답했다. 이 대답에서 분명한 점은 사티가 말하고 느끼고 체험하는 행위의 배후에 주체 — 일종의 '내부 조종자(*antaryāmin*)' — 를 상정한다는 사실이다. 이것은 물론 실체론 이론이기에 붓다는 사티가 자신의 교의를 잘못 이해했다고 즉시 꾸짖었다. 붓다는 이러한 의식 자체도 연기의 제약을 받는다고(*paṭiccasamuppanna*) 주장했다.

붓다가 '자아' 이론에서 거부한 나머지 한 측면은 자아의 영원성

10 *Sn* 916.
11 *M* 1. 256ff.; *TD* 1. 766c.

이다. 팔리 『니카야』와 한역 『아함경』의 여러 구절에서 붓다는 '영구적이고, 불변하고, 영원하고, 변치 않는 자아(*attā nicco dhuvo sassato aviparināmadhammo*)'에 대한 믿음을 언급한다.[12] 붓다는 인간을 구성하는 각각의 요소 — 물질적 형태(*rūpa*), 느낌(*vedanā*), 지각(*saññā*), 경향성(*saṅkhārā*), 의식(*viññāṇa*) — 를 나열한 뒤에 이 가운데 어떤 것도 앞에서 묘사한 종류의 자아와 동일시할 수 없다고 지적했다.

이런 식으로 붓다는 우파니샤드의 '자아(*ātman*)' 이론에 속한 두 측면, '자아'의 영원성이나 영구성 그리고 '자아'의 주체성을 비판했다. 이 단계에서 할 수 있는 말은 붓다가 부정한 것은 오온(*khandhā*)이 영구적이고 영원한 '자아(*ātman*)'라는 생각이지, 초월적 자아, 즉 오온으로 구성되지 않은 '자아' 자체는 아니라는 점이다. 실제로 후대의 힌두교 학파들은 붓다가 우파니샤드의 가르침을 비판한 것을 이유로 자아의 초월성을 강조했다(그러나 이러한 초월론은 '자아'가 결코 경험이나 현상의 존재가 아니라고 주장하는 우파니샤드 속에 암시된 것인지도 모른나). 붓다가 초월적 '지이'에 관해 무엇이라고 말한 적이 있던가? 이 점을 설명하기 위해서는 열 가지 무기無記(*avyākata*, Sk. *avyākṛta*[단언하지 않은 것])를 다루어야 한다.

십(때로는 십사)무기 가운데 두 가지가 '자아' 문제와 관련된다. ① '자아(또는 영혼, *jīva*)'는 신체(*sarīra*)와 같은가? ② 자아는 신체와 다른가? 이것들은 각각 물질주의 학파 및 우파니샤드의 이론을 가리킨다.

12 *M* 1. 136; *TD* 1. 764c.

물질주의 학파는 우파니샤드 사상가들의 자아에 관한 관념론에 반대하면서 만일 '자아'를 믿고 싶은 사람이 있다면 '자아'를 정신 인격에서 찾기보다는 태어나서 죽을 때까지 많은 부분에서 동일성을 유지하는 신체에서 찾는 편이 나을 것이라고 주장했다. 신체 인격이 정신 인격보다 실재적이기 때문에 물질주의자들은 대개 이렇게 믿었다. '자아'와 물질적 신체(*śarīra*)를 동일시한 이 물질주의 학파는 특별히 타지바탓차리라 바다Tajjīvataccharīra-vāda로 알려졌다([부록 1의] 영혼은 몸과 같다taṃ jīvaṃ taṃ sarīraṃ 참조). 그러나 붓다에게 있어 '자아'는 신체와 같고 다르고를 떠나 형이상학적 실체였다. 그것이 형이상학적 실체인 것은 단지 감각적 지각이나 초감각적 지각을 통해 입증할 수 없기 때문이었다. 간단히 말해 그것은 경험에 주어지지 않기(*avisaya*) 때문에 이 문제에 대해 붓다는 단언하지 않은 것이었다. 이러한 질문에 대한 그의 침묵은 실재, 즉 초월적 '자아'는 분명 존재하지만 논리적 추론이 불가능함(*atakkāvacara*[非推境])을 함축한다고 해석되었다. 붓다는 심지어 신비경험마저도 초월적 자아에 대해 알려줄 수 없다고 생각했다. 따라서 그것은 입증할 수 없는 형이상학적 실체이다.

불멸의 영혼에 관한 이론은 심지어 통제를 위한 이론으로 사용할 가치조차 없는 것으로 취급되었다. 앞서 지적한 것처럼 이것은 사실상 종교의 삶에 있어 이기심과 자기중심주의를 초래하는 경향이 있어서 해로운 이론이었다. 사람들이 이승에서 체험하는 즐겁거나 괴로운 느낌(*vedanā*)에 불과한[13] 천상(*sagga*, Sk. *svarga*)과 지옥(*apāya*) 같은 일부 대중적 믿음은 사람들의 도덕 및 종교상의 행위를 통제한다는 이유로 붓다가 유익한 것으로 인정한 반면에, 불멸의 영혼에 대한 믿음은 유해한 것으로 간주했다는 점이 중요하다. '자아' 이론이 광범위하게 펴졌다고 해서 그 이론이 진리이고 타당하다는 것은 아니었다. 후대의 불교 학파, 유아론자들(푹갈라론자Puggalavāda, 정량부Sammitīya, 또는 독자부犢子部Vātsīputriya)은 힌두 학파의 자아 이론에 비교할 수 있는 '자아' 이론을 주장했다. 하지만 나머지 불교 학파 가운데 일부는 '자아(*ātman*)' 이론과 위험할 정도로 비슷한 실재의 이론을 주장했지만 모두 무아론자(*anātmavādin*)임을 표방했다.

무아론은 아울러 상주론(*sassata-vāda*)과 단멸론(*uccheda-vāda*)이라는 양극단의 '중도'로 간주된다. 붓다는 영원한 '자아'를 부정했지만 물질주의자처럼 연속성까지 부정하는 극단을 채택하지는 않았고, 오히려 연속성을 설명하기 위해 연기법을 만들었다. 따라서 무아는 연기와 동의어가 된다. 그리고 이 이론은 동서를 막론하고 불멸의 영혼이라는 좁은 견해를 가졌거나 '자아'에 대한 믿음(*papañcita*[妄想])에 빠져 있는 사람에게는 이해하기 힘든 것이 된다.

13 *S* 4. 206.

참고 문헌

1차 문헌

Algaddūpama-sutta(*M* 1. 130ff.); "Discourse on the Parable of the Water-snake"(*MLS* 1. 167ff.); *TD* 1. 763ff.

Mahātaṇhāsaṅkhaya-sutta(*M* 1. 256ff.); "Greater Discourse on the Destruction of Craving"(*MLS* 1. 311ff.); *TD* 1. 766ff.

Assutavā-sutta(*S* 2. 94ff.); "The Untaught"(*KS* 2. 65ff.); *TD* 2. 81ff.

Khandha-samyutta(*S* 3. 1-188, 158개의 설법으로 구성됨); "Kindred Sayings of Elements"(*KS* 3. 1-154); *TD* 2. 1-22와 대략 일치함.

2차 문헌

Conze, Edward, *Buddhist Thought in India*, pp. 34-46.

Grimm, George, *The Doctrine of the Buddha*, pp. 61-161.

Kalupahana, David J., *Causality: The Central Philosophy of Buddhism*, pp. 67-88.

Malalasekera, G. P., "Anattā", *Encyclopedia of Buddhism*, Vol. I, Colombo: Government of Celon, pp. 567-576.

Nyanaponika Thera., *Anattā and Nibbāna*, Kandy: Buddhist Publication Society, 1959.

Rahula, Walpola, *What the Buddha Taught*, New York: Grove Press, 1962.

Rhys Davids, C. A. F., *Buddhism*, pp. 48-77.

Thomas, E. J., *History of Buddhist Thought*, pp. 92-106.

Wijesekera, O. H. de A., *The Three Signata: Anicca, Dukkha, Anatta*, Kandy: Buddhist Publication Society, 1960.

5장
업과 윤회

업과 윤회[재생]는 붓다가 초감각적 지각을 통해 몸소 입증한 삶의 두 측면이다. 붓다는 그러한 능력을 계발한 사람을 다음과 같이 설명한다. "그는 분명하고 불가사의한 천안통을 통해 낮은 자와 높은 자, 잘생긴 자와 못생긴 자, 선한 자와 악한 자가 각각 자신의 업에 따라서 죽어가고 윤회하고 있는 것을 보았다."[1] 업과 윤회에 관한 불교 이론을 저술한 많은 학자는 붓다와 그의 제자들의 이러한 주장을 무시했다. 힌두 학자들은 불교에 대해 다음과 같이 진술했다. "초기 불교는 완전히 독창적인 교의는 아니다. 이것은 인도 사상의 전개에서 결코 변종이 아니다."[2] 심지어 서구 출신의 좀 더 온건한 학자조차도 다음과 같이 느꼈다. "불교는 인도의

1 *D* 1. 82.

2 S. Radhakrishnan, *Indian Philosophy*(London: George Allen & Unwin, 1962), vol. 1, p. 360.

특수한 믿음들에서 출발했는데, 불교는 이것들을 의례적인 것으로 간주했다. 이것들 중에서 중심은 윤회에 대한 믿음과 행위의 과보에 대한 교의이다. … 이것들은 대부분의 인도 종교에서 이미 보편적으로 인정된 인생관으로서 당연하게 여겨졌다."[3]

업과 윤회라는 불교의 교의가 이렇게 해석되는 것은 두 가지 가설 때문인 것 같다. 첫째, 붓다가 이 교의를 수용한 것은 이것이 바라문 전통과 수행주의 전통의 주류에 있었기 때문이지, 그가 이것을 몸소 입증하여 진리임을 알았기 때문이 아니었다. 둘째, 이 교의는 불교 이전의 이론과 전혀 다르지 않으며, 굳이 설명하자면 불교 이전에 이미 완성됐기 때문에 불교는 여기에 전혀 공헌한 것이 없다.

지금껏 첫 번째 가설을 제일 잘 논박한 사람은 자야틸레케인데, 그는 다음과 같이 주장한다.

> 내가 학자의 양심에서 고백하건대 이러한 결론을 내린 것은 자료를 연구하면서 역사를 고려하지 않았고 내게 비판적인 안목이 없었기 때문이라고 주장하고 싶다. 사실 어떤 믿음이 A단계와 이어지는 B단계에서 연달아 발견된다고 해서 B단계의 사상가들이 A단계로부터 무비판적인 독단으로 그것을 받아들였다고 결론 내릴 수는 없다. 만일 우리가 그렇게 말한다

3 E. J. Thomas, "Buddhism in Modern Times", *University of Ceylon Review*(Colombo), 9(1951): 216.

면, 어떤 훌륭한 과학자가 그와 우연히 같은 주장을 한 선학先學의 이론을 단지 같다는 이유만으로 무비판적인 독단으로 받아들였다는 주장도 할 수 있을 것이다.[4]

대학생이 어떤 과학 이론을 진실이라고 생각하는 것은 그것이 과학 교과서에 실려 있기 때문일 것이다. 그러나 유능한 과학자는 그렇지 않다. 또한 초감각적 지각을 계발하지 못한 평범한 붓다의 제자는 붓다의 말에 의존할 것으로 기대된다. 그러나 스승인 수행자 알라라 칼라마와 웃다카 라마풋타가 자신들과 동급으로 인정할 정도로 요가의 모든 기술에 통달하고 모든 초감각 능력을 계발한 붓다에 대해 동일하게 말하는 것은 정당하지 않다.

두 번째 가설에 대해서 지적할 수 있는 것은 업과 윤회에 대한 불교 이전의 이론과 불교 이론을 겉핥기로 연구한 경우에만 그것들이 같다는 결론을 내릴 것이라는 점이다. 만일 그것들이 동일하다면, 왜 일부 붓다의 동시대인들은 붓다의 이론이 유정有情을 멸절시킨다고 (즉 영원불변의 '자아'를 부정하여 재생과 도덕적 책임을 거부한다고) 비난했을까? 붓다와 동시대를 살았던 일부 승려들은 왜 다음과 같은 질문을 했을까? "몸, 느낌, 지각, 경향성, 의식에 자아가 없다면 자아의 과거 행위는 어떤 자아에 영향을 미칠 수 있는가?"[5] 다시 말해 불변의 자아를 거부할 경우 업은 어떻게 설명할

4 Jayatilleke, *Early Buddhist Theory of Knowledge*, pp. 371-372.
5 *M* 3. 19.

수 있는가? 영원한 '자아'를 부정한 물질주의자들은 윤회와 도덕적 책임도 함께 부정했다. 그러나 붓다는 그러한 '자아'를 부정하면서도 업과 윤회의 교의를 유지했다. 따라서 업과 윤회의 교의와 무아(*anatta*)의 교의를 양립시키는 것은 서구 불교학자만의 문제는 아니다. 왜냐하면 이 문제로 인해 붓다의 동시대인과 후대의 수많은 제자도 많은 어려움을 겪었기 때문이다. 이러한 사실만으로도 업과 윤회에 관한 불교 이론이 불교 이전의 이론과 다르다는 점은 충분할 것이다. 실제로 붓다가 인도의 철학 및 종교 사상에 기여한 가장 중요한 공헌 중 하나는 업과 윤회의 현상을 '자아(*ātman*)' 같은 증명할 수 없는 형이상학적 실체를 가정하지 않고 설명한 것이다.

이러한 업과 윤회의 교의들은 긴밀하게 연결되어 있다. 하지만 우선 업의 교의를 살펴보도록 하자. 불교에서 말하는 업을 보다 잘 이해하기 위해서는 먼저 불교 이전의 이론을 살피는 것이 중요하다.

1. 업, 즉 도덕적 책임에 대한 우파니샤드 이론에 따르면 '자아(*ātman*)'는 결과의 '향수자享受者(*bhoktṛ*)'일 뿐만 아니라 '행위자(*kartṛ*)'이기도 하다. 따라서 업은 바로 인간 내부에 있는 영원한 자아의 활동과 경험이 된다. 괴로움과 즐거움의 자기원인을 강조하며 '자아' 이외의 모든 요인은 거의 배제된다.

2. 영원한 '자아'를 부정한 아지비카 학파 및 물질주의 이론은 결국에는 업의 효력을 부정했다. 그들은 모든 형태의 도덕적 책임

을 부정했고 또 인간이 경험하는 괴로움과 즐거움은 전적으로 물리현상의 '자성(*svabhāva*)'이라고 하는 '자연법칙' 때문이라고 주장했다. 따라서 '자아' 이외의 원인이 모든 것을 결정한다. 이것이 3장에서 언급한 외부원인설이다.

3. 자이나교 이론에 따르면 업은 예외 없는 법칙이다. 자이나교에 의하면 업은 개인의 책임이다. 그러나 일단 업이 형성되면 그것은 개인의 통제 범위를 벗어난다. 즉 인간이 바꿀 수 없는 외부 세력이 되는 것이다.

잘 살펴보면 이러한 이론은 다른 것은 무시한 채 업만 강조하거나, 아니면 완전히 업을 무시한다는 점을 알 수 있다. 붓다는 업이 인과적으로 유효한 현상이라는 점을 인정했지만, 그것이 인간의 삶에서 유일한 결정 요인은 아니라는 점도 알고 있었다. 따라서 불교 이전의 사상가들이 주장한 업의 교의를 불만족스럽게 생각했다.

모든 견해가 만족스럽지 않았던 붓다는 (훗날 업결정kamma-niyāma 이론으로 알려진) 업에 대한 인과적인 설명을 제시했다. 붓다는 업이 어떻게 인간의 삶을 결정하는지 설명하기에 앞서 업 자체의 인과율을 검토했다. 그 결과 그는 인간의 행위(*karma*)를 결정하는 것은 ① 외부 자극, ② 의식적 동기, ③ 무의식적 동기라는 세 가지 요인 가운데 하나라는 점을 발견했다.

행위의 인과율에 대한 문제가 제기되었을 때 붓다는 "접촉(*phassa*)이 행위(*kamma*)의 원인이다"라고 지적했다.[6] '접촉'을 물리적 의미로 해석한다면 이 주장은 감각의 자극을 통해 반사운동이나 행위가 발생한다는 행위의 자극-반응 모형으로 이해할 수 있다. 종종 "누워 있는 아기가 살아 있는 불씨에 닿으면 손이나 발을 황급히 움츠린다"(*M* 1. 324)와 같은 예가 제시된다. 물론 그러한 행위는 동기에 의한 것이 아니라(*asañcetanika*[非意圖], *acetanika*[非完全]) 순전히 물리적 자극에 의한 것이다. 따라서 인간은 그러한 행위에 대한 책임이 없다.

인간의 행위를 결정하는 업에는 그러한 물리적 원인 외에도 다른 동기들이 있다. 의식적 동기로는 탐욕이나 집착(*rāga*), 증오나 혐오(*dosa*), 혼란(*moha*) 같은 것이 있다.[7] 이러한 동기로부터 대체로 사악한 행동이 일어나는 반면에, 도덕적으로 선한 행동에는 탐욕·증오·혼란 같은 동기가 없다(*alobha*[無貪], *adosa*[無瞋], *amoha*[無痴]). 물론 이러한 경우 개인은 책임을 피할 수 없다. 이 때문에 붓다는 행위의 심리적인 측면을 강조하고 아울러 업과 의지(*cetanā*)를 동일시했다.

무의식적 동기도 역시 행동에 영향을 미친다. 무의식적 동기에는 삶을 영속시키려는 욕망(*jīvitukāma*)과 죽음을 면하려는 욕망(*amaritukāma*)이 있다.[8] 이 둘은 프로이트가 말하는 "생존 본능"과 관련이 있고 쾌락에 대한 욕망(*sukhakāma*)과 고통에 대한 혐오(*dukkhapaṭikkūla*)는 프로이트의 "쾌락원칙"과 유사하다. 이러한 동기

6 *A* 3. 415; *TD* 1. 600a.
7 *A* 1. 134; *TD* 1. 438c.
8 *S* 4. 172; *TD* 2. 313b.

들은 비록 무의식적이지만 인간존재의 본성에 대한 잘못된 이해 때문에 발생한다. 따라서 개인은 이것들에 의해 결정된 행위에 책임을 져야 할 것이다.

인간 행위에 대한 불교의 연기론을 검토한 이상 이제 우리는 붓다가 생각한 행위 자체의 인과적 효력을 이해할 수 있다. 인간의 행위 자체는 연기의 제약을 받으며 관련된 결과를 수반한다. 불교에서 말하는 업 교의의 핵심은 바로 행동(*kamma*)과 결과(*vipāka*[果報] 또는 *phala*[果實])가 서로 연결된다는 생각에 있다. 이것은 아직도 학자들이 잘못 이해하고 잘못 해석하는 교의 가운데 하나이다. 오해의 주된 원인은 상관관계만을 강조하고 상호 관련된 사실은 완전히 무시한 데 있다. 이 오해로 인해 발생한 것이 업의 철저한 결정론적 해석이다. 붓다 자신은 이것을 거부했다. 결정론을 실제로 주창한 것은 자이나교도였다.

붓다가 강조한 것은 업의 성격과 업을 쌓은 환경에 따라 이에 합당한 결과가 발생한다는 사실이었다. 이러한 입장은 『증지부增支部 Aṅguttara-nikāya』에 있는 설법에 아주 명확하게 표명되었다.[9] 여기에서 붓다는 다음과 같이 말한다. 만일 어떤 사람이 "이 사람은 그가 한 행위만큼의 응보를 받는다"고 주장한다면 성스러운 삶은 무의미할 것이다. 고통을 완전히 소멸할 기회가 없기 때문이다. 그러나 만일 어떤 사람이 "이 사람은 그가 한, 응보가 일정한 방식으로 결정[경험]되는 행위만큼의 응보를 받는다"는 이론을 수용한다면,

9 *A* 1. 249; *TD* 2. 433.

종교의 삶은 의미를 갖고 고통을 완전히 소멸할 기회도 생길 것이다. 양자의 차이점은 분명하다. 첫 번째 경우에서는 카르마[행위]와 결과 사이에 철저한 결정론이 존재한다. 두 번째 경우에서는 행위가 이루어진 환경과 기타 요소 등을 인정함으로써 결과가 그러한 상황에 따라 조건적이게 된다.

이 상황은 적절한 비유를 통해 설명된다. 만일 어떤 사람이 소금 알갱이를 작은 물컵에 넣는다면, 컵의 물은 짜서 마실 수 없게 된다. 그러나 만일 어떤 사람이 비슷한 양의 소금 알갱이를 갠지스강에 넣는다면, 짜서 물을 마실 수 없게 되는 일은 없을 것이다. 이와 마찬가지로 어떤 사람이 저지른 사소한 악행은 그 사람을 지옥에 빠뜨릴 수 있다. 그러나 다른 사람이 저지른 유사한 악행의 응보는 이승에서, 그것도 거의 느끼지 못할 정도로 경험될 수도 있다. 여기에서 우리는 동일하지는 않더라도 유사한 악행을 범했지만 다른 결과를 다른 방식으로 얻는 두 사람을 본다. 행위를 둘러싼 환경이나 요인이 매우 다르기 때문이다. 따라서 앞서 언급한 설법은 다음과 같이 말한다.

> 어떤 사람이 자신의 몸·행동·사고·지성을 적절하게 가꾸지 않았다. [그는] 열등하고 중요하지 않고 단명하며 비참하다. 그런 사람은 … 아주 사소한 악행을 저지르더라도 지옥에 가게 된다. 자신의 몸·행동·사고·지성을 적절하게 가꾸고, 우월하며 하찮지 않고, 장수하는 사람의 경우에는 유사한 악행의 응보가 바로 이승에서 경험될 수 있고, 때로는 전혀 나타

나지 않을지도 모른다.

이 설법은 불교의 카르마 이론을 엄격한 결정론으로 간주하려는 사람들의 잘못된 관념을 바로잡는 데 도움을 줄 것이다. 여기에서 강조하는 중요한 사실은 행위(*kamma*)의 결과(*vipāka*, *phala*)를 결정하는 요인에 행위 자체뿐만 아니라, 행위를 한 인간의 본성이나 행위가 이루어진 환경 같은 다른 여러 가지 요인도 있다는 점이다. 이것은 붓다가 제시한 연기의 법칙과도 일치한다(3장 참조).

아울러 이 설법은 초기 불교의 업 이론에 있는 다른 흥미로운 측면도 해명해준다. 그것은 어떤 행동의 결과(*phala*)가 때로는 너무 미미해서 심지어 지각하지 못할 수도 있고 때로는 이승에서, 때로는 내생에서 경험할 수도 있다는 것을 주장한다. 바로 이 점에서 업의 교의는 재생이나 잔존의 교의와 밀접하게 연결된다. 이 사실은 초기 불교의 여러 원전에서 발견되는데, 그중에서도 가장 중요한 것은 『중부』의 「소업분별경小業分別經Culla-kammavibhaṅga-sutta」과 「대업분별경大業分別經Mahā-kammavibhaṅga-sutta」이다.

「소업분별경」[10]은 아무런 동정심도 없이 생물을 죽이는 사람은 그 행위 때문에 사후에 사악한 상태로 다시 태어나게 될 것이라고 주장한다. 만일 그가 사악한 상태로, 그것도 인간으로 다시 태어난다면 그는 단명할 것이다. 이 이야기는 단순한 사변의 결과가 아니라 초감각적 지각에 의해서 입증된 것이다. 그러나 이러한 수단

10 *M* 3. 202ff.; *TD* 1. 705aff.

을 통해 업과 윤회의 사실을 몸소 입증한 사람조차도 이러한 사실에 대해 잘못된 결론을 내릴 가능성이 있다. 이것이 「대업분별경」에서 논의된 요점 가운데 하나이다.[11] 여기에서 붓다가 언급하는 사람은 일부 은둔자와 바라문들인데, 그들은 철저한 정신 집중을 통해 부도덕한 삶 때문에 사악한 상태로 다시 태어난 사람들을 볼 수 있었다. 그들은 타심통을 통해 다음과 같은 결론을 내렸다. "살생하고 훔치고 … 잘못된 견해를 가진 사람들은 사후 사악한 상태로 태어날 것이다. 이것을 아는 사람들은 제대로 알고 있는 것이고, 나머지 사람들은 잘못 알고 있다." 붓다에 따르면 중대한 오류는 이것이 "유일한 진리이고 다른 것은 모두 틀렸다(*idam eva saccaṃ moghaṃ aññaṃ*)"라고 생각하는 것이다. 왜냐하면 어떤 수행자들과 바라문들은 반대로 전생에서 부도덕한 삶을 영위하고도 행복한 상태로 다시 태어난 사람들을 초감각적 지각을 통해 보았기 때문이다. 이러한 수행자들과 바라문들이 내린 결론은 앞서 말한 것과는 정반대이다. 그들은 선한 것이든 악한 것이든 행위는 결코 내생에 영향을 미치지 못한다고 주장했다(물질주의 이론 참조).

이러한 상반된 이론들이 대변하는 것은 업에 대한 결정론과 비결정론이다. 이 이론들의 공통점은 모두 초감각적 지각을 통해 획득한 자료에서 귀납적으로 추론되었다는 것이다. 그렇다면 문제는 초감각적 지각에 주어진 것이 모순되거나, 이성을 바탕으로 도달한 결론이 틀렸거나 둘 중에 하나이다. 「대업분별경」의 설명에서

11 *M* 3. 207ff.; *TD* 1. 707bff.

보건대 초감각 능력을 계발하여 존재의 사멸과 생존을 입증할 수 있었던 일부 붓다의 동시대인들은 추론 과정에서 연기 과정의 중요한 측면을 무시했다. 따라서 한때 악행을 범했던 사람이 행복한 존재로 다시 태어나는 것이 가능하다고 보았다. 만일 그렇다면 도덕적 책임의 영역에서 극단적인 결정론은 오류일 수도 있다. 그러나 붓다는 이 때문에 극단적인 비결정론이라는 상반된 이론으로 기울어서는 안 된다고 지적한다. 반대로 악행을 범한 사람이 죽음의 순간에 마음을 바꿨을 (즉 악한 경향성이 선한 경향성으로 바뀌었을) 수도 있고, 생전의 어떤 단계에서 어느 정도 착한 일을 했을 수도 있다. 붓다는 업에 관한 절대론을 주장한 사람들이 무시한 것이 바로 그러한 요소라고 생각한다. 이것이 바로 일부 종교 지도자들이 초감각적 지각의 내용을 자신들의 호오에 따라 해석한 적절한 사례이다(즉 여러 이론 중 하나의 이론에만 맞는 요소를 고려한 것이다). 이는 뒤에서 다시 다룰 것이다(부록 1 참조).

앞에서 보았듯이 붓다가 생각하는 연기는 결정론이 아니라 조건론이다. 업, 즉 연기 과정의 하나인 행위도 예외가 아니다. 따라서 「대길상경大吉祥經Mahā-maṅgala-sutta」[12]에서는 인생에서 길상(*maṅgala*)으로 간주될 수 있는 것으로 ① 과거에 획득한 공덕, ② 적절한 환경에서의 삶, ③ 올바른 결의나 근면이라는 세 가지 요인을 제시한다. 여기에서 과거의 업과 현재의 결의(즉 업)는 단지 두 요인이다. 결과를 결정하는 데 있어 아주 신중하게 고려해야 할

12 *Sn* 260.

것은 좋은 환경과 같은 기타 주요 요인이다. 게다가 위에서 인용한 「대업분별경」에 따르면 악한 행위자라 하더라도 지금 당장 자신의 인격을 바꾸려 노력한다면 행복한 상태로 다시 태어날 수 있다. (이러한 사실을 인정했기 때문에 후대에 와서 임종의 순간에 「공덕의 책(*puññā-potthaka*, 신할리즈어로는 *pin-pota*)」을 읽는 것과 같은 종교적 실천이 채택되었다.) 도덕적이거나 종교적인 삶이 의미를 갖는 것은 바로 이 인격이 변할 수 있다는 것 때문이다. 붓다가 강조한 것은 과거의 업이 이승에서 경험하는 모든 것을 결정한다는 업 결정론이 아니라, 업은 인격의 발전에 기여하는 요소 중 하나에 불과하다는 것이었다. 따라서 그는 다음과 같이 말했다. "행위는 땅이고 의식은 종자이며 탐욕은 물기이다. 이것들 때문에 윤회가 발생한다."[13]

이 장의 서두에서 지적했듯이 인간의 행위와 도덕적 책임이라는 이론과 결부된 난제는 이것과 무아(*anatta*)론을 조화시키는 문제이다. 그것은 분명 동일성을 연속성으로 오해하는 습관이 있는 사람, 즉 부단한 변화의 과정에 편의상 자아라는 이름을 붙인 것일 뿐인데도 '영혼'이 불변하고 불멸한다고 믿는 사람의 문제이다. 그러나 일단 '영혼'이나 '자아'라는 입증할 수 없는 실체에 대한 믿음을 포기한다면, 또 인생의 과정을 편향이나 편견, 선입견 없이 실제 그대로 이해한다면, 업과 윤회의 교의와 무아의 교의는 완벽히 일관되어 보일 것이다.

초기의 불교 경전은 윤회나 잔존을 어떻게 설명하고 있는가?

13 *A* 1. 223f.

거기에서는 인격을 다음의 두 가지 방식으로 분석한다. 첫 번째로 아마도 물질적 '자아'에 대한 믿음을 논파하려는 의도에서 육대六大 — 지地, 수水, 화火, 풍風, 공空, 식識[14] — 로 분석한다(1장 참조). 두 번째로 주로 정신적 '자아'에 대한 믿음을 거부하려는 목적에서 오온 — 색色, 수受, 상想, 행行, 식識 — 으로 분석한다. 인격을 대변하는 것은 대개 명색名色nāmarūpa(정신·신체 인격)이라는 용어이다.

인격의 연기를 설명할 때, 한 존재의 탄생에 필수적 요소로서 세 가지, 즉 ① 부모의 교합, ② 모체의 가임可姙 상태, ③ 건달바乾達婆gandhabba*의 존재가 언급된다.[15] 앞의 두 요소는 이른바 갑바gabbha, 즉 모체의 자궁에서 형성되는 태아를 낳게 한다. 이 살아 있는 유기체는 명색, 즉 정신·신체 인격이라 불린다. 그것은 앞에서 말한 건달바로 상징되는 잔존 의식(*viññāṇa*)의 영향을 받을 때에만 완전한 것이 된다. 이 과정에 대한 좀 더 자세한 묘사가 「대원인경大原因經Mahā-nidāna-suttanta」[16]에 나타나 있다. 이 경전은 의식(*viññāṇa*)이 모체의 자궁으로 들어가지 않는다면 정신·신체 인격(*nāmarūpa*)은 형성되지 못하고, 의식이 (얼마 후에) 자궁을 떠나

14 *M* 3. 239; *TD* 1. 690b.

* 중음신中陰神. 육신이 죽은 뒤 의식, 즉 신식神識이 아직 새로운 육체를 얻기 이전 상태를 가리킨다. 갖가지 신화를 갖고 있는 고대 인도의 정령, 건달바에서 유래했는데, 음악을 담당하는 천신天神으로서 향만을 먹고 산다고 믿었기에 식향食香, 향신香神, 심향행尋香行 등으로 의역되었다.

15 *M* 1. 266; *TD* 1. 769b.

16 *D* 2. 62f.; *TD* 1. 61b.

게 된다면 정신·신체 인격은 성숙하지 못한다고 설명한다. 따라서 모체의 자궁에서 형성되는 태아는 잔존 의식의 영향을 받아야 한다. 잔존 의식과 정신·신체 인격의 이러한 관계는 십이연기법에서 강조된다(3장 참조). 또한 깨달음을 얻고 존재에 대한 탐욕(*bhavataṇhā*[有愛])을 제거한 사람의 의식은 새로운 정신·신체 인격 안에 전혀 토대(*patiṭṭhā*[依止])가 없기 때문에 결과적으로 다시 태어나지 않는다고 주장한다.[17]

이 모든 것이 증명하는 것은 의식이 두 생 사이의 연결 고리 역할을 한다는 사실이다. 물론 초기 불교 경전은 이 점을 명백하게 진술하고 있다. 초감각적 지각을 계발한 사람은 "이 세상과 다음 세상에 형성되는 자신의 연속된 의식의 흐름을 지각"[18]할 수 있다는 것이 거듭 언급된다. 이 의식의 흐름(*viññāṇasota*[識流])은 초기 설법에서 종종 언급되는 생성의 흐름(*bhavasota*[有流])과 동일한 것이다.

중요한 점은 초기 경전에서는 정신·신체 인격의 도움 없이 한 순간일망정 잔존하는 그런 의식이 전혀 언급되지 않는다는 것이다. 다시 말해 초기 불교에는 육체와 분리된 존재에 대한 이론이 전혀 없다는 것이다. 일부 후기 학파는 모종의 중유中有(*antarābhava*)의 형태를 믿게 되었다. 그러나 초기 불교에 따르면 의식은 새로운 정신·신체 인격이 형성될 때만 잔존한다. 이런 식으로 정신 인

17 *S* 1. 122; *TD* 2. 347b.
18 *D* 3. 105; *TD* 1. 77b.

격의 토대 위에서 연속성이 유지된다. 그리고 붓다 자신이 주장했듯이 개인의 과거에 관한 지식(*pubbenivāsânussati*, 즉 숙명통)은 기억의 결과로 발생한다.[19]

현대 논리실증주의의 대표적 주창자인 A. J. 에이어A. J. Ayer는 다음과 같이 말했다.

> … 비록 어떤 사람이 오래전에 죽은 사람의 경험을 기억하고, 이 사실이 인격의 연속성을 통해 분명하게 입증된다 하더라도, 이것은 죽은 사람의 기억과 경향성이 우연히 어떤 사람에게 가게 된 것이지 결코 동일한 사람이 다른 몸으로 환생한 것이 아니다. 사람이 시공時空의 측면에서 연속되지 않는 삶을 영위한다는 생각은 이보다도 훨씬 공상적이다. 하지만 만약에 어떤 사람에게 앞선 시대에 살았다고 물리적으로 확인된 사람의 기억과 인격이 표면상으로 존재할 때 그들을 두 사람이 아니라 한 사람으로 간주한다는 규칙을 세운다면, 환생의 논리적 가능성은 인정할 수 있다고 생각한다.[20]

에이어의 말을 여기에 인용한 목적은 초기 불교 문헌에 나와 있는 재생의 이론이 논리적으로 가능하다는 것을 보여주기 위해서이다.

불교학도가 업과 윤회에 관한 교의를 연구하면서 부딪치는 제

19 *D* 3. 134.
20 A. J. Ayer, *Concept of a Person and Other Essays*(London: Macmillan, 1963), p. 127.

일 큰 문제는 무아(*anatta*)의 교의가 동일성의 부정을 함축한다는 점이다. 앞서 지적했듯이 동일성을 부정한다고 해서 연속성도 부정한다는 뜻은 아니다. 불교에서 무상, 연기, 연속성은 완벽하게 일관되며 조화로운 교의이다. 심지어 에이어 같은 철학자도 불교의 윤회론이 갖는 철학적 중요성을 인정하는 것 같다. 이러한 교의에 의문을 제기하는 이유는 대개 정상적 방법으로는 이를 입증할 수 없기 때문이다. 초감각적 지각을 통한 입증 가능성 외에도 전생을 기억하는 수많은 사람, 특히 어린이들이 있고, 이것은 신중하게 연구·기록되고 있다. 이 밖에도 최면에 걸린 사람들이 소중한 증거를 제공하고 있다. 바로 이러한 이유 때문에 C. D. 브로드C. D. Broad는 육체의 사망 이후 인간의 잔존 가능성의 문제를 경험과 철학의 문제라고 믿었다. 그는 다음과 같이 말한다.

> 그것[*윤회]은 명확한 가설의 수립을 통해 지성적 물음이라는 점을 입증할 수 있다는 의미에서 경험적이지만, 이 물음에 답변하는 단 하나의 유의미한 방법은 관찰 가능한 특정 사실들에 호소하는 것이다. … 관찰 가능한 유의미한 사실들은 심령연구, 특히 트랜스 매개의 현상들의 일부 사실들이다.[21]

21 C. D. Broad, *Human Personality and the Possibility of its Survival*(Berkeley and Los Angeles: University of California Press, 1955), p. 1.

참고 문헌

1차 문헌

Cūla-kammavibhaṅga-sutta(*M* 3. 202ff.); "Discourse on the Lesser Analysis of Deeds"(*MLS* 3. 248ff.); *TD* 1. 703ff.

Mahā-kammavibhaṅga-sutta(*M* 3. 207ff.); "Discourse on the Greater Analysis of Deeds"(*MLS* 3. 254ff.); *TD* 1. 706ff.

Āsivisa-sutta (*S* 4. 172ff.); "The Snake"(*KS* 4. 107ff.); *TD* 2. 303f.

Nidānāni (*A* 1. 134ff.); "Causes"(*GS* 1. 177ff.).

Loṇaphala (*A* 1. 249ff.); "A Grain of Salt"(*GS* 1. 227ff.); *TD* 1. 433f.

Nibbedika (*A* 3. 410ff.); "A Penetrative Discourse"(*GS* 3. 291ff.); *TD* 1. 599f.

2차 문헌

Jayatilleke, K. N., *Survival and Karma in Buddhist Perspective*, Kandy: Buddhist Publication Society, 1969.

Nyānatiloka Mahāthera, *Karma and Rebirth*, Kandy: Buddhist Publication Society, 1959.

Rhys Davids, C. A. F., *Buddhism*, pp. 107-149.

Thomas, E. J., *History of Buddhist Thought*, pp. 107-118.

6장
도덕과 윤리

불교는 인도의 다른 종교와 마찬가지로 지식과 행위, 이론과 실천을 분리하지 않는다. 철학은 인간의 삶을 규정하는 실재에 대한 이해를 제공할 때만 의미를 갖는다. 인간과 자연에 대한 이해는 그 자체로 목적이 아니라, 단지 목적을 위한 수단이다. 지식이나 지혜(*paññā*)의 궁극적인 목적은 자유(*vimutti*)이다. 왜 인간은 자유를 추구하는가? 미국의 철학자 존 듀이는 그의 저서 『확실성의 탐구』를 다음과 같은 말로 시작하고 있다.

> 우연의 세계에 사는 인간은 안전을 구할 수밖에 없다. 인간이 안전을 획득한 방법에는 두 가지가 있다. 하나는 그를 에워싼 채 그의 운명을 결정하려는 세력을 달래려는 시도와 함께 시작했다. 그것은 기원·희생·의식儀式·마술적 제식祭式 속에 표현되었다. 시간이 흐르면서 이러한 조잡한 방법은 거의 대체

되었다. 마음으로 죄를 뉘우치는 제사를 황소와 암소를 바치는 제사보다 더욱 만족스러운 것으로 여겼으며, 존경과 헌신의 내면적 태도를 외적 의식보다 더 바람직한 것으로 여겼다. 인간은 운명을 정복할 수는 없었지만 기꺼이 운명과 제휴할 수 있었다. 그리고 심한 고통 속에서도 행운을 베푸는 세력의 편에 자신의 의지를 맡김으로써 패배에서 벗어나고, 파괴의 와중에서도 승리할 수 있었을 것이다.[1]

이 진술로부터 초기 불교의 윤리와 도덕을 논의하면 좋을 것 같다. 붓다는 「성스러운 구함에 대한 설법(*Ariyapariyesanā Sutta*[聖求經])」[2]에서 자신이 탐구하는 것이나 추구하는 것은 우파니샤드 성인과 마찬가지로 이른바 듀이가 말한 "우연의 세계"를 극복하기 위한 길이라고 말한다. 우연의 세계는 우파니샤드의 성인에게나 붓다에게나 탄생, 노쇠, 죽음으로 괴롭힘 당하는 세계였다. 3장에서 지적한 대로 자연의 연기법에 따를 경우 원인이라는 조건을 통해 발생하는 것은 원인이 붕괴하면 예외 없이 사라진다. 변함없이 영원하리라 생각되는 것은 아무것도 없다. 태어난 존재에게 죽음은 필연적이다. 따라서 종교적 삶의 목표는 탄생(*jāti*)에서 해방되어 노쇠와 죽음을 피하는 것이다. 붓다가 깨달음을 얻고 난 후에 부른 기쁨의 찬가는 이 경지를 아주 생생하게 표현한다.

1 John Dewey, *The Quest for Certainty*(Gifford Lectures 1929), Fourth Impression(New York: Putnam, Capricorn Books, 1960), p. 3.

2 *M* 1. 160ff.; *TD* 1. 775ff.

나는 무수한 탄생을 통해 헛되이 이승에서 목수[즉 재생의 원인]를 찾아 헤맸다. 계속되는 탄생이 만족스럽지 않았기 때문이다. 오, 목수여! 나는 이제 너를 찾아냈다. 너는 결코 이 집을 다시 지을 수 없으리라. 너의 모든 서까래는 부서졌고 용마루는 산산조각이 났다. 마음은 경향성에서 해방되어 자유로운 상태에 도달했고 탐욕의 종말을 목격했다.

(*Anekajātisaṃsāraṃ sandhāvissaṃ anibbisaṃ,*

gahakārakaṃ gavesanto dukkhā jāti punappunaṃ.

Gahakāraka diṭṭho' si puna gehaṃ na kahasi,

sabbā te phāsukā bhaggā gahakūṭaṃ visaṅkhitaṃ

visaṅkhāragataṃ cittaṃ taṇhānaṃ khayam ajjhagā.)[3]

듀이가 언급한 우연의 세계를 극복하고 안전을 획득하는 두 가지 방식은 바라문교와 불교가 각각 채택한 방식과 매우 유사하다. 바라문교는 기원, 희생, 의식, 마술적 제식 같은 다양한 예배 형태를 통해 인간을 둘러싼 세력을 달래는 방식을 채택했다. 반대로 불교는 존재의 속박에서 자유를 얻기 위해서는 자기 수양과 도덕적 성실이 필요하다고 강조했다. 붓다는 그것을 다음과 같이 설명한다.

바라문이여, 나는 제단에 장작을 놓지 않는다.

3 *Dhammapada*, ed. Suryagoda Sumangala(London: PTS, 1914), pp. 153-154.

다만 내부에서 내가 붙인 불을 그저 태울 뿐이다.
이 불을 끊임없이 태우고
자아를 끊임없이 제어하면서
나는 숭고한 삶을 산다.[4]

이러한 발언은 불교가 인도인의 종교적 삶에 초래한 변화를 보여준다. 하지만 그러한 도덕성이 불교 이전의 인도 종교에 알려지지 않았다는 뜻은 아니다. 이것이 강조하는 것은 단지 붓다의 시대에 바라문교가 매우 타락했다는 사실이다. 실제로 붓다는 희생 제의가 정교화되기 전에 살았던 바라문교 사제들의 도덕적 위상을 문제 삼는다.[5]

괴로움에서 해방된 붓다의 제자는 "해야 할 일을 한(*katakaraṇīyo*[所作皆作]) 사람"이라 불린다. 그러나 이 목표에 도달하기 위해 그 제자는 이루어야 할 모든 것을 점진적으로 또 질서 있게 해야만 한다. 초기 불교는 초심자는 자유의 최종 단계로 단번에 도약할 수 없고 점진적인 수련(*anupubbasikkhā*[順次學習])의 과정, 점진적인 성취(*anupubbakiriyā*[漸次作業]), 점진적인 실천(*anupubbapaṭipadā*[漸次行道])을 통해야 한다는 사실을 강조한다.

바로 이 점진성이 '완전에 이르는 길'에 관한 초기 불교 이론의 가장 중요한 특징 가운데 하나이다. 이것은 『중부』에 수록된 두

4 *S* 1. 169; *TD* 2. 320f.
5 *Sn* 50ff.

설법 「대마읍경大馬邑經Mahā-assapura-sutta」[6]과 「회계사 목갈라나경Gaṇakamoggallāna-sutta」[7]에서 강조된다. 이 측면을 강조하는 이유는 아무리 부도덕한 사람일지라도 도덕적 완성을 통해 자유의 획득이라는 절정에 도달할 수 있다는 것을 인정했기 때문이다. 사람들은 도덕적, 정신적 계발에 있어 상이한 단계에 놓여 있기에 대개 연못에서 자라는 연꽃에 비유된다. 도덕적 완성이라는 최고 단계에 도달한 사람은 흙탕물 속에서 자랐지만 위로 솟아올라 물에 더럽혀지지 않는(*anupalitta*[不染著]) 연꽃과 같다.[8]

미덕이나 도덕적 행위에는 악을 회피하는(*pāpassa akaraṇa*[不造作惡]) 소극적 측면과 선을 계발하는(*kusalassa upasampadā*[圓滿種種的善]) 적극적 측면이 존재한다. 사실상 이 둘은 상호 보완적이다. 예를 들어 스스로를 포함한 생물을 죽이거나 해치지 않는 것은 소극적 측면이고, 자신과 타인을 비롯한 모든 존재에 대해 동정하는 것은 적극적 측면이다.

도덕적 미덕은 여러 가지 범주로 분류된다. 가장 기본적인 것은 오계五戒(*pañca sīla*)의 범주이다. 그것은 ① 자신과 남의 생명을 빼앗지 않기, ② 자신의 것이 아닌 것을 차지하지 않기, ③ 감각적 쾌락에 잘못 탐닉하지 않기, ④ 거짓말하지 않기, ⑤ 취하게 하는 것을 사용하여 나태에 빠지지 않기이다.[9] 그리고 십선계十善戒(*dasa sīla*)

6 *M* 1. 271ff.; *TD* 1. 724ff.
7 *M* 3. 1ff.; *TD* 1. 652ff.
8 *A* 2. 39.
9 *S* 2. 69.

는 오계에서 언급한 네 번째까지에 더해 ⑤ 욕설하지 않기, ⑥ 불쾌하거나 거친 말을 하지 않기, ⑦ 천박한 말을 하지 않기, ⑧ 탐욕하지 않기, ⑨ 증오하지 않기, ⑩ 거짓이나 이단의 견해에 빠지지 않기이다.[10]

도덕적 미덕은 「범망경」[11]에서 더 자세히 분석된 것으로 보인다. 여기서 그러한 미덕은 짧은 절(*cūla*), 중간 절(*majjhima*), 긴 절(*mahā*)의 세 그룹에 걸쳐 논의된다. 이 경전에서 논의한 도덕적 미덕은 여기서 다룰 수 없을 정도로 많지만 다음과 같은 광범위한 주제가 해당된다. 그것은 수뢰收賂와 부패, 도박, 희생과 봉헌, 점복占卜과 예언, 주문과 마술, 살생, 도둑질, 거짓말, 음란한 행실 등을 하지 않기이다. 비록 이러한 도덕적 계율은 부정적으로 표현되고 있지만 윤리의 적극적 측면을 도외시하는 것은 아니다. 도덕을 적극적으로 서술하는 많은 설법 가운데 대단히 중요한 것으로는 『경집經集Sutta-nipāta』의 「대길상경」과 「담미카경Dhammika-sutta」, 그리고 『장부長部Dīgha-nikāya』의 「싱갈라에게 주는 교훈경Siṅgālovāda-sutta」이 있다.

초기 불교가 제시한 '완전한 인간' 또는 '존귀한 사람(*arahant*)'이라는 이상이 비판받는 주된 이유는 그것이 이타적이 아니라 이기적이기 때문이다. 그러나 '완전한 인간'이라는 도덕적 미덕의 최종 결과는 앞의 설법에서 논의한 아주 기초적인 미덕에서 출발했

10 *S* 4. 342.
11 *D* 1. 1ff.

다는 사실을 기억해야 한다. 이러한 기초적인 도덕적 미덕은 개인의 도덕을 계발시키는 것뿐만 아니라 사회적 향상과 조화, 일치를 어떻게든 이룩하는 것을 목적으로 한다. 그러한 도덕 수련을 거친 사람만이 고등 지식(*adhipaññā*[高等智慧])의 계발에 필수인 고등의 도덕적 미덕(*adhisīla*[高等持戒])과 정신 집중(*adhicitta*[高等禪定])을 계발할 수 있고, 그럼으로써 자유(*vimutti*)를 획득할 수 있다.

팔정도八正道(*ariyo aṭṭhangiko maggo*)란 이러한 도덕적 미덕을 정신 집중의 과정 및 지혜의 계발과 함께 터득한 것을 가리킨다. 여덟 가지 요소는 대개 다음과 같다.

1. 올바른 견해(*sammā diṭṭhi*[正見])
2. 올바른 사유(*sammā saṇkappa*[正思惟])
3. 올바른 말(*sammā vācā*[正語])
4. 올바른 행동(*sammā kammanta*[正業])
5. 올바른 생활(*sammā ājīva*[正命])
6. 올바른 노력(*sammā vāyāma*[正精進])
7. 올바른 마음가짐(*sammā sati*[正念])
8. 올바른 정신 집중(*sammā samādhi*[正定])

이 도덕적 완성의 길을 통해 불교도는 무엇을 성취하려 했는가? 이 장의 첫머리에서 지적한 붓다의 목표는 존재의 우연성을 해결하는 것이었다. 우연성의 원인은 세상의 사물이 갖는 태어남, 노쇠와 죽음, 불확실성 등이었다. 우리는 이미 (5장에서) 탐욕(*taṇhā*)

과 집착이나 애착(*upādāna*)이 생성의 순환 때문이라는 것을 보았다. 탐욕과 집착은 탄생, 노쇠, 죽음과 같은 주요 우연성의 원인이면서, 다른 한편으로는 태어난 인간이 경험하는 불행과 괴로움의 원인도 된다. 따라서 탐욕은 현재의 괴로움뿐만 아니라 재생과 그에 따르는 노쇠와 죽음이라는 미래의 괴로움도 야기한다. 그러므로 탐욕을 제거할 때만이 우리는 이 현생에서 행복을 얻을 수 있고 또 존재의 악순환(*saṃsāra-vaṭṭa*[輪廻輪轉], *bhava-cakka*[六道])을 종식시켜 미래의 괴로움을 제거할 수 있다.

탐욕을 제거하는 가장 효과적 방법은 출리出離(*nekkhamma*[抛棄])이다. 출리의 이상은 불교 경전 전체에서 강조된다. 신체와 정신 모두에서 출리를 성취하는 길은 오직 점진적인 수련의 과정뿐이다. 따라서 앞서 지적한 것처럼 도정道程의 점진성이 강조되었다. 탐욕의 억제는 의도적으로 되는 것이 아니다. 그러한 억제는 온갖 종류의 복잡한 문제를 야기할 수 있기 때문이다. 억제된 욕망은 무의식에 잠재해 있다가 사람의 행위에 영향을 미치기 때문에 인격 수양에 해로울 수 있다. 이상적인 것은 이해와 점진적인 포기를 통해 성취되는 탐욕과 욕망의 완화(*vūpasama*[減輕])이다. 이 포기가 모든 도덕적 미덕의 배후에 있다고 말해도 큰 무리는 없을 것이다. 일상생활을 떠나 승려의 삶을 사는 사람뿐만 아니라 모든 사람은 할 수 있는 만큼 포기를 실천해야 한다. 그러한 희생 없이 사회에서의 완전한 조화는 불가능하다. 따라서 포기나 희생 없이는 너그러움이나 관대함, 부모·가족·친구 및 남을 보살피는 것 같은 가장 단순한 미덕조차도 실천할 수 없다. 이것이 붓다가 강조한 '희생'이다.

이제 불교에서의 윤리적 판단의 기초를 검토할 차례이다. 행동의 옳고 그름, 선과 악의 여부를 결정하는 하나의 방법은 그것이 무착(*virāga*)과 집착(*rāga*) 가운데 어느 쪽으로 기우는가를 관찰하는 것이다. 붓다는 어떠어떠한 행동이 무착(*virāga*)과 욕망의 완화(*vūpasama*)를 가져오지 않는다는 이유로 인해 하지 말아야 (*akaraṇīyaṃ* [不合適的行爲]) 했다고 매우 자주 말했다. 그러나 이것이 선악의 마지막 판단 기준은 아니다.

왜 사물이나 행동 가운데 무착(*virāga*)으로 이끄는 것은 선이고, 집착(*rāga*)으로 이끄는 것은 악이라고 간주하는가? 그 이유는 전자는 행복(*sukhudrayaṃ*, *sukhavipākaṃ*)과 자유로, 후자는 괴로움(*dukkhudrayaṃ*, *dukkhavipākaṃ*)과 속박으로 이끌기 때문이다. 불교의 이론은 윤리적 행위의 목표를 행복에 둠으로써 공리주의적 성격을 갖는 것 같다. 그러나 초기 불교도와 공리주의자의 행복에 대한 분석의 큰 차이는 후자에 따르면 행복에 감각적 쾌락도 포함되는 반면에, 불교에서 감각적 쾌락은 행복보다는 괴로움으로 귀결된다는 것이다. 공리주의자들이 쾌락을 행복에 포함시킨 것은 사실이지만, 분명 동물적 쾌락과 더 고상한 형태인 인간의 쾌락을 구분한다.

초기 불교에 따르면 가장 고귀한 행복은 (감각적 쾌락인) 세상에 대한 모든 갈망과, 세상의 잘못된 가치에 대한 모든 탐애貪愛, 아울러 무상과 지속되는 만족의 결핍에서 오는 낙담 등을 통제함으로써 성취된다. 그리고 이것은 바르고 완전한, 즉 완벽한 마음가짐을 통해 성취된다. 다음 설명을 보자. "승려는 세상에 대한 갈망과 낙담을 통제했기에 몸 안의 몸을 관조하며, 뜨겁고 신중하게 전념하며 살아간다. 따라서 그는 느낌 속의 느낌과 의식 속의 의식을 관조하면서 산다. 그리고 마지막으로 그는 세상에 대한 갈망과 낙담을 통제했기에 마음의 대상 속 마음의 대상을 관조하며, 뜨겁고 신중하게 전념하며 산다."[12] I. B. 호너I. B. Horner가 지적했듯이 "올바른 마음가짐으로 갈망을 통제하면 열반의 획득에서 절정에 도달하는, 우리가 이상으로 생각하는 위대한 결과를 분명히 성취할 수 있다."[13] 갈망의 완전한 제거는 오직 열반의 획득으로만 성취할 수 있다. 그러나 이러한 통제는 다양한 수준으로 성취되며, 이것은 사회생활을 하는 사람에게 늘 있는 일이다. 단념을 통해 성취하는 행복의 질은 당연히 집착이나 탐욕을 통해 성취하는 것보다 우수하다.

이제 초기 불교에서의 "선善"과 "악"의 의미를 정의할 수 있게 되었다. 이 두 개념을 가리켰던 용어는 각각 쿠살라kusala와 아쿠살라akusala이다. 쿠살라는 '건전한' 또는 '긴징한'을, 아쿠살리는 '불건전한' 또는 '건강하지 않은'을 의미한다. 따라서 '선'은 신체와 정신의 '건강'에 이바지하는 것이고, '악'은 신체와 정신의 '질병'을 야기하는 것이라고 말할 수 있다. 이는 초기 불교의 선악 개념에 대한 연구의 전거典據로 여겨지는 『중부』의 「암발랏티카에서 라훌라

12 *S* 5. 9.

13 I. B. Horner, *The Basic Position of Sīla*(Colombo: The Buddha Sāhitya Sabhā 1950), p. 18.

에게 주는 교훈경Ambalaṭṭhikā-Rāhulovāda-sutta」[14]에 명백히 언급되어 있다. 여기서는 선과 악을 다음과 같이 정의한다.

> 자신이나 타인에게, 혹은 그 모두에게 괴로움[*byābādha*[病], 문자 그대로 질병]을 불러오는 모든 육체적, 언어적, 정신적 행동은 악(*a-kusalaṃ*)이다. 자신이나 타인에게, 혹은 그 모두에게 괴로움을 불러오지 않는 모든 육체적, 언어적, 정신적 행동은 선(*kusalaṃ*)이다.

따라서 어떤 행동이 선인지 악인지를 결정하는 판단 기준은 그것이 행복하거나 즐거운 결과를 초래하는지의 여부이다. 만일 행동에 관계되는 것이 자기 자신뿐이라면 판단 기준이 되는 것은 자신만의 행복이다. 행동에 타인이 관계된다면 판단 기준은 타인의 행복이다. 행동에 둘 모두가 관계된다면 판단 기준은 둘 모두의 행복이다. 따라서 붓다의 분석에 따르면 이 세상에는 네 가지 유형의 인간이 있다.

1. 자기 절제를 수행하는 수행자처럼 자기 자신을 괴롭히는(*attantapa*[自己苦行]) 사람.
2. 타인의 생명을 빼앗는 사냥꾼처럼 타인을 괴롭히는(*parantapa*[折磨他人]) 사람.

14 *M* 1. 414ff.; *TD* 1. 436ff.

3. 대규모 희생 제의를 감행하는 군주처럼 자신과 타인을 괴롭히는(*attantapo ca parantapo ca*) 사람. 그러한 희생 제의를 준비하면서 백성뿐 아니라 군주도 그로 인해 끝없는 고통을 겪기 때문이다. 그리고 희생되는 동물들도 고통을 받는다.

4. 아라한처럼 자신도 타인도 괴롭히지 않는(*neva attantapo na parantapo*) 사람.

「암발랏티카에서 라훌라에게 주는 교훈경」에 있는 선악에 관한 정의는 일반적으로 '담마의 거울(*dhammâdāsa*)'로 묘사된다 — 이것을 들여다보며 자신의 행동이 선인지 악인지를 스스로 결정할 수 있기 때문이다.

이것은 선과 악의 정의에 관한 또 다른 흥미로운 문제로 연결된다. 만일 담마의 거울이 무엇이 선이고 악인지 알아내도록 도와주는 것이라면, 판단 기준은 담마 자체라고 말할 수 있다. 담마라는 개념은 또한 진리眞理(*sacca*, Sk. *satya*)라는 의미로 쓰였다. 사실상 담마는 붓다가 발견한 세계에 관한 진리, 즉 연기(*paṭiccasamuppāda*)와 동일시되었다.[15] 그렇다면 이로부터 우리는 다음과 같은 등식을 얻게 된다.

선(*kusala*)=진리(*dhamma, sacca*)

악(*akusala*)=비진리(*a-dhamma, musā*)

15 *M* 1. 190-191; *TD* 1. 467a.

우리는 여기에서 현대 서양철학에 있어 가장 중요한 윤리학적 문제 중 하나인 윤리적 언명의 진리치에 관한 문제를 다루게 된다. 이 문제에 대한 현대 실증주의적 접근 방법에 영향을 미친 루트비히 비트겐슈타인Ludwig Wittgenstein은 언어의 그림 이론*에 근거하여 윤리학의 명제란 존재할 수 없다는 결론을 내렸다. 그의 논변은 다음과 같이 정리할 수 있다. 언어의 그림 이론에 따르면 어떤 명제는 물론이거니와 그것의 부정도 모두 가능하다. 어떤 주장과 그것의 부정 가운데 어떤 것이 진리인가 하는 것은 우연적이다. 이 세상의 모든 것이 우연적이라면 세상에는 "가치"가 있을 수 없다. 가치를 가진 것은 결코 우연적일 수 없기 때문이다. 여기서는 세계와 가치를 구별하며, 부정에 관계되는 것은 가치 자체가 아니라 이 세상 속의 가치이다. 따라서 명제가 진술할 수 있는 것은 세상 속의 것, 즉 옳고 그름이지 선이나 악이 아니다. 선과 악은 단지 주체와의 관계에서만 존재한다. 따라서 실증주의는 윤리학을 정의情意의 문제라고 정의한다.

붓다는 윤리적 판단의 상대성을 매우 분명하게 의식하고 있었다. 그러나 비트겐슈타인과 달리 그는 실재 또는 진리와 가치의 구분을 인정하지 않았다. 『경집』 가운데 유명한 「의품義品Aṭṭhaka-vagga」에서 붓다는 선과 악에 대한 언명이 매우 주관적이라고 말한다.[16] 같은 방식으로 그는 옳고(*sacca*) 그름(*musā*)에 대한 주장 역

* 언어가 세계의 그림이며, 사실을 담아내는 기술記述이라고 보는 비트겐슈타인의 초기 이론.

16 *Sn* 878-894.

시 상대적이라고 생각했다. 이것은 개인의 좋아함(*ruci*)과 싫어함(*aruci*)에 따라 상대적이다. 어떤 사람에게 옳은 것이 다른 사람에게는 그르기 때문이다. (이 때문에 비트겐슈타인은 진리와 허위를 우연적인 것으로 취급했는지도 모른다!) 따라서 붓다에 있어서 진리치와 도덕 가치 또는 윤리 가치는 구별할 수 없다. 양자 모두 자연 속의 가치이기 때문이다. 붓다에 있어 이른바 세계(*loka*)는 단지 시공 속의 대상을 무작위로 모아놓은 것이 아니다. 세계에는 아울러 느낌과 경향성, 좋아함과 싫어함이 포함된다. 세계는 산과 강, 나무와 돌뿐만 아니라, 행동 양식을 갖는 인간과 동물로 이루어져 있다. 앞서 설명한 것처럼 연기(*paṭiccasamuppāda*)는 이러한 모든 것이 기능하는 양식을 말한다. 인간의 경향성, 좋아함과 싫어함은 이 세계의 중요한 인과 요인이다. 따라서 만일 진리와 허위, 또는 선과 악에 대한 모든 판단을 절대적이기보다는 상대적으로 만드는 것이 인간의 경향성이라면, 자유(*nibbāna*)를 획득하여 그러한 모든 경향성을 완화시킨(*sabbasaṅkhārasamatha*[一切諸行空寂]) 사람은 진리와 허위, 선과 악을 있는 그대로 이해할 수 있어야만 한다. 이 때문에 『경집』은 성인聖人(*muni*)에게 옳고 그름, 선과 악에 관한 갈등이 없다는 것을 강조한다.[17]

이것의 의미는 자유를 획득하면 진리(*sacca*)와 선(*kusala*)이 구별되지 않는다는 것인가? 만일 그렇다면 그러한 상황을 철학적으로, 즉 붓다의 근본 가르침인 연기(*paṭiccasamuppāda*)로 설명할 수 있는

17 *Sn* 780, 843, etc.

가? 3장에서 지적한 것은 붓다가 연기(*paṭiccasamuppāda*)를 세계에 관한 진리(*sacca*)로 지각한다는 것이었다. 사실상 그는 "연기를 이해하는 사람은 담마[*진리]를 이해한다"고 주장했다.[18] 붓다는 아마도 속박(*saṁkilesa*[煩惱])과 자유(*vodāna*[淨明/神聖化]) 또는 청정(*visuddhi*[淸淨])의 모든 과정을 연기로 설명한 최초의 인도철학자일 것이다. 속박의 과정도 자유의 과정과 마찬가지로 자연스러운 인과적 발생(*dhammatā*)이다. 선과 악의 경향성(*saṅkhāra*[形成力])에 의해 결정된 연기 과정은 '조건의 제약을 받으며(*saṅkhata*[被作])' 마지막에는 속박(*bandhana*)과 불행 또는 괴로움(*dukkha*)에 이른다. 따라서 경향성에 의해 결정되지 않은 연기 과정은 '조건의 제약을 받지 않으며(*asaṅkhata*)' 자유(*vimutti*)와 행복(*sukha*)에 이른다. 초기 불교도가 선(*kusala*)뿐만 아니라 진리(*sacca*)도 연기 과정에 종속된다고 생각한 것은 놀라운 일이 아니다. 법결정法決定dhamma-niyāma이라는 용어는 바로 이러한 정신 과정을 나타낸다.

그러므로 실재나 비실재, 진리나 허위의 범주로 분석할 수 있는 담마(복수형 *dhammā*), 즉 경험 요소는 아울러 선한 것을 의미하는 담마가 될 수 있다(악한 것을 의미하는 아담마a-dhamma도 될 수 있다). 이 모든 것은 경향성(*saṅkhāra*)의 존재나 부재를 상징하는 집착(*sarāga*)이나 무착(*virāga*)이 초기 불교에 있어 도덕 판단의 기초를 제공한다는 사실을 나타내는 것 같다.

지금까지 초기 불교의 경전에 나타난 도덕과 윤리를 간단하게

18 *M* 1. 190-191; *TD* 1. 467a.

정리했다. 초기 불교에서 강조한 것이 도덕적 완성을 향한 도정의 실천적 가치 및 점진성임을 고려할 때, 불교의 울타리 안으로 수용되어 초심자의 종교적 교화를 꾀했던 천상과 지옥, 신과 사자死者와 같은 일단의 개념들을 살펴보는 것이 적절하다.

불교 이전의 신과 악령의 개념은 초기 불교의 이론과 실천에 맞게 대폭 수정되었다. 불교 이전 시대에 신은 자신을 숭배하는 자에게 은혜를 베푸는 매우 강력한 존재로 생각되었다. 신(또는 유일신)에 대한 희생 제의는 소원을 달성하는 유효한 수단으로 간주되었다. 한편 악령은 사람에게 재앙을 가져온다고 여겨졌고, 그러한 악영향을 피하기 위해 다양한 주문이 고안되었다. 인간의 노력과, 외부의 힘에 의존하지 않고 구원을 성취할 수 있는 인간의 능력을 강조하는 불교는 천상과 지옥, 신과 악령의 개념을 완전히 포기하지는 않았지만 평가절하하기 시작했다.

붓다는 인간에게는 근본적으로 행복을 갈망하고(*sukhakāma*) 괴로움을 증오하는(*dukkha-paṭikkula*) 본성이 있다는 것을 깨닫고 나서, 신과 영령에 대한 믿음을 통제 개념으로 사용한 것 같다. 붓다는 신을 초기의 높고 고귀한 지위로부터 끌어내린 후, 과거의 도덕적 행위의 결과로 인해 상상할 수 있는 모든 종류의 감각적 쾌락을 누리는 존재로 묘사했다. 천상(*sagga*)은 이러한 신의 거주지이다. 사카Sakka(초기 신들 중에서 인드라)가 신의 우두머리로서 두각을 나타낼 수 있었던 이유는 부모를 잘 보살피는 것, 노인을 존경하는 것, 가족을 잘 보살피는 것 등으로 이루어진 일곱 가지 유덕한 행위를 수련했기 때문이라고 전해진다.[19] 평범한 재가 신도의 눈에는 사카의 지위가 부러운 것이었다. 평범한 초심자도 죽은 뒤 그런 지위를 획득할 수 있다면, 도덕적 성실의 도정을 따름으로써 거기에 도달하려 생각할 것이기 때문이다. 그러나 신은 붓다와 아라한에 비하면 열등한 존재인데, 감각적 쾌락을 즐길 수 있는 지위를 차지하는 한 신이 고통에서 해방되는 일은 불가능하기 때문이다.

한편 악령(*bhūta, pisāca*)이나, 초기에는 막강한 존재의 계층으로 생각되던 사자(*peta*)의 영령은 불교에 와서 과거의 부도덕한 행위 때문에 비참한 상태로 추락한 존재로 간주되었다. 그들은 여러 지옥에 거주하는 자들이다. 그들은 음식이나 옷마저도 인간의 동정과 선심에 의존해야 했다. 그러나 그러한 물질적 선물은 이러한 존재에게 도달할 수 없기 때문에 동정심이 많은 인간들은 관대함(*dāna*[惠施]) 같은 유덕한 행위를 통해 쌓은 공덕을 이 불행한 존재에게 베풀어주어야 했다. 이것 또한 도덕적 미덕과 포기의 이상을 가르치는 수단이었다. 지옥은 악한 행동을 저지른 사람이 과거의 부도덕한 행위로 인해 극한의 고통을 받는 공포의 장소로 표현되었다. 이것이 주는 위협은 부도덕을 억제하는 역할을 했다.

천상과 지옥, 신과 악령이라는 개념들을 조심스레 살펴보면 이것들은 불교에서 단지 통제 관념이나 개념으로서만 수용되었다는 사실을 알 수 있다. 이것들이 사변에 기초한 이론일 뿐이라는 사실은 붓다의 다음과 같은 말들에서 잘 드러난다. 신이 있느냐고

19 *S* 2. 228-232; *TD* 2. 290b-c.

묻는 한 바라문에게 붓다는 "그렇지 않다"고 대답한다. 신이 없느냐고 물었을 때도 붓다의 대답은 마찬가지로 "그렇지 않다"였다. 이 답변에 당황해하는 바라문에게 마침내 말한다. "바라문이여, 세상은 한 목소리로 신이 있다고 외친다(*ucce sammataṃ kho etaṃ brāhmaṇa lokasmiṃ yadidaṃ atthi devâti*)."[20] 지옥의 개념에 대한 붓다의 태도도 이와 마찬가지였다. 『상응부』[21]에는 붓다가 거대한 대양 밑에 지옥이 있다고 믿는 것은 오직 무지한 보통 사람(*assutavā puthujjano*[無聞凡夫])뿐이라고 말한 것으로 기록되어 있다. 붓다의 견해에 따르면 지옥은 즐겁지 않은 느낌(*dukkhā vedanā*[苦受])의 또 다른 이름인 것이다.

참고 문헌

1차 문헌

Sigālovāda-suttanta (*D* 3. 180ff.); "The Sigāla Homily"(*SBB* 4. 173); *TD* 1. 70ff.

Ariyapariyesana-sutta (*M* 1. 160ff.); "Discourse on the Aryan Quest"(*MLS* 1. 203ff.); *TD* 1. 775ff.

Mahā-Assapura-sutta(*M* 1. 271ff.); "The Greater Discourse at Assapura"(*MLS* 1. 325ff.); *TD* 1. 724f.

Ambalaṭṭhikā-Rāhulovāda-sutta (*M* 1. 414ff.); "Discourse on Exhortation to Rāhula at Ambalaṭṭikā"(*MLS* 2. 87ff.); *TD* 1. 436f.

20 *M* 2. 213.

21 *S* 4. 206; *TD* 2. 119c.

Kīṭāgiri-sutta(*M* 1. 473ff.); "Discourse at Kīṭāgiri"(*MLS* 2. 146ff.); *TD* 1. 749ff.
Gaṇakamoggalāna-sutta (*M* 3. 1ff.); "Discourse to Gaṇaka-Moggalāna"(*MLS* 3. 52ff.); *TD* 1. 652f.
Sundarīka-Bhāradvāja-sutta (*S* 1. 167ff.); "The Sundarikāyan"(*KS* 1. 209ff.); *TD* 2. 320f.
Mahā-maṅgala-sutta(*Sn* 258ff.); "The Boon of Boons"(Harvard Oriental Series, vol. 37[1932], p. 65ff.).
Dhammika-sutta (*Sn* 376ff.); "Dhammika's Enquiry"(Harvard Oriental Series, vol. 37, p. 91ff.).

2차 문헌

Hopkins, E. W., *Ethics of India*, New Haven: Yale University Press, 1924.
Saddhatissa, H., *Buddhist Ethics*, London: George Allen & Unwin, 1970.
Tachibana, S., *Ethics of Buddhism*, London: Oxford University Press, 1926.
Wijesekera, O. H. de A., "Buddhist Ethics", In *Knowledge and Conduct: Buddhist Contribution to Philosophy and Ethics*, Kandy: Buddhist Publication Society, 1963.

7장
열반

이제 초기 불교의 목표, 즉 최고선最高善에 대해 논의할 차례가 되었다. 지금껏 이 주제에 대해서 학자들이 수많은 논문을 발표했으며, 이 주제에 대한 논의는 이미 끝났다고 느끼는 사람도 있다. 이 방대한 해석의 문헌집에 가장 최근에 추가된 것이 루네 E. A. 요한슨의 『열반의 심리학』이다.[1]

요한슨은 자신의 책을 소개하면서 다음과 같이 말한다. "열반이 불교의 최고선이고, 이 궁극의 목적을 획득한 사람을 아라한이라 부른다는 것은 잘 알려진 사실이다. 그러나 의견의 일치는 여기까지이다." 그에 따르면 이유는 다음과 같다. "광범위한 문헌의 상이한 층위에서 출발한 다양한 학자는 종종 자신의 견해를 일반화하고는 그것이 다른 층위에서도 타당하다고 가정했다. 불교는 종종

1 Rune E. A. Johansson, *Psychology of Nirvana*(London: George Allen & Unwin, 1969).

실제 모습보다 훨씬 더 동질적인 것으로 간주되어왔다. … 부당한 일반화는 학술 저작이 범할 수 있는 주요 죄악의 하나인 것 같다." 따라서 그는 자신에게 "팔리 『니카야』에 있는 모든 증거를 가능한 한 객관적으로 모으고 기술하며, 가능하다면 증거가 스스로 설명하도록 하고 관계없는 설명을 덧붙이지 않는다"[2]는 과업을 부여했다.

요한슨은 이 작업에 충실하려고 단단히 애썼지만 불행하게도 열반에 관한 관습적인 해석, 즉 특히 초기 학자들 사이에서 이견을 초래한 바로 그 문제가 그를 너무나 무겁게 압박했다. 해석이 잘못된 이유는 주로 초기 불교의 열반 개념을 연기, 업, 재생 같은 다른 교리와 함께 검토하지 않고 독립적으로 검토했기 때문인 것 같다. 열반이 그 고유한 맥락에서 연구되지 않을 때, 그러한 잘못된 해석은 피할 수 없다. 이런 까닭에 나는 열반 개념을 지금까지 논의했던 다양한 교의의 관점에서, 특히 초기 불교의 경험주의와의 관계에서 고찰할 것을 제의하고 싶다. 우리는 혼란을 피하기 위해 열반 개념을 아라한이 이승에서 도달하는 열반과 사후에 도달하는 열반이라는 두 가지 주요한 측면으로 논의할 것이다.

『여시어경如是語經Itivuttaka』[3]에 나오는 열반에 대한 설명은 이 개념을 이해하려는 모든 시도 가운데 가장 귀중한 것이다. 여기서는 다음과 같은 두 가지 형태 ① 생명의 토대가 남아 있는 열반(*saupādisesa*, 즉 이승에서 도달하는 열반), ② 생명의 토대가 없는 열반

2 Ibid., pp. 9-10.
3 *It* 38f.; *TD* 2. 579a.

(*anupādisesa*, 즉 죽은 아라한의 열반)이 언급되어 있다.

먼저 아라한이 이승에서 도달하는 [열반의] 본성에 대해 논의해 보자. 설명은 다음과 같다.

> 여기에 승려들이 있는데, 한 승려는 더러운 충동을 파괴하고, [지고의] 삶을 살고, 해야 할 일을 완수하고, 짐을 내려놓고, 고귀한 목표를 달성하고, 존재의 속박을 깨트린 고귀한 존재이며 지혜를 통해 자유로워진다. 그는 아직 파괴되지 않은 오감을 유지하고, 그것을 통해 즐겁고 즐겁지 않은 감각을 경험하고 즐거움과 고통[혹은 행복과 괴로움]을 느낀다. 이같이 탐욕, 증오, 혼란의 소멸을 생명의 토대가 남아 있는 열반[有餘涅槃]이라고 한다.

1장에서 우리는 우파니샤드의 자유 또는 열반 개념에 대해 언급했는데, 우리의 분석에 따르면 그것은 요기yogi[요가 수행자]가 명상의 최고 상태에서 경험하는 것이었다. 이것은 개인 '자아(*ātman*)'가 우주 '자아' 또는 우주적 실재(*Brahman*, *Ātman*)와 통합되는 경험으로 해석되었다. 붓다가 도달한 명상의 최고 형태는 때로 '소멸 상태(*nirodhasamāpatti*)'로도 불리는 '지각과 느낌의 소멸(*saññāvedayitanirodha*)' 상태이다. 이 무분별*의 의식 상태에 도달하는 것은 강도 높은 정

* 분별은 언어적 사유를 매개로 하는 주체와 대상의 분리(구분)를 말한다. 따라서 무분별은 자아의식의 침투로 인한 주객 분열이 발생하기 전의 의식 상태를 말한다.

신 집중 훈련의 결과이다. 마음을 [명상의] 최고 상태가 아니라 네 번째 갸나[사색선]에 도달하도록 할 때, 마음은 물러지고 유순해져서 요기는 마음이 정상적 감각의 범위를 초월하는 대상을 지각하도록 만들 수 있다. 초감각적 지각이나 재생과 도덕적 책임에 대한 교의는 바로 이런 방식을 통해 계발되고 또 입증된다.

그러나 요기가 지각과 느낌의 소멸을 특징으로 갖는 명상의 최고 단계에 도달한 경우, 그에게 지각이 있다고는 말할 수 없다. 그는 감각을 통해 흘러들어오는 인상에 방해받지 않기 때문에 한동안 평화와 고요를 즐기며 그러한 상태에 그저 머물러 있는 것이다. 이 평화와 고요의 시간은 잠깐뿐이다. 요기는 얼마 동안 그런 상태에 머문 후 정상의 상태로 돌아온다. 우리는 이런 형태의 고요를 즐기는 다른 아라한과 붓다에 대한 언급을 종종 발견한다. 「대반열반경大般涅槃經 Mahā-parinibbāna-suttanta」에 의하면 붓다는 실제로 임종 직전에 이런 상태에 도달했다. 아마도 그것은 죽음의 고통을 이기기 위한 시도였을 것이다. 우리는 아누룻다Anuruddha의 유명한 발언에서 그러한 인상을 받는다. "호흡을 멈춘 그의 마음은 안정되었다. 성자가 입적하여 욕망에서 해방되고 평화롭게 되었을 때, 그의 마음은 깨어 있는 채 고통을 인내했다. 마음은 등불이 꺼지는 것처럼 자유로워졌다."[4]

붓다가 임종 직전에 소멸 상태(*nirodhasamāpatti*)에 도달했을 때, 그의 애제자 아난다Ananda는 존자 아누룻다에게 붓다가 돌아가셨다

4 *D* 2. 157. 강조는 내가 한 것.

고 보고한 것으로 알려져 있다. 그때 아누룻다는 아난다의 말을 다음과 같이 바로잡았다. "친구 아난다여, 축복받은 이는 아직 돌아가시지 않았다. 그는 지각과 느낌이 소멸된 상태에 도달한 것이다."[5] 실제로 붓다는 최후의 입적에 들기 전에 그 상태에서 벗어났다. 따라서 요가 명상의 최고 단계에서의 의식 상태를 열반이나 반열반(즉 죽음으로써 도달되는 열반)으로 설명하는 것은 적절치 못할 것이다.

그러면 생명의 토대가 남아 있는 열반(*saupādisesa*)의 본성, 다시 말해 살아 있는 아라한의 본성은 무엇인가? 연기의 법칙을 설명하면서 지적한 것은 붓다에게 인간의 인격과 경험은 연기의 제약을 받는다는 사실이었다(3장). 개인이 태어나면 감각기관이 기능을 시작하고 이것을 통해 새로운 인상이 제공된다. 이러한 감각적 인상 또는 감각 자료(*phassa*)는 개인에게 즐겁고 괴로운, 또는 중립적인 느낌(*vedanā*)을 불러온다. 이때부터는 느낌에서 탐욕이 일어나고, 탐욕은 애착을 일으킨다고 이야기한다. 바로 이 부분은 앞서 논의한 「밀환경蜜丸經Madhupiṇḍika-sutta」에서 더욱 자세하게 분석된다(2장).

이러한 연기 과정을 설명하면서 지적한 점은 느낌에 바로 이어지는 지각의 과정에서 자아의식이 침입하게 되면, 전체 과정을 지배하여 집착의 발생으로 끝난다는 것이었다. 이때 개인은 불행하게도 이 집착의 대상으로 전락한다. 이것이 사물의 정상적 질서,

5 *D* 2. 156.

담마타dhammatā[法性/常法]이다. 따라서 사람이 세상의 사물에 대해 집착(*rāga*)과 혐오나 반감(*paṭigha*[厭惡])을 보이는 것은 존재의 본성에 대한 무지 때문이다. 집착의 발생을 불러오는 자아의식의 침입은 이러한 무지의 결과이다. 이것이 평범한 인간이 외부 세상과 접촉하는 행동 방식이다. 이런 사람을 일러 '흐름을 따르는 사람(*anusotagāmī*[順流行者])', 즉 의지에 따라 자신의 경향에 굴복하는 사람이라고 한다. 다음의 말을 들어보자.

> 이 세상에서 격정에 사로잡혀
> 해방되지 못한 채 감각적 욕망에 빠진 사람들이여,
> 그대들은 탐욕의 노예가 되어 흐르는 강물처럼
> 거듭해서 태어나고 늙어갈 수밖에 없구나.[6]

이 사람과 대조되는 세 가지 유형의 사람이 있다. 첫 번째 유형은 일반적으로 악한 행동을 피하고 선한 삶을 살려고 한다. 이러한 시도에 그는 괴로워할지도 모르지만, 괴로움에 낙담하지는 않는다. 그는 '흐름의 초심자(*sotāpanna*[預流/菩提向])'에 비교할 수 있지만, 현재의 맥락에서는 '흐름에 거스르는 사람(*paṭisotagāmī*[逆流行者])'이라고 부른다. 두 번째 유형은 정신적 향상의 도정에 더욱 전진하여 오결五結(*samyojana*)*을 부수었기 때문에 (이 세상으로) '되

6 *A* 2. 5f.; *GS* 2. 6.
* 다섯 종류의 속박.

돌아오지 않는 사람(*anāgāmi*[不來/不還果])'의 단계에 도달한 사람이다. 마지막 유형은 완전히 깨달아서 철저히 자유로워졌고 세상에 오염되지 않는 사람으로서 이미 '건너가서(*pārangata*[已到彼岸])' 외부의 모든 것이 혼란에 빠져도 안전을 유지하는 사람과 같다.[7] 그러한 사람은 명상을 통해 마음을 수련했기 때문에 자신의 마음을 원하는 대로 통제할 수 있다. 외부 대상이 감각에 영향을 미칠 때, 그는 지각의 과정의 본성을 이해하기 때문에 자아의식이 침입하는 것을 막을 수 있다. 일단 자아의식의 침입이 저지되면, 탐애(*abhijjhā*)나 낙담(*domanassa*) 같은 불건전한 요소(*akusalā dhammā*)의 유입도 막을 수 있다. 그는 외부 세상과 대면할 때, 집착(*rāga*) 대신에 무착(*virāga*)을 유지한다.

정신·신체 인격을 구성하는 오온이 실체가 아니라는(*anatta*) 것을 지각했고, 또 지각의 과정이 발생할 때 자아의식이 침입하는 것을 방지했기 때문에 "학식 있는 아리안 제자는 물리적 형태(*rūpa*), 느낌(*vedanā*), 지각(*saññā*), 경향성(*saṅkhārā*), 의식(*viññāṇa*)에 대한 반감(*nibbandati*)이 있었다. 반감이 있기에 그는 집착하지 않고, 집착하지 않기에 그는 자유롭다. 이처럼 자유로워진 그는 자유를 다음과 같이 인식한다. '태어남이 없기에 고귀한 삶을 산다. 해야 할 것을 다 했기에 미래의 존재는 없다.'"[8]

이것이 의미하는 바는 지혜를 계발하여 자아의식을 제거하면,

7 Ibid.
8 *S* 3. 83ff.

정상적인 지각의 과정이 바뀐다는 것이다. 정신 집중이나 자제(*saṃvara*)가 가능하면, 집착(*rāga*)과 혐오(*paṭigha*)와 같은 불순한 것(*kilesa*)의 유입을 막을 수 있다. 원전의 묘사에 의하면 이것은 정상적 연기의 패턴을 거스르는(*paṭisota*[逆流]) 것이다. 하지만 이것은 상이한 인과 요소를 갖는 연기의 패턴을 나타낸다. 이 연기의 패턴은 다음과 같이 설명할 수 있다. 자아의식을 제거하면 이전에는 실체라고 파악했던 사물에 반감(*nibbidā*)을 갖게 된다. 반감은 무착(*virāga*)을 불러오고, 무착은 자유(*vimutti*)를 불러온다. 따라서 마음이 안정(*ṭhitatā*)되기 때문에 획득(*lābha*)과 상실(*alābha*), 좋은 평판(*yasa*)과 나쁜 평판(*ayasa*), 칭찬(*pasaṃsā*)과 비난(*nindā*), 즐거움(*sukha*)과 괴로움(*dukkha*)의 결과로 인해 흔들리거나 동요하지 않는다. 이것들이 이승에서 사람을 끊임없이 괴롭게 하는 여덟 가지 세간법(*aṭṭhalokadhamma*[八世法])이다.[9] 따라서 「대길상경」에 따르면 지고의 '길상(*maṅgala*)'을 성취하는 사람은 "세간법(*lokadhamma*)과 접촉할 때 마음이 압도되지 않고, 슬픔이 없고 티끌 없이 안정된 사람"이다.[10] 이러한 사람은 세상을 지배하는 모든 파괴와 혼란의 와중에서도 안정과 평화를 느낀다.

그러나 앞서 지적한 것처럼 사람이 이 세상에서 피할 수 없는 가장 커다란 우연인 '죽음(*maraṇa*)'은 어떠한가? 세상사의 무상(*aniccatā*), 불만족(*dukkhatā*), 무아(*anattatā*)가 탐욕을 극복한(*vītarāga*[離

9 *D* 3. 260; *TD* 1. 52b.
10 *Sn* 268.

貪]) 사람을 당황케 하거나 흔들지 못하는 것처럼 죽음도 그를 압도하지 못한다. 사리풋타는 다음과 같이 말했다.

나는 죽으려 하지도 않지만 살려고 하지도 않는다.
나는 이 죽을 육신을 곧 눕히겠다.
마음은 깨어 있되 의식은 통제된 채로.

죽음을 생각하며 주저하지도 않지만
사는 것을 즐거워하지도 않는다.
나는 임무를 다한 고용인처럼 그때를 기다린다.[11]

이런 것이 죽음에 대한 아라한의 태도이다. 그러면 그토록 자주 언급되는 불멸성(*amata*, Sk. *amṛta*)의 본성은 무엇인가? 지금까지의 설명에 따르면 불멸성 또는 불사는 오직 재생되지 않음(*apunabbhava*)[12]을 의미한다. 탐욕의 제거와 함께 자신이 자유로워졌다는 것을 깨닫는다면 내세는 더 이상 관심의 대상이 아닐 것이다. 사리풋타의 질문처럼 현세에 아무런 집착이 없다면 어떻게 내세에 관심을 가질 수 있겠는가.

6장에서 붓다가 두 가지 연기 과정, 즉 '경향성에 의해 결정된(*saṅkhata*)' 연기 과정과 '경향성에 의해 결정되지 않은(*asaṅkhata*)'

11 *Thag* 1002-1003.
12 *S* 1. 174; *TD* 2. 407c.

연기 과정을 인정했다는 것을 언급했다. 3장에서 논의한 연기의 패턴 가운데 앞의 넷은 전자로, 마지막, 즉 법결정은 후자로 분류할 수 있을 것이다. 경향성에 의해 자신의 삶이 결정되는 사람은 '흐름을 따르는 사람(*anusotagāmī*)'으로 묘사된 사람이다. 경향성에 의해 자신의 삶이 결정되지 않는 사람, 즉 '모든 경향성의 완화(*sabbasaṅkhārasamatha*)'를 획득한 사람은 흐름을 거스르거나, 꿋꿋하게 있거나, 아니면 이미 존재의 강(*samsār'ogha*[輪廻流])을 건너 가버린 사람이다. 이렇게 흐름을 거스르거나, 꿋꿋하게 있거나, 건너가는 것이 가능한 이유는 세상의 이해를 통해 더 이상 세상에 대한 탐욕이 없기 때문이다. 이것, 오직 이것만이 열반에 도달한 사람의 삶을 주위의 오염에 더럽혀지지 않은 연꽃(*puṇḍarīka*[蓮華])처럼 '초월적(*lokuttara*[出世間])'으로 만든다. 평범한 인간존재(*samsāra*)와 열반의 자유는 이처럼 다르다.

『자설경自說經Udāna』에는 고통에서 해방된 성자의 상태를 설명한 대단히 중요한 자료가 있다. 거의 모든 불교학자는 다음의 전체 인용문을 사용해서 불교에 언표 불가능한 초월적 실재가 있다는 것을 증명하려 했다. 『자설경』에는 모두 열반과 관계가 있는(*nibbāna-paṭisaññutta*[涅槃緣繫]) 네 개의 설법이 하나하나 순서대로 배열되어 있다.

[1] 승려들이여, 흙도 물도 불도 공기도 없는 영역이 있다. 무한한 공간의 영역도 없고, 무한한 의식의 영역도 없고, 무의 영역도 없고, 지각도 비지각도 없는 영역의 영역도 없다. 거기

에는 이 세계도 없고, 이 너머의 세계도 없고, 두 세계 모두 없고, 달도 없고 해도 없다. 내가 말하는 이것은 오고 감 그리고 영속과 소멸에서 자유로운 것이다. 시작도 완성도 없고, 결과도 원인도 없다. 이것이 진실로 괴로움의 끝이다.

[2] 무아를 보는 것은 진정으로 어렵다. 진리를 지각하는 것은 정말로 쉽지 않다. [*진리를] 아는 사람은 탐욕을 정복했고[간파했고], [*무아를] 보는 사람은 [집착할 것이] 없다.

[3] 승려들이여, 태어남도 없고 생성됨도 없고 만들어짐도 없고 합성됨도 없다. 승려들이여, 만일 저 태어나지 않음, 생성되지 않음, 만들어지지 않음, 합성되지 않음이 없다면 태어남, 생성됨, 만들어짐, 합성됨에서의 벗어남은 알려지지 않을 것이다. 그러나 승려들이여, 태어나지 않음, 생성되지 않음, 만들어지지 않음, 합성되지 않음이 있기 때문에 태어남, 생성됨, 만들어짐, 합성됨에서의 벗어남이 알려진다.

[4] 집착이 있는 사람에게는 동요가 있다. 집착이 없는 사람에게는 동요가 없다. 동요가 없으면 평온이 있고, 평온이 있으면 기쁨이 없다. 기쁨이 없으면 오고 감[즉 계속적인 탄생과 죽음]이 없다. 오고 감이 없으면 사라짐과 나타남도 없다. 사라짐과 나타남이 없으면, 여기에도 아무것도 없고 저기에도 아무것도 없고 그 사이에도 아무것도 없다. 이것이 진실로 괴로움의 끝

이다.[13]

이 문단들을 잘 살펴보면 여기에서 열반을 단순히 상사라saṃsāra[輪廻]와 대조되는 상태로 묘사하고 있음을 알 수 있다. 이 점에 있어 특히 마지막 두 문단은 매우 명백하다. 동요하는 인간존재의 세계에 얽매인 사람에 비교하면, 탐욕이나 집착을 제거한 사람은 꿋꿋하다. 그러나 이 꿋꿋함이 시사하는 것은 "무분별의 의식"이 아니라, 외부 세계와 접촉할 때나 즐거움과 고통을 경험할 때 동요하지 않을 수 있는 능력이다. 보통 사람과 열반에 도달한 사람의 차이는 다음과 같은 방식으로 이해될 것이다. 육체적으로 약한 사람은 몸에 가해지는 아주 미세한 전기 충격만으로도 떨리는 것이 보이지만, 육체적으로 강한 사람은 그런 충격에도 동요하지 않을 것이다. 이와 마찬가지로 획득이나 상실, 즐거움이나 괴로움같이 일반적으로 동요를 일으키는 사태에 직면했을 때, 잘 통제된 건강한 마음은 꿋꿋하게 있겠지만, 훈련되지 않은 약한 마음은 동요할 것이다.

만일 이것이 자유나 열반의 의미라면, 앞에 인용된 첫 두 문단이 묘사하는 것조차도 이 세상에 머물러 상주하지 않거나(*appatiṭṭhita*[不安住]) 이 세상의 어떤 것에도 결코 의존하지 않는(*anissita*[不依止]) 사람이라는 점은 분명하다. 그런 사람에게는 흙·물·불·공기로 구성되는 물리적 세계(*rūpaloka*[色界])나 네 단계 고

13 *Ud* 80-81.

등 갸나[사무색정]가 상징하는 형태가 없는 세계(*arūpaloka*[無色界]) 도 없는 것이나 마찬가지이기 때문이다. 탐욕을 제거했기에 낮이나 밤, 태어남이나 노쇠 및 죽음, 그리고 오는 것이나 가는 것 등 이 세상의 어떤 것도 그를 걱정하게 만들거나 괴롭히지 못한다.

『자설경』의 첫 문단에는 상수멸정, 즉 지각과 느낌이 소멸된 상태는 빠진 채 직전의 네 단계 묵상이 보인다. 이 사실은 열반과 상수멸정의 공통분모를 지적한다는 점에서 중요하다. 열반에서와 마찬가지로 지각과 느낌의 소멸(*saññāvedayitanirodha*) 상태에는 탐욕이 없는데, 지각과 느낌이 없는 상태에서는 탐욕이 있을 수 없기 때문이다("느낌에 의지하여 탐욕이 일어난다(*vedanā paccayā taṇhā*)"는 십이연기법 참조). 열반이 탐욕의 절대적 종결(*anto dukkhassa*[終止苦])을 의미하는 까닭은 이 상태에 있는 사람이 즐겁거나(*manāpa*) 즐겁지 않거나(*amanāpa*), 행복하거나(*sukha*) 행복하지 않은(*dukkha*) 느낌을 경험하지 않기 때문이 아니라, 이것들에 동요하지 않기 때문이다(앞서 인용한 *Itivuttaka* 38 참조). 반면에 지각과 느낌의 소멸 상태에 도달한 사람은 동요하지 않으려 노력할 필요조차 없다. 그 상태에 있는 동안에는 외부 세계와 접촉하지 않으므로 그것을 인식하지도 않기 때문이다. 전자의 상태에서는 접촉(*phassa*)의 본성에 대한 지식을 갖고 있고, 따라서 동요하지 않는다. 후자에서는 그러한 지식도 없고 이에 대한 느낌도 없다. 실제로 비록 온 지구가 진동한다 할지라도, 묵상의 이러한 상태에 도달한 사람은 동요하지 않은 채로 있을 것이다.

「대반열반경」에 그 이야기가 서술된다. 붓다가 아투마Ātumā라는 곳에 살았을 때, 두 사람이 벼락에 맞아 죽었으나 근처 나무 밑에 앉아 있던 붓다는 아무 소리도 듣지 못했다.[14] 비록 방식은 다르지만 동요하지 않는 이 능력은 열반과 상수멸정의 공통 요소이다. 『자설경』에서 아라한의 이 능력을 설명하면서 상수멸정을 언급하지 않은 것은 바로 이런 이유 때문이었다.

이와 같이 유사함에도 두 상태에는 상당한 차이가 있다. 아라한은 의식이 깨어 있는 상태에서 자신의 앞에 벌어지는 사태를 완전히 인식하는 반면에, 지각과 느낌의 소멸 상태를 획득한 사람은 감각의 활동이 일시적으로 정지되었기 때문에 아무것도 인식하지 못한다. 그와 죽은 사람의 차이는 다음과 같다. "죽은 사람(*mato kālakato*)은 육체·언어·심리의 경향성이 사라지면서 고요해진다. 목숨은 끝났고 호흡은 고요해졌으며 감각은 파괴되었다. 그러나 지각과 느낌의 소멸 상태에 도달한 사람은 비록 경향성이 사라지거나 고요해졌다 하더라도 목숨이 아직 붙어 있고 호흡이 고요해지지도 않았으며 감각도 파괴되지 않았다."[15]

『여시어경』에 있는 서술로 돌아가보자. 열반과 지각과 느낌의 소멸을 구별하는 것은 대단히 중요하다. 이 장의 서두에 인용된 『여시어경』의 문단이 중요한 것은 바로 이 때문이다. 생명의 토대가 남아 있는 열반(*saupādisesa*)에 대한 설명이 시사하는 것은 결코 성자가 계발한 것이 "비어 있고, 비개인적이고, 무분별적이고, 평

14 *D* 2. 130.
15 *S* 4. 294; *TD* 2. 150.

온하고, 확고하고, 동요하지 않는 것으로 경험되는 … 의식의 단계"가 아니라는 점이다(그는 지각과 느낌의 소멸 상태에 도달할 것이기 때문이다). 여기서 확실해진 사실은 성자가 감각을 통해서 들어오는 모든 인상을 경험했음에도 집착(*rāga*)이나 혐오(*paṭigha*)가 생기는 것을 막을 수 있는 이유는 지혜(*paññā*)를 통해 인상을 정확하게 이해했고, 또 정신 과정을 지배하고 있기 때문이라는 것이다. 이러한 인상은 각각 즐겁거나 고통스러운 느낌으로 이어지지만, 성자는 그것에 동요하지 않는다. 이것은 마치 힘들이지 않고 브레이크를 밟을 수 있는 것과 같다.

아라한이 고통스러운 느낌뿐만 아니라 즐거운 느낌을 경험한다는 바로 그 사실은 그의 의식이 무분별의 상태가 아니라는 점을 입증한다. 이때 "무분별"이라는 말은 감각을 통해서 들어오는 상이한 인상에 영향 받지 않는 쟈나의 최고 상태에서 나타나는 종류의 의식을 가리킨다. 아라한에게 무분별의 의식이 있다는 견해는 피판치papañca(Sk. *prapañca*[妄想/戲論]) 개념을 잘못 해석한 데서 유래하는 것 같다. 파판차의 문자적 의미는 '확산' 또는 '증식'이다. 감각적 지각은 파판차에서 절정에 이른다고 말하기 때문에 대개는 파판차가 '개념의 증식'을 의미하고, 파판차를 제거하면 의식은 모든 분별의 궁극적 근거를 이해하게 되는 무분별의 인식이 된다고 믿었던 것이다. 따라서 궁극적 실재는 설명할 수 없고, 개념을 통해 파악할 수 없는 것이라고 믿었다.[16] 그러나 2장에서 지적한 것처

16 이것이 비쿠 냐난다Bhikkhu Ñāṇanda가 그의 책 *Concept and Reality in Early Buddhist*

럼 이 용어를 '집착'으로 해석하는 것이 더 적절할 것이다. 왜냐하면 지각의 과정에서 느낌(*vedanā*)에 뒤이어 시작하는 개념화는 그 다음 단계인 '지각' 또는 '인식(*saññā*)'에 필수적이며, 분명히 '추론(*vittaka*)'에 앞서기 때문이다.

열반의 가장 중요한 측면은 죽은 아라한의 열반이다. 이것은 열반을 가장 오해한 측면이며 종종 잘못 해석해왔다. 죽은 아라한의 상태를 언급하면서 『여시어경』에서는 다음과 같이 말한다.

> 여기에 승려들이 있는데, 한 승려는 더러운 충동을 파괴하고, … 고귀한 존재이며 지혜를 통해 자유로워진다. 승려는 그의 모든 경험[그가 느낀 사물들] 가운데 어떤 것도 좋아하지 않았고, 그것은 여기에서 그대로 식을 것이다. 이것을 일러 생명의 토대가 없는 열반[無餘涅槃]이라고 한다.[17]

여기에는 물론 어떤 종류의 잔존도 언급되지 않는다. 지각과 느낌의 소멸(*saññāvedayitanirodha*)에 일시적으로 도달한 사람의 경우와 달리 여기서는 심지어 살아 있을 때도 좋아하지 않았던(*anabhinanditāni*) 경험이나 느낌(*vedayitāni*)이 완전히 식어 있다(*sītibhūtāni*). 이것은 대승의 발전을 이끈 매우 중요한 문제의 발단이 된다(부록 1 참조). 이 문제는 성자의 사후 상태와 관계가 있다.

Thought, p. 18에서 도달한 결론인 것 같다.

17 *It* 38.

아라한이 사후에 존재하는지의 문제는 분명 인식론적 사실에 달려 있다. 2장에서는 미래에 대한 예측을 가능케 하는 것은 현재나 과거의 경험이라는 점을 지적했다. 이것을 추론적 지식(*anvaye ñāṇa*)이라고 한다. 이러한 인식론적 관점을 기반으로 우리는 죽은 아라한의 상태에 대해 무엇을 말할 수 있는가? 업과 윤회의 교의에 따르면(5장 참조) 존재는 무명(*avijjā*)과 탐욕(*taṇhā*), 그리고 이에 따르는 집착(*upādāna*)의 결과로 태어난다. 지혜나 지식(*vijjā*)의 계발, 갈망의 제거(*taṇhakkhaya*), 무집(*anupādāna*)을 통해 이러한 세 가지 원인을 제거하면 자유(*vimutti*), 즉 열반에 도달할 수 있다. 그러므로 우리가 미래에 대한 추론을 통해 확실히 알 수 있는 유일한 것은 더 이상 윤회가 없으리라는 점이다. 이는 물론 아라한이 깨달음을 얻는 순간 깨우치는 지식이다. 따라서 여러 아라한과 마찬가지로 붓다는 다음과 같이 기쁨의 노래(*udāna*)를 불렀다. "탄생은 부수어졌고, 지고의 삶을 산다. 해야 할 일은 모두 끝났다. 탄생이나 존재에 관한 미래의 경향성은 더 이상 없다(*Khīṇā jāti vusitaṃ brahmacariyaṃ kataṃ karaṇīyaṃ nâparaṃ itthattāyāti*)."

그러나 이 대답은 불멸성을 열망하는 영혼을 만족시키지 못했다. 따라서 밧차곳타Vacchagotta라는 바라문 학생이 사후에 아라한에게 무슨 일이 일어나는가라는 똑같은 질문을 제기한다. 붓다가 밧차곳타에게 한 설법[18]은 붓다가 논리로도 설명할 수 없고 개념으로도 기술할 수 없는 궁극적 실재를 받아들였다는 것

18 *M* 1. 483ff.

을 입증하려던 많은 학자[19]에 의해 인용되었다. 붓다가 해방된 마음(*vimuttacitta*[解脫心])을 가진 승려에 대해서 "다시 태어날 것이다" 또는 "다시 태어나지 않을 것이다" 등의 설명이 불가능하다고 주장했을 때, 밧차곳타는 어리둥절했다. 붓다는 "다르마는 심오하고, 보기 어렵고, 이해하기 어렵고, 평화롭고, 탁월하고, 논리의 영역을 초월하고, 미묘하여 현명한 사람들만이 이해할 수 있기(*gambhīro h'ayam* ··· *dhammo duddaso duranubodho santo paṇīto atakkâvacaro nipuṇo paṇḍitavedaṇīyo*)" 때문에 그의 혼란은 당연하다고 지적했다. 이렇게 말한 까닭은 상이한 견해, 상이한 기호와 경향, 상이한 관계와 가르침을 갖고 있는 사람에게는 이것이 잘 이해되지 않기 때문이다(*so* ··· *dujjāno aññadiṭṭhikena aññakhantikena aññarucikena aññatrayogena aññathâcariyakena*). 이 진술에서 분명한 것은 열반 개념이 논리적 추론을 초월(*atakkâvacara*[非理論境界])한다는 것이다. 다른 전통에 열정을 가진 사람들이 열반 개념을 이해하기 어려웠던 것은 그것이 논리를 초월하는 궁극적 실재여서가 아니라 '정념의 노예'인 논리나 추론 때문이다. 밧차곳타는 브라마나* 전통 출신이기 때문에 불멸의 영혼 또는 '자아'에 대한 믿음에 깊이 물들어 있었다. 그런 사람은 이 불멸의 '자아'를 부정하도록 만드는 관념을 결코 용납할 수 없을 것이며, 어떠한 논리도 그것을 부정하게 만드는 것이 곧 진리라는 점을 그에게 확신시킬 수 없을 것이다.

19 T. R. V. Murti, *The Central Philosophy of Buddhism* (London: George Allen & Unwin, 1955), pp. 44ff.

* 1장(30쪽)의 옮긴이 주석 참조.

「악기밧차곳타경Aggi-Vacchagotta-sutta[見經]」의 다음 인용문의 의미는 이러한 배경에서 쉽게 이해된다.

> 그러나 밧차여, 만일 누군가가 "당신 앞에 있는 이 불은 꺼졌다. 그 불은 여기서 동서남북 중 어느 방향으로 갔을까?"라고 묻는다면, 그 질문에 너는 무엇이라고 대답하겠는가?
>
> 오, 고타마여, 그것은 적절하지 않습니다. 왜냐하면 짚과 나무를 연료로 타오른 그 불은 이것들을 소모하고 다른 것이 공급되지 않아 꺼졌습니다. 그러므로 연료 부족으로 '꺼졌다(*nibbuto*[寂滅])'고 말합니다.
>
> 이와 마찬가지로 사람들은 여래를 형태(*rūpa*)로 가리키려 하지만 여래의 형태는 사라졌고, 그 뿌리는 끊어졌고, 종려나무처럼 뿌리 뽑혀 더 이상 자라지 않고 미래에 새로운 존재로 생겨나지도 않는다. 여래는 형태(*rūpa*)라 부르는 모든 것에서 자유롭고, 깊은 대양처럼 깊고 측정할 수 없고 심원하다. [다른 온 — 느낌, 지각, 경향성, 의식 — 에 대해서도 같은 논리가 적용된다.][20]

초기 불교가 오온(*pañcakkhandha*) 이론을 주장한 목적은 영원한

20 *M* 1. 487.

'자아(*ātman*)'에 대한 믿음을 대체하기 위해서였다. '자아'에 대한 믿음을 가진 사람은 죽은 아라한을 자연스럽게 오온을 통해 이해하려고 했다. 붓다는 이것을 막기 위해 (죽은) '성자(*tathāgata*)'는 형태(*rūpa*)라 부르는 모든 것에서 자유롭다고 말했다.

여래가 사후에 오온을 포기하며 이러한 온이 완전히 파괴된다는 주장은 결코 그가 다른 형태로 존재한다거나 완전히 멸절된다는 뜻은 아니다. 여래나 아라한이 사후에 생존하는지 알 수 없는 것처럼 그가 사후에 완전히 멸절되는지도 알 수 없다. 만일 붓다가 여래는 사후에 생존하지 않는다고 말해놓고도 여래가 멸절되었다고 주장했다면, 그는 지식의 어떤 원천에 근거하거나 의존하지 않는 것을 말하고 있다는 책임을 면할 수 없을 것이다. 따라서 이 문제에 대한 붓다의 진술을 오해하지 않고 해석하는 가장 합리적인 길은 아라한의 사후 상태는 현존하는 인식의 수단(*pamāṇa*, Sk. *pramāṇa*[量])으로는 알 수 없다고 말하는 것이다. 이는 이러한 문제를 무기無記(*avyākata*)로 남겨놓기로 한 붓다의 결정을 설명해준다. 이러한 관점에서만 『경집』에서 붓다에게 제기된 질문, "목적을 달성한 사람은 멸절된 것입니까, 혹은 영원히 질병에 걸리지 않는 것입니까(*Atthaṅgato so uda vā so n'atthi udāhu ve sassatiyā arogo*)?"[21]에 대한 그의 대답을 해석할 수 있다. 붓다의 대답은 다음과 같다.

목적을 달성한 사람을 헤아릴 방법[인식의 수단]이 없다. 그를

21 *Sn* 1075.

> 정의할 수 있는 어떤 것[즉 말이나 설명]도 그에게 맞지 않는다. 모든 현상(*dhammā*)이 없어졌을 때, 설명할 수 있는 모든 수단 역시 없어진다.[22]

"모든 현상이 없어졌을 때"라는 구절에서 "현상(*dhammā*)"이라는 단어는 종종 "정신 과정"으로 해석된다. 여기에서 다음과 같은 결론을 얻는다.

> 이것은 쉽게 이해할 수 있는 심리적 의미를 부여한다. 왜냐하면 명상이 주는 효과 가운데 하나는 마음(*citta* 또는 *viññāṇa*)을 안정시키고 정신의 내용물(*dhammā*[十念])을 비우는 것이기 때문이다. 칫타citta가 잔존하는 것을 알 때, 더 복잡하고 욕망에 찬 보통의 칫타보다 텅 빈 칫타를 읽거나 인식하는 것이 더 어렵다는 것, 즉 더 비개인적이라는 것이 쉽게 이해될 수 있다. 남의 마음을 "읽기" 위해서는 읽으려는 마음이 있어야 하고 이 마음은 가능한 한 분별적이고 풍부한 내용을 가져야 한다. 삽베수 담메수 사무하테수Sabbesu dhammesu samūhatesu[모든 현상이 없어졌을 때]가 *A* I 236에 나오는 빈냐낫사 니로데나viññāṇassa nirodhena[의식의 소멸]와 똑같은 심리적 과정을 의미하는 것은 당연하다.[23]

22 *Sn* 1076.

23 Johansson, *Psychology of Nirvana*, p. 64.

초기 불교 경전에서 '현상(*dhamma*)'이라는 단어가 나오는 맥락을 주의 깊게 살펴보면 이것이 ① 현상, 즉 사물 전체, ② 정신의 과정이라는 두 가지 상이한 의미를 갖는 것을 분명하게 알 수 있다. "모든 현상이 없어졌을 때(*Sabbesu dhammesu samūhatesu*)"라는 구절은 고등 갸나에 도달한 살아 있는 아라한(또는 모든 사람)을 묘사하는 데 사용될 경우에 이것은 "모든 정신의 과정이 없어졌을 때"를 의미한다고 말할 수 있다. 그러나 죽은 아라한의 경우에 이것은 분명 "(그의 신체 인격을 포함한) 모든 현상이 없어졌을 때"를 의미할 것인데, 이 점은 생명의 토대가 없는 열반의 상태를 묘사하는 『여시어경』의 문단에서 분명하게 알 수 있다.

이러한 논의를 기반으로 열반이 탐욕의 제거(*taṇhakkhaya*[愛盡]), 즉 무착(*virāga*)의 상태라는 주장은 가능하다. 이러한 무착의 상태로 인해 아라한은 괴로움에서 자유롭다. 따라서 열반은 괴로움의 끝(*dukkhass' anta*[苦終結])이며 완전한 행복(*parama sukha*)의 상태라는 특징을 갖게 된다. 열반에 대한 이러한 해석은 후대의 상좌부와 대승의 견해와 모순될 것이다. 이들에게 열반은 단순한 탐욕의 소멸(*taṇhakkhaya*)이나 번뇌의 제거(*kilesa pahāṇa*[煩惱捨斷])를 초월하는 것이다. 열반이 어떤 형태의 개념화나 논리적 사고를 넘어서는 초월적 실재를 나타낸다는 생각은 붓다의 죽음 이후로 불교 사상을 지배했다.

현대 학자들도 초기 불교에서 초월론을 발견하기 위해 부단한 노력을 기울였다. 그들의 논변을 주의 깊게 분석하면 이 노력이 얼마나 헛되고 취약한지 금방 알 수 있다. 가장 광범위하게 수용된 견해에 따르면 열반에 도달한 사람이 도달하는 초월의식의 형태는 "논리적 사고로는 인식할 수 없는"[24] "비어 있고, 비개인적이고, 무분별적이고, 평온하고, 확고하고, 동요하지 않는 것으로 경험되는 … 의식의 단계"[25]이다.

『자설경』에는 이 견해를 뒷받침하기 위해 자주 인용된 초기 경전의 구절이 등장한다.[26] (이 장의 초입에 이 구절에 대한 해석이 있다.) 요한슨은 이러한 『자설경』의 구절들에 대해 논의하기 전에 초기 설법에 나오는, 열반을 부정을 매개로 설명한 것을 살펴보고 나서 이것을 다섯 종류로 분류했다. 첫째는 사회라는 세계를 부정하는 것이고, 둘째는 태어남, 자라남, 늙음, 죽음 같은 삶의 조건을 부정하는 것이고, 셋째는 윤리 상태를 부정하는 것이며, 넷째는 정상적인 정신 과정을 거부하는 전적으로 심리적인 일단의 속성을 부정하는 것이며, 마지막은 열반을 물리적 세계와는 완전히 다른 것으로 표현하는 형용사이다.[27] 그런 뒤 요한슨은 『자설경』의 셋째 구절이 언급하는 것은 "열반 획득 전후의 개인의 상태"라는 이론을 제기했다.[28] 일찍이 이 구절에 주석을 단 학자들은 이것이 가리키는 것은 절대적이고 영원하고 순수하며, 따라서 현상의 배후에 있는

24 Edward Conze, *Buddhist Thought in India*(London: George Allen & Unwin, 1962), pp. 76f.

25 Johansson, *Psychology of Nirvana*, p. 56.

26 *Ud* 80f.

27 Johansson, *Psychology of Nirvana*, pp. 45ff.

28 Ibid., p. 54. p. 46도 참조.

본체의 일종인 형이상학의 실재로서의 열반이라고 믿었다.[29] 나의 이해에 따르면 이 두 견해는 모두 타당치 못하다. 요한슨의 관심은 아라한의 죽음 전후 개인의 상태에는 "비어 있고, 비개인적이고, 무분별적이고, 평온하고, 확고하고, 동요하지 않는 것으로 경험되는 … 의식의 단계"가 있다는 것을 보여주는 데 있는 것 같다. 반면에 두트Nalinaksha Dutt가 대변하는 것은 궁극적 실재인 열반은 힌두교의 아트만·브라만과 형이상학적으로 유사하다는 해묵은 해석인 것 같다.

요한슨은 살아 있는 성자에게 무분별의 의식이 존재한다는 것을 암시한 뒤, 육체의 죽음 뒤에도 잔존하는 것이 이러한 고등 형태의 의식이라는 것을 보여주려 한다.[30] 이 주제에 대해 저서를 낸 많은 학자도 물론 이러한 견해를 주장했다. 이 논지를 지지하기 위해 인용한 것 중 하나는 다음과 같은 사실이다. 즉 깊은 대양처럼 깊고 측정할 수 없고 심원하다(*gambhiro appameyyo duppariyogāho seyyathā'pimahāsamuddo*)고 간주되는 죽은 아라한뿐만 아니라[31] 살아 있는 아라한조차도 이해하기 어렵다(*ananuvejjo*[不了知])고 기술된다는 것이다.[32] 요한슨의 주장을 인용해보자. "물론 아라한이 이승에서 존재하는 것은 관습적인 의미에서이다. 그리고 아직 육체와 심지

29 Nalinaksa Dutt, *Early Monastic Buddhism*(Calcutta: Calcutta Oriental Book Agency, 1960), p. 288.

30 Johansson, *Psychology of Nirvana*, p. 60.

31 *M* 1. 486; *TD* 2. 245.

32 *M* 1. 140.

어 칫타 — 순화되고 '자유로워진' 형태의 칫타 — 까지 갖고 있지만, 그는 알려지거나 인식될 수 없다. 육체를 인식하는 데는 문제가 없기 때문에 나는 이 사실이 그의 칫타나 빈냐나는 (다른 아라한은 알지 몰라도) 독심술로도 가늠하거나 확인할 수 없다는 것을 의미한다고 이해한다." 그는 이 사실을 이용하여 "살아 있는 여래와 죽은 여래 사이에 본질적인 차이가 없다"[33]는 것을 증명하려 했다.

나는 이것이 정말 겉핥기 식 비교라고 생각한다. 살아 있는 아라한이 이해하기 어렵다는 이유와 죽은 아라한이 측정할 수 없고 심원하다는 이유는 전혀 다른 차원이다. 보통 사람뿐만 아니라 (인드라, 브라마, 프라자파티와 같은) 신도 살아 있는 아라한을 쉽게 알 수는 없다.[34] 아라한의 길은 신이나 보통 사람의 길과 매우 다르기 때문이다. 그들의 관점에서 보거나 그들의 가치에 따를 때, 아라한은 심지어 비정상으로 보일 수도 있다. 그러나 아라한은 서로를 알아볼 수 있다. 반면에 아라한이라 할지라도 죽은 아라한의 본성은 알 수 없다. 경험의 한계로 인해 아라한도 우주의 시원은 알 수 없듯이(2장과 부록 1 참조) 죽은 아라한의 상태는 아무도 직접 경험할 수 없다(물론 돌아와 자신의 경험을 다른 사람에게 말해줄 수 없는 죽은 아라한 자신은 예외이다). 죽은 아라한을 깊고 측정할 수 없고 심원한 거대한 대양에 비유한 것은 단지 그가 어떤지 알 방법이 없다는 것을 나타내기 위한 것이다. (이 비유가 사용될 당시에 대양은 심원한 것으로

33 Johansson, *Psychology of Nirvana*, p. 61.
34 *M* 1. 140.

간주되었고, 따라서 죽은 아라한의 본성을 알 수 없다는 것을 설명한 이 비유는 당시에는 적절했다는 점을 기억하자.) 더욱이 "대양이 분명히 존재하듯 여래도 사후에 일정한 형태로 계속 존재한다고 생각되었다는 것을 위의 인용문이 증명한다"[35]고 단정하는 것은 적절치 못하다. 이것은 비유를 너무 극단적으로 해석한 것이다.

『상응부』에도 죽은 아라한의 상태에 관한 문제를 논의하는 구절이 있다.[36] 거기에는 야마카Yamaka라는 승려가 붓다를 잘못 해석한 것으로 기록되어 있다. 그는 붓다에 따르면 "아사바스āsavas[즉 번뇌[漏]]를 부수어버린 형제는 몸이 해체될 때 깨지고 멸절된다. 사후 그에게는 생기生起가 없다"라고 주장한다. 이 문제로 야마카와 대결한 사리풋타는 그에게 온(*khandha*)의 본성에 대해 질문한다. 야마카가 모든 온은 무상하다는 점을 인정하자, 사리풋타는 이 사실을 깨달은 사람에게는 재생이 없다고 말한다. 이렇게 말하고서 사리풋타는 다음과 같이 질문한다.

1. (아사바스를 부수어버린 사람인) 여래는 신체(*rūpa*)와 동일한가? (다른 온에 대해서도 적용된다.)
2. 여래는 신체와 다른가? (다른 온에 대해서도 적용된다.)
3. 여래는 신체 속에 있는가? (다른 온에 대해서도 적용된다.)

35 Johansson, *Psychology of Nirvana*, p. 61.
36 *S* 3. 110; *TD* 2. 31a-b.

중요한 점은 똑같은 문제가 영혼이나 '자아(*ātman*)'의 본성에 대해서도 제기된다는 것이다. 사실 "영혼(*jiva*)은 신체(*sarīra*)와 같은가?"와 "영혼은 신체와 다른가?"라는 두 질문은 형이상학적이라 간주되어서 답변되지 않았다(*avyākata*, 부록 1 참조). 이 때문에 궁극적 실재인 여래를 찾는 것은 '자아(*ātman*)'를 찾는 것과 다르지 않다. 마지막으로 사리풋타는 다음과 같이 질문한다. "이승에서 여래가 진리, 실재에 존재한다고 간주될 수 없다면 당신은 다음과 같이 주장할 수 있을까? '내가 이해한 대로의 존자의 교의에 따르면 어떤 형제가 아사바스를 부수어버리는 한 그는 몸이 해체될 때 깨지고 멸절된다. 사후에 그에게는 생기가 없다.'" 사리풋타의 질문에서도 명백한 사실은 두 유형의 질문, 즉 "여래는 진리, 실재에 존재하는가?"와 "여래는 사후에 멸절되는가?"는 매우 유사하다는 점이다. 둘 다 형이상학적이므로 경험에 의한 대답은 주어질 수 없다. 그러나 이 사실로부터 살아 있는 여래와 죽은 여래 사이에 아무런 차이가 없다고 추론하는 것은 매우 부적절하고 비논리적일 것이다.

요한슨은 「악기밧차곳타경」[37]의 구절을 논의하면서 다음과 같이 말한다.

> 우리는 이러한 인용문으로부터 열반의 두 단계의 차이가 본질적이지 않다는 것을 알 수 있다. 이승에서는 연료가 남아

37 *M* 1. 486.

> 있기에 불이 다시 타오를 수 있지만, 사후에는 연료가 없어서 불가능하다.[38] 붓다가 항상 대답을 거부했기 때문에(*D* III 135, *D* II 168) 죽을 때 아라한에게 무엇이 일어나는지에 대한 질문에 직접 대답을 얻는 것은 불가능하다. 그러나 약간의 단서는 발견할 수 있다. 우리는 마지막 인용문에서 그가 꺼진 불과 같다는 점을 알 수 있다. 그러면 꺼진 불에 대한 초기 불교의 입장은 무엇인가? 붓다가 여기에서 비유를 깊고 측정할 수 없는 대양으로 바꾸는 것으로 볼 때, 분명한 점은 꺼진 불이 멸절된다고 생각하지는 않았다는 사실이다.[39]

여기에서도 확인할 수 있는 것은 요한슨은 붓다가 아라한의 사후에 무슨 일이 일어나는지에 대한 질문에 대답하기를 거부했다는 사실을 인정하면서도 어떤 단서를 찾기 위해 노력하고 있다는 점이다. 따라서 그는 다음과 같은 질문을 제기한다. "그러면 꺼진 불에 대한 초기 불교의 입장은 무엇인가?" 붓다나 초기 불교도는 틀림없이 "그것은 적절한 질문이 아니다(*n'eso kallo pañho*)"라고 대답했을 것이다. 밧차곳타조차도 "고타마여, 그것은 적절하지 않습니다(*na upeti bho Gotama*)"라는 말로 그것을 인정했다. 비유가 불에서 깊고

38 요한슨이 여기에서 말하는 연료가 집착(*rāga*)인지, 증오(*dosa*)인지, 또는 혼란(*moha*)인지, 신체 인격인지는 알 수가 없다. 만일 주장하는 것이 불이 다시 타오를 수 있다는 것이라면, 그것은 아라한이 그 지위를 상실할 수 있다고 말하는 것과 같다. 나중에 설일체유부가 이 이론을 주장했다.

39 Johansson, *Psychology of Nirvana,* pp. 60f.

측정할 수 없는 대양으로 바뀐 것은 "꺼진 불은 어디로 갔습니까?"와 같은 불에 관한 질문들을 막기 위한 붓다의 의도일 것이다. 여기서 말할 수 있는 것은 붓다 자신이 여러 가지 이유로 인해 대답하지 않았던 질문에 대해 대답하려는 시도가 고대와 현대 불교학에 해악을 끼쳤다는 사실이다.

마지막으로 요한슨은 칫타(마음)가 열반에서도 잔존한다는 것을 보여주기 위해 끈질기게 칫타와 빈냐나 viññāṇa(의식)의 차이점을 찾으려고 했다. 그는 다음과 같이 말한다.

> 빈냐나에 대해 덧붙여야 할 말은 아마도 그것이 칫타의 한 측면이거나 또는 칫타의 일부 과정에 대한 이름이라는 것이다. 두 가지 모두 재생과 관계가 있다고 이야기한다. 즉 도구적 과정은 칫타의 빈냐나 과정이라는 것이다. 재생의 토대(*upādāna*[執着], *ārammaṇa*[所緣])는 계속 살아가려는 강력한 희망(*upādāna*[燃料])이다. 빈냐나가 그쳤을 때 칫타에는 실제로 빈냐나 과정이 남아 있지 않고, 따라서 재생의 토대는 존재하지 않는다.[40]

요한슨이 제기한 칫타와 빈냐나 과정의 이분법은 초기 불교의 무아의 입장과도 어긋나고 초기 불교 경전에도 근거가 없는 것이다. 사실 초기 경전에는 칫타, 마노 mano, 빈냐나가 동의어라고 구체

40 Ibid., pp. 76f. 또한 p. 61 참조.

적으로 언급된다.[41] 상식적으로 보면 이것은 부분과 전체, 실체와 속성을 나타내는 것 같다. 그러나 좀 더 들여다보면 전체와 실체는 각각 부분과 속성을 떠나 성립할 수 없을 것 같다. 어떤 의미에서 '자아(*ātman*)'라는 개념은 상이한 경험을 통일하기 위해 의도된 것이었다. 그러나 불교도는 이러한 경험이 제거될 때에도 '자아'가 존재하느냐고 물을 것이다. 만약 존재한다고 가정한다면 어떻게 그것을 알 것인가(부록 1 참조)? 개인의 경험에서 추론되는 것은 부분들로 구성되는 전체가 분명히 존재한다는 것뿐이다.[42] 요한슨이 제시한 칫타의 관념은 1장에서 지적했듯이 붓다가 형이상학적 원리라며 부정한 '자아(*ātman*)'의 관념과 크게 다르지 않다. 칫타라는 단어가 재생을 설명하는 초기 불교 경전에서 전혀 등장하지 않는 것은 사실이다('죽음의 순간에서의 생각'인 추티칫타cuticitta[死亡心], '재생의 순간에서의 생각'인 파티산디칫타paṭisandhicitta[結生心/再生心], '[아라한의] 마지막 생각의 순간'인 차리마카칫타carimakacitta[末世心]라는 단어가 죽음 및 재생과 관련하여 등장한 후대 주석의 문헌은 예외이다). 이것과 관련하여 거의 빠짐없이 등장하는 것은 빈냐나라는 단어이다. 왜냐하면 빈냐나는 의식 일반을 가리키는 말로 칫타, 마노의 동의어로 쓰면서도 그 밖에 인지 및 종말론의 의미로도 쓰기 때문이다. 예를 들어 그것은 '안식眼識(*cakkhuviññāṇa*)'의 경우에는 인지 과정을 가리키고 '의식의 흐름(*viññāṇa-sota*)'의 경우에는 종말론*을 의미한

41 *S* 2. 95.
42 L. S. Stebbing, *A Modern Introduction to Logic*(London: Methuen, 1961), pp. 265ff.에서 설명하는 사물과 그것의 부분 또는 상태에 관한 상식적 관념을 참조할 것.

다. 칫타라는 용어는 포괄적인 용어로 사용되었다. 그러나 칫타가 심수心數[마음 작용] 없이 나타나는 경우는 결코 어디에서도 발견할 수 없다. 그리고 이 사실은 심지어 칫타(마음)와 체타시카cetasika(심수)가 구분되는 아비달마에서도 강조된다.

앞서 인용했듯이 아라한이 사후에 또 다른 형태의 존재에 도달한다는 견해를 지지하는 것으로도 해석할 수 있는 진술이 팔리 『니카야』에 나온다. 이것은 깨달은 사람들이 영지靈知(*aññā*)를 선언하는 경우에 어김없이 등장한다. "재생은 부수어졌다. 지고의 삶이 시작되었다. 해야 할 것은 모두 완수되었다. 그리고 더 이상 '이와 같은' (즉 재생의) 경향성은 없다." "이와 같은 경향성은 없다(*nâparaṃ itthattāya*)"는 구절은 존재의 다른 형태, 즉 초월적 존재의 형태를 함축하는 것으로 해석할 수도 있다. 그러나 그것은 자의적 해석이 될 것이다. 한역은 이 구절을 "미래의 존재가 없다[不有後有]"로 번역하는데, 그것이 초월적인 것인지 아니면 이승의 것인지는 전혀 밝히지 않는다.

요한슨은 "칫타가 사후에도 남는다고 여겨지는 증거는 상당히 많다"[43]고 생각한다. 그러나 그가 인용한 구절을 반드시 성자의 잔존에 대한 생각을 시사하는 것으로 해석할 필요는 없다. 그는 *S* 5.

* 여기서 종말론이라는 술어의 전체적 맥락은 의식의 흐름이 끝나 생명이 그친 후 사람은 어디로 가는가 하는 내세론과 관련된 질문이다. 아마도 저자는 영어에는 정확한 표현 방법이 없어서 내세론의 의미로 종말론이란 술어를 쓰는 것 같다.

43 Johansson, *Psychology of Nirvana*, p. 62.

370에 나오는 다음의 구절을 언급한다. "[비록 몸은 까마귀와 독수리에 의해 잡아먹혀도] 만일 오랫동안 믿음·덕성·배움·포기를 통해 수련했다면 그의 칫타는 높이 날아올라 탁월함을 획득할 것이다." "높이 날아오른다"는 말의 자구에 너무 집착하여 칫타가 몸을 초월하여 죽음에서도 생존한다는 뜻으로 해석해서는 안 된다. 획득한 "탁월함"도 생명의 토대가 남아 있는 열반을 뜻한다고 해석하는 것이 나을 것이다. 만일 칫타가 아라한의 죽음에서도 생존하는 것으로 생각되었다면, 붓다가 공개적으로 선언하지 않았을 리 없다. 만일 붓다가 사실상 사후에도 칫타가 생존한다고 주장했다면, 그는 불사(*amata*)를 설명하는 데 아무런 어려움도 없었을 것이다. 그러나 정작 붓다 자신은 긍정도 부정도 하지 않았는데도 어떤 것이 생존한다는 주장을 고집하는 것은 붓다의 가르침을 곡해하는(*abbhācikkhana*[中傷]) 것이다.

거듭해서 지적했듯이 붓다가 주장한 것은 경험주의의 한계로 인해 전혀 알지 못하는 것에 대한 예언은 무익하며, 모든 종류의 상충하는 견해를 야기하는 사변만 초래하게 된다는 것이다. 자야틸레케는 『초기 불교의 인식론』에서 대단한 노력을 기울여 초기 불교는 경험적이기 때문에 형이상학의 원리나 경험으로 실증할 수 없는 실재를 전혀 수용하지 않았음을 보여주었다. 그러나 그는 서구·인도·극동 학자의 불교에 대한 해석에 압도되어 결국에는 "경험으로는 설명과 이해가 불가능하고 다만 [사후에야] 성취와 획득이 가능한 초경험적"[44]인 존재를 인정하고 말았으며, 이로써 그가 심혈을 기울였던 불교 경험주의 이론의 모든 토대를 훼손하고 말았다. 만일 붓다가 사후의 아라한은 존재(*atthi*)와 비존재(*n'atthi*)로 설명할 수 없다고 말했고 그 존재가 경험적인지 아니면 초경험적인지를 명시하지 않았는데도 우리가 아라한은 생존하며 멸절된 것이 아니라고 계속해서 말한다면, 우리는 이 문제를 우리 자신이 좋아하는 것(*ruci*)과 싫어하는 것(*aruci*), 즉 경향(*chanda*)에 따라 이해하려는 것이다. 여기서 분명한 점은 죽은 성자에 관한 문제를 해석하는 데 생존하려는 인간의 경향(*jīvitukāma, amaritukāma,* 5장 참조)이 개입하고 있다는 사실이다. 이것이 붓다가 이러한 문제를 '논리의 영역 밖'이라고 간주한 이유 가운데 하나이다(부록 1 참조).

만일 초기 불교가 초경험적인 실재를 받아들였다면, 힌두교도가 붓다를 이교도로 간주해야 할 이유가 없었다. 기억해야 할 사실은 붓다가 비슈누의 아바타avatār, 즉 '화신'이 된 시점은 그가 살아 있을 때가 아니라 수세기 뒤 대승의 초월론이 최고로 발전되었을 때라는 점이다. 설사 초기 불교에서 초경험적인 실재가 인정되었다고 하더라도, 그것이 기타 형태의 초월론이나 절대론과는 다르다고 간주되어서는 안 될 것이다.

참고 문헌

1차 문헌

Mahā-parinibbāna-suttanta (*D* 2. 72ff.); "The Book of Great Decease"(*SBB* 3. 78ff.; *TD* 1. 11ff.

44 Jayatilleke, *Early Buddhist Theory of Knowledge*, pp. 475f.

Alagaddūpama-sutta(*M* 1. 130ff.); "Discourse on the Parable of the Water-snake"(*MLS* 1. 167ff.); *TD* 1. 763ff.

Tevijja-Vacchagotta-sutta (*M* 1. 481ff.); "Discourse to Vacchagotta on the Three-fold Knowledge"(*MLS* 2. 159ff.).

Aggi-Vacchagotta-sutta (*M* 1. 483ff.); "Discourse to Vacchagotta on Fire"(*MLS* 2. 162ff.); *TD* 2. 245ff.

Udāna, *Pāṭaligāmiya-vagga* (*Ud* 80ff.); "Verses of Uplift"(*Minor Anthologies of the Pali Cannon*, tr. F. L. Woodwar, London: PTS, 1955, 2. 97ff.)

Itivuttaka, *Duka-nipāta*(*It* 31ff.); "As It Was Said"(*Minor Anthologies of the Pali Canon*, 2. 132ff.); *TD* 2. 579.

2차 문헌

de la Vallée Poussin, L., *Nirvana*, Paris: G. Beauchesne, 1925.

Grimm, George, *The Doctrine of the Buddha*, pp. 229-267.

Horner, I. B., *The Early Buddhist Theory of Man Perfected: A Study of the Arahan*, London: Williams & Norgate, 1936.

Jayatilleke, K. N., *Early Buddhist Theory of Knowledge*, pp. 464-476.

Johansson, Rune E. A., *The Psychology of Nirvana*, London: George Allen & Unwin, 1969.

Nyanaponika Thera, *Anattā and Nibbāna.*

Rahula, Walpola, *What the Buddha Taught*, pp. 35-44.

Stcherbatsky, T. I., *The Conception of Buddhist Nirvana*, Leningrad: The Academy of Sciences of the USSR, 1927.

Thomas, E. J., *History of Buddhist Thought*, pp. 119-132.

제2부
후기 불교

8장
부파불교와 대승불교의 시작

「대반열반에 대한 설법(대반열반경)」[1]은 붓다의 임종과 관계된 사건을 서술하고 있다. 여기서 두 가지 일화를 자세히 설명하고 있는데, 이것들은 붓다 사후 2세기 동안 일어난 불교 사상의 주요 발전을 이해하는 데 매우 중요하다.

첫 번째는 붓다가 입멸하기 직전에 교단의 미래에 대해 아난다 Ānanda에게 충고하는 일화이다. 붓다는 다음과 같이 말한다.

> 아난다여, 만일 너에게 "교의는 스승 없이 만들어졌으므로 우리에게는 스승이 없다"라는 생각이 들더라도 그렇게 생각해서는 안 된다. 아난다여, 내가 가르친 모든 교의와 내가 제정한 모든 계율이 나의 죽음 이후 너의 스승이 될 것이다.[2]

1 *D* 2. 72ff.

붓다가 제자 중 하나를 지명하여 승단을 이끌도록 하는 대신에 승려에게 교의(*dhamma*)와 계율(*vinaya*)을 인도자로 삼으라고 요청한 것을 계기로 그의 제자들은 교의와 계율의 본성을 정하는 문제에 한층 더 각별히 관심을 갖게 되었다.

더구나 붓다의 생전에조차 그의 가르침을 잘못 해석한 경우가 있었다. 『중부』에는 두 가지 대표적 사례가 기록되어 있다. 첫 번째 것은 아릿타Ariṭṭha라는 승려가 붓다에 의하면 감각의 쾌락은 '장애물(*antarāyikā dhammā*[障法])'이 아니라고 주장한 것이다.[3] 다른 하나는 사티라는 승려가 붓다의 가르침에서 윤회하는 것은 바로 '의식(*viññāṇa*)'이라고 주장한 것이다.[4] 생전에도 그러한 잘못된 관념이 계속 보고되었기 때문에 붓다는 당장 그것을 근절하기 위한 조치를 취했다.

더욱이 세 가지 중요한 설법, 「청정경清淨經Pāsādika-suttanta」,[5] 「합송경合誦經Saṅgīti-suttanta」,[6] 「사마가마경Sāmagāma-sutta[周那經]」[7]은 자이나교의 지도자 니간타 나타풋타Nigaṇṭha Nātaputta의 죽음과 뒤따르는 자이나 교단 내부의 갈등을 언급한다. 붓다는 이 사실을 알았을 때 다음과 같이 선언했다.

2 *D* 2. 154.
3 *M* 1. 130ff.; *TD* 1. 763.
4 *M* 1. 256ff.; *TD* 1. 766.
5 *D* 3. 117ff.; *TD* 1. 72ff.
6 *D* 3. 272ff.; *TD* 1. 49ff.
7 *M* 2. 243ff.; *TD* 1. 752ff.

> 그러므로 춘다Cunda여, 내가 깨달은 진리를 가르쳐준 사람들과 함께 와서 그 교의를 함께 암송하고, 그것에 대해 다투지 마라. 그리고 이 참된 교의가 오래 지속되고 영속될 수 있도록, 이것이 많은 대중의 선과 행복을 위하여 계속 존재하도록, 세상을 사랑하는 마음에서 신과 인간에게 선과 소득과 행복이 되도록 의미와 의미를, 구절과 구절을 비교하여라.[8]

분명 이 때문에 승려들은 붓다가 전한 모든 설법을 그의 생전에도 수집하게 되었을 것이다. 그러나 이렇게 해야 할 필요성은 붓다의 사후에 더욱 절박해졌다. 따라서 붓다가 상이한 시간과 장소에서 다양한 사람에게 전한 설법의 수집 작업은 끊임없이 열정적으로 수행되었다. 붓다가 사망하고 석 달 뒤에 열린 제1차 결집의 주요 작업은 바로 이 수집이었던 것 같다.

이 결집이 바로 부파불교*의 시작을 나타낸다. 붓다의 사후 100년 동안 모든 설법을 수집하여 오부五部(*nikāya*)**로 분류하였으며, 아울러 대부분의 수행 계율(*vinaya*)도 별도로 수집했다. [부파불교의] 학술 활동은 거기서 그치지 않았다. 비유, 일화, 예증, 게다

8 *D* 3. 127. *TD* 1. 73 참조.

* 붓다 사후 불교 교단 내부에서는 붓다의 가르침을 둘러싸고 학문주의(scholasticism) 운동이 일어나 다양한 학파가 발생한다. 일본 불교학계는 이 불교 학문주의를 부파불교라고 번역하였고 이것은 아시아 국가들에서 통용되어 왔다.

** 팔리 5부는 『장부』, 『중부』, 『상응부』, 『증지부』, 『소부』로 구성되고, 『아함경』은 『소부』가 없어 4아함이라 부른다.

가 끝없는 반복이 특징인 설법집 전체를 연구하는 것은 특히 가르침이 잘못 해석될까봐 우려하던 시기에 분명 성가신 일이었을 것이다. 붓다의 가르침을 영속하기 위해 설법의 수집이 필요하듯이 설법 전체에 흩어져 있는 근본 교의의 목록을 만들고 분류하는 것은 모든 잘못된 해석을 막기 위해 반드시 필요한 것으로 간주되었다. 따라서 앞에서 언급한 세 설법, 즉 「청정경」, 「합송경」, 「사마가마경」에는 가장 중요한 교의들이 열거된다. 전체 설법은 구전되었지만, 붓다가 설법한 '온蘊(*khandha*)', '계界(*dhātu*)', (감각적 지각의) '처處(*āyatana*)' 같은 주요 '주제(*mātikā*, Sk. *mātṛkā*[論母])'의 목록을 만들고 분류하려는 노력 또한 존재했다. 이것이 대부분 철학적 분석과 종합을 다루는 삼장三藏의 세 번째인 『논장』의 핵심이 되었다. 『논장』에는 두 가지 상이한 판본이 있다. 하나는 팔리어로 쓰인 것으로 실론의 상좌부 전통에서 보존해온 것이고, 다른 하나는 설일체유부 학파에 소속된 것으로 산스크리트어로 쓰였다. 이 두 그룹의 경전은 보조 문헌과 함께 불교 사상의 학문주의적 전통을 대표한다.

「대반열반에 대한 설법」에 언급된 두 번째 중요한 사건은 붓다의 임종이 임박했다는 소식을 들은 신과 (그때까지 아라한이 되지 못하고 있던 아난다를 포함한) 인간의 비탄이다. 신들은 슬퍼하며 다음과 같이 탄식한다.

> 축복받은 이께서 너무 빨리 돌아가시는구나. 선서善逝께서 너무 빨리 돌아가시는구나. 세계의 눈이 너무 빨리 사라지는구

나.[9]

반면 아난다는 다른 상실로 슬퍼한다.

> 위대한 이여, 과거에는 하안거夏安居하는 승려가 여래를 보려고 각지에서 왔습니다. 이것은 고귀한 정신을 가진 승려를 보고 교류할 수 있는 기회였습니다. 그러나 위대한 이여, 축복받은 이께서 돌아가시고 나면 우리는 그러한 고귀한 정신을 가진 승려를 보고 교류하는 기회를 잃고 말 것입니다.[10]

두 비탄은 모두 붓다의 입적이 평신도들의 삶에 조성한 어떤 공허감을 표현한다. 붓다는 그들 모두에게 다음과 같이 충고했다.

> 잘 보살펴야 할 네 장소가 있다. 그곳은 신심을 가진 사람에게 감정을 일으킨다. 네 곳은 어디인가? "여래가 태어난 곳이다." 아난다여, 그곳은 잘 보살펴야 할 곳이고 신심을 가진 사람에게 감정을 일으키는 곳이다. "그곳은 여래가 최고의 완전한 깨달음을 얻은 곳이다." … "그곳은 여래가 비할 데 없는 담마의 바퀴를 굴리기 시작한 곳이다." … "그곳은 여래가 생명의 토대가 없는 열반의 계로 돌아간 곳이다." 아난다여, 그곳

9 *D* 2. 140.
10 Ibid.

은 잘 보살펴야 할 곳이고 신심을 가진 사람에게 감정을 일으키는 곳이다.[11]

일반인은 대개 감정(*saṃvega*)에 이끌린다. 감정은 진리의 지각을 방해하는 경향이 있으므로 정신 계발의 지고한 단계에 이르기 위해서는 통제되어야 하지만, 종교의 감정은 일반인의 삶을 윤택하게 해주고 타고난 영성을 계발할 수 있도록 해준다. 붓다는 신앙심 깊은 헌신자 — 비구와 비구니 및 남녀 재가 신도 — 가 감정을 불러일으키는 이러한 네 장소를 방문할 것이라고 지적했다.[12]

이 두 번째 사건은 (아라한을 제외한) 붓다의 제자들이 위대한 스승에 대한 기억을 영속해야 할 필요성을 느낀 방식을 드러낸다. 이것 때문에 그들은 붓다의 본성과 생애에 대해 알고자 하는 끝없는 열망을 갖게 되었다. 그 결과 팔리어로 된 『불종성경佛種姓經 Buddhavaṃsa』, 『본생인연담本生因緣譚Jātaka-nidāna-kathā』, 산스크리트어로 된 『대사大事Mahāvastu』, 『비유譬喩Avadānas』, 『보요경普曜經 Lalitavistara』 등과 같은 경전이 편찬되었다. 이러한 경전은 붓다의 생애에 관한 일부 역사적인 요점을 포함하고 있기는 하지만, 붓다의 본성에 대한 사색을 주로 다루고 있다. 이 측면을 강조한 것이 종교적 교화가 필요한 평신도의 이익을 대변한 대중부大衆部 Mahāsāṇghika였다. 대승에서 이러한 경향은 절정에 이른다.

11 Ibid.
12 *D* 2. 141.

9장
부파불교: 상좌부·설일체유부·경량부

상좌부[1]와 설일체유부 모두에 속하는 아비달마 문헌에는 정교한 교의가 짧은 장절章節로는 다룰 수 없을 정도로 많다. 따라서 나의 목적은 아비달마 문헌에서 가장 중요한 철학적 경향을 추려내서 그것과 초기 불교의 가르침의 관계를 보여주고, 또 그것이 대승 철학의 발전에 어떠한 기여를 했는지 살펴보는 것이다. 이 장에서 고찰하는 세 학파는 모두 붓다의 근본 가르침을 받아들인다. 그들의 차이점은 이러한 교의에 대한 해석이 다르다는 것일 뿐이다. 여기에서 이 세 학파의 가르침을 분류하고 따로 설명하지는 않을 것이다. 그 대신 각 학파의 철학적 문제와 이에 대한 해석을 개별적으로 검토하고 설명할 것이다.

1 나는 스타비라바다Sthaviravāda가 간혹 소승의 기타 학파들을 가리키기도 하기 때문에 이 이름의 사용을 기피해왔다. 여기에서 테라바다Theravāda[*상좌부]는 스리랑카와 동남아시아의 상좌부 부파Theriya Nikāya를 지칭한다.

8장에서 지적했듯이 불교에서 학문주의가 발생한 것은 통일성을 침해하는 이견을 차단하여 붓다의 가르침을 영속해야 할 필요성 때문이었다.[2] 이 목적을 위해 채택한 방법 가운데 하나가 「합송경」에서처럼 붓다의 근본 가르침을 수집하고 분류해서, 적어도 그것에 대해서는 전혀 이견이 없도록 하는 것이었다. 이러한 근본 교의를 선택하고 열거하는 과정에서 붓다의 통상적 설명 방법은 수정되었다. 설법에서 중요한 역할을 한 비유, 일화, 예증 등은 사용되지 않았다. 이 차이점에 주목한 것은 고전 학자들이었다.[3] 그들은 설법이 원래 비유, 은유, 일화를 자유롭게 사용하는 산만한 방식(*sappariyāya desanā*[有異门/方便教說])으로 전해진 반면에, 아비달마는 매우 엄선되고 정확한 비인칭적인 용어를 사용하는 논리적인 방식(*nippariyāya desanā*[非異门/純理論教說])이 특징이라고 주장했다.

이것은 설법(*suttanta*[經])과 학술 논서(*abhidhamma*[論/對法]) 사이의 근본적인 차이점이었지만, 시간이 경과함에 따라 다른 여러 가지 차이점도 인식되었다. 예를 들면 설법은 대중적 가르침(*vohāra desanā*)으로, 아비달마는 궁극적 실재에 대한 설법(*paramattha desanā*)으로 간주되었다.[4] 초기에는 이것이 오직 외적 양식style의 차이만을 의미했지만, 나중에는 주제 자체에 관한 차이를 암시하게 됐다. 그 결과 담마와 "특별한 담마(*abhivisiṭṭho dhammo*[最殊勝法])"로 정의되는

2 P. S. 자이니P. S. Jaini는 아비달마 부파불교의 발전에 대해 광범위하게 분석했다. 그가 편집한 『대법등론對法燈論Abhidharmadīpa』의 서론 참조.

3 *VbhA* 366 참조.

4 *DhsA* 21.

아비담마의 차이점이 강조되었다. 설법은 담마를 다루는 것으로 간주된 반면에, 아비달마는 특별한 담마, 즉 궁극적 실재(*paramattha*[最上義/勝義])를 다루었던 것이다.

후대 상좌부의 한 주석자는 아비담마란 "(담마를) 마음과 물질로 분석하는 것(*nāmarūpaparicchedha*[名色識別論])"[5]이라고 생각했다. 그는 다음과 같이 설명한다. 담마와 관련된 설법(*sutta* 또는 *suttanta*)에 있어 가르침을 구성하는 것은 계戒(*sīla*)와 정신 수양(*samādhi*)에 관한 담마이고, '율律(*vinaya*)'의 가르침은 죄과罪過(*āpatti*)와 비죄과(*anāpatti*)와 관련된다. 그러나 아비달마의 영역은 실재를 마음(*nāma*)과 물질(*rūpa*)로 분석한다. 설일체유부 학자 역시 아비달마를 "다르마에 대한 분석(*dharma pravicaya*[擇法])"이라고 정의하고 또한 그것이 순수한 지혜(*amalā prajñā*)라고 주장했다. 두 전통 모두 붓다의 깨달음(*bodhi*)을 구성하는 것은 분별법分別法dharma-pravicaya 또는 명색분별名色分別nāmarūpaparicchedha이라고 말한다. 붓다가 인간이 아니라 신들에게 아비달마를 가르쳤다는 믿음은 이 아비담마에 부여된 위상의 고양을 상징하는 것 같다.

이러한 아비달마의 고양된 지위는 불교의 절대론적 경향의 시작을 알리는 신호탄이었다. 마음과 물질은 궁극적 실재(*paramattha*)로 인식되었다. 실제로 후대의 아비달마 문헌에 따르면 열반까지도 마음의 범주에 포함되었다.[6] 아비달마의 두 주요 전통에 나타난

5 *VinA* 5. 990.

6 Anuruddha's *Nāmarūpaparicchedha*, ed. A. P. Buddhadatta, *Journal of the Pali Text Society*(London: PTS, 1914), p. 5 참조.

궁극적 범주의 상이한 목록까지 고찰하지는 않겠다.[7]

현상이 마음과 물질이라는 두 그룹의 상이한 실재로 분석되자, 아비달마 학자들은 그것을 각각 정의해야만 했다. 따라서 마음(*citta*)이나 심수(*cetasika*)를 비물질적인 것(*a-rūpa*)으로, 물질(*rūpa*)을 비정신적인 것(*a-cetasika, cittavippayutta*)으로 정의했다. 이리하여 이러한 두 요소는 날카롭게 이분되었으며, 아비달마 학자들은 대개 이 원론과 연계된 몇 가지 철학적 문제에 직면하게 되었다.

이러한 주요 문제들 중 하나가 지각의 과정을 설명하는 어려움이다. 그것은 본성이 전혀 다른 마음이 어떻게 물질을 감지할 수 있는지의 문제였다. 팔리 아비담마에는 단지 암시되기만 한 이 문제를 실제로 명시한 것은 붓다고사의 다음과 같은 주장이었다. "종류가 다를 때는 자극이 없다. 옛 사람들(*porāṇā*[古人])은 감각적 자극은 비슷한 종류이지 다른 종류가 아니라고 생각했다."[8] 이 문제를 설명하기 위해 아비달마 학자들은 초기 불교의 물질(*rūpa*) 분석을 사용했다. 설법에 따르면 물질(*rūpa*)은 사대라는 근본 요소[존재](*cattāro mahābhūtā*)와 파생 요소(*upādāya rūpa*[所造色])로 구성된다.[9] 그러나 설법 어디에도 경험을 초월하여 근본 요소의 본성을 고려하

7 테라바다의 아비담마에 있는 이러한 범주에 대한 좀 더 자세한 설명을 위해서는 Nyanatiloka Mahāthera's *A Guide through the Abhidhamma Piṭaka*(Colombo: Associated Newspapers of Ceylon, 1957)를 참조하고, 설일체유부의 범주에 대한 설명은 Stcherbatsky's *The Central Conception of Buddhism and the Meaning of the Word 'Dharma'*(London: Royal Asiatic Society, 1923) 참조.

8 *DhsA* 313.

9 S 2. 3f.; *TD* 2. 85a-b.

는 시도는 보이지 않는다. 근본 요소 — 땅, 물, 불, 바람 — 에 관해 질문이 제기되었을 때 주어진 유일한 대답은 경험, 즉 사람들이 그것을 지각하는 방식에 따른 정의였다. 예를 들면 땅은 딱딱하고(*kakkhala*[硬]) 단단한 것(*kharigata*[固]) 등으로 정의된다.[10] 그러나 딱딱함과 단단함 너머에 어떤 것이 있는지의 문제는 제기되지도 대답되지도 않았다. 경험주의 관점에 어긋나기 때문이었다.

그러나 아비달마에 따르면 사물(*dhamma*)과 그 특징(*lakkhaṇa*[相])의 구별은 실제로는 존재하지 않더라도 정의나 한정(*kappanā*[次序化])을 위해 필요하다.[11] (물론 이것은 아비담마가 '관습적 진리'인 보하라vohāra[慣例]가 아니라 궁극적 실재인 파라맛타paramattha에 대한 설법이라는 사실을 망각하는 것이다!) 이러한 종류의 분석은 설일체유부 및 붓다고사 이후의 상좌부에서 '실체(*sabhāva*, Sk. *svabhāva*)' 이론이 등장하는 토대가 되었다. 이러한 분석이 실체라는 관념에 도달한 방식은 영국의 경험주의자 존 로크John Locke가 유사한 이원론을 제시하여 실체의 관념에 도달한 것과 동일한 것 같다. 로크는 다음과 같이 말한다.

> 우리가 실체substance라는 일반적 이름에서 갖는 관념은 우리가 존재한다는 것을 아는 성질의 가정된, 그러나 알려지지 않은 지지체이다. 우리는 성질들이 지지하는 사물 없이는sine re sub-

10 *M* 1. 185ff.; *TD* 1. 464b.

11 *Paramatthamañjusā or the Commentary on the Visuddhimagga*, ed. M. Sri Ñārissara Dhammānanda(Colombo: Mahabodhi Press, 1930), p. 367f. 참조.

stante, 즉 그것들을 지지하는 것 없이는 존재할 수 없다고 상상한다. 그리고 우리는 그 지지체를 실체substantia라고 부른다. 이 [*라틴어] 단어의 참 뜻을 영어로 쉽게 옮기면 아래에 서 있음standing under 또는 떠받침upholding이다.[12]

실체가 비록 로크에게는 단지 관념일 뿐이지만 아비달마 학자에게는 (역시 이원론의 이론을 주장했던 데카르트의 경우와 마찬가지로) 관념 이상의 것이었다. 그것은 파생된 물질(*upādāya rūpa*)의 기초였다. 따라서 그것 자체는 파생되지 않은 것(*no upādā*), 즉 환원 불가능한 것이다.[13] 그것은 물질적 실체였다. 따라서 이러한 '실체' 또는 '토대(*svabhāva*)'의 이론은 마음(*nāma*)과 물질(*rūpa*)을 엄격하게 나누는 이분법의 피할 수 없는 결과였다.

이와 마찬가지로 아비달마 학자들이 정신 현상(*nāma*)을 마음(*citta*)과 심수(*cetasika*)라는 두 형태로 분석한 결과 정신적 실체 이론이 탄생한다. 물질 분석의 경우와 마찬가지로 아비달마 학자들은 상이한 정신 요소를 통일(*sabbasaṅgāhaka*[一切合集])하는 일종의 토대를 상정하지 않는다면 정신 현상을 설명하기가 매우 힘들다는 점을 깨달았다.[14] 여기에서 심수(*cetasika*)는 "마음과 연관되어 있으며

12 John Locke, *An Essay Concerning Human Understanding*, ed. Alexander Campbell Fraser(Oxford: The Clarendon Press, 1894), vol. 1, p. 392.

13 *Dhs* 585.

14 *Abhidhammâvatāra* of Buddhadatta, ed. A. P. Buddhadatta, in *Buddhadatta's Manuals*(London: PTS, 1915), vol. 1, p. 1 참조.

(*citta-sampayuttā*[心相應]) 마음에서 일어나는(*citte bhavā*[內心有]) 것"[15]으로 정의된다. 마음(*citta*)을 심수(*cetasika*)와 다른 실체로 인정하는 것은 결국에는 정신 현상에 대한 실체론의 관점으로 이어질 것이다.

이러한 이원론이 아비달마 철학의 전체적인 특징이다. 비록 '자아(*ātman*)', 즉 길버트 라일Gilbert Ryle의 표현을 사용하자면 '기계 속의 유령the ghost in the machine'은 제거되었지만 기계 자체[마음]는 실체, 즉 궁극적 실재가 되었다. 이것은 초기 불교에서 마음이 결코 누리지 못한 지위였다.

이러한 관념은 상좌부와 설일체유부라는 두 아비달마 전통의 공통분모였지만, 원래의 설법에 충실하려고 끊임없이 노력한 경량부 학자들은 대체로 이를 거부했다 — 따라서 경량부Sautrāntika는 경전을 따르는 사람(*sūtrānta-ika*[經終極者])이라는 이름을 얻게 된 것이다. 그들은 설법을 근본 자료로 간주했지만(*sūtrapramāṇika*[經衡量者]) 설일체유부 학자들은 아비달마가 근본 자료라고 주장했다(*śāstrapramāṇika*[傳衡量者]). 그러나 경량부 학자들은 설법에 의존하면서도 설법에는 없으나 후대에 발전한 것으로 보이는 일부 교의를 받아들였다. 찰나설(*khaṇavāda*, Sk. *kṣaṇavāda*)과 원자론(*paramâṇuvāda*)이 바로 그것인데, 모든 부파불교 학파 — 붓다고사 이후의 상좌부, 설일체유부, 경량부에서 발견된다. 중요한 점은 붓다고사 이전의 상좌부 전통에서는 발견되지 않는다는 사실이다.[16]

15 Ibid., p. 17.

16 나의 논문 "Schools of Buddhism in Early Ceylon", *Ceylon Journal of the Humanities* (Peradeniya: University of Ceylon), I(1970): 159-190 참조. 원자론이나 찰나설이

초기 불교는 무상(*anicca*, Sk. *anitya*)을 생기(*uppāda*), 소멸(*vaya*), 그리고 존재하는 것의 변화(*ṭhitassa aññathatta*)로 정의했다(4장 참조). 그 대신 설일체유부 학자들은 변화의 과정을 논리적으로 분석하여 무상을 생기(*jāti*), 정체(*sthiti*), 노쇠(*jarā*), 사멸(*nāśa*)의 찰나[17]로 대체하고 "존재하는 것의 변화(*ṭhitassa aññathatta*, Sk. *sthiyânya-thātva*)"가 정체(*sthiti*)와 노쇠(*anyathātva-jarā*)의 두 찰나를 의미한다고 간주했다. 붓다고사 이후의 상좌부는 생기(*uppāda*), 정체(*sthiti*), 사멸(*bhaṅga*)의 세 찰나를 언급한다.[18] 한편 경량부는 초기 불교의 무상 이론에 더욱 충실하려는 의도에서 생기(*uppāda*)와 사멸(*vaya*)의 두 찰나만을 받아들이고 정체의 찰나(*sthitikṣaṇa*)는 거부했다.[19]

부파불교 학자들은 이러한 형태의 찰나설 가운데 어느 하나만을 수용함으로써 여러 가지 철학의 문제에 봉착하게 되었다. 이

상좌부의 『논장』에서 전혀 언급되지 않고 있는 점은 의미심장하다. 그것들은 물론 팔리 『니카야』나 한역 『아함경』에서도 발견되지 않는다. 붓다고사는 『법취론』에 대한 주석서에서 찰나설에 대한 매우 중요한 언급을 했다. 그는 "이 점에 있어 주석서(*aṭṭhakathā*)에서는 연속적 현재(*santatipaccuppanna*)가 언급되고, 설법(*sutta*)에서는 지속적이거나 긴 현재(*addhāpaccuppanna*)가 언급된다. 어떤 사람은 찰나의 현재(*khaṇapaccuppanna*)에 존재하는 생각이 타심통의 대상이 된다"(*DhsA* p. 421)라고 말한다. 이 진술에 따르면 찰나의 현재에 대해서 말한 것은 일부(*keci*)였다. 그것은 설법에서도 보이지 않고, 붓다고사가 팔리어로 된 자신의 주석서를 위해 사용하고 있는 마하비하라Mahāvihāra에 보존된 주석서에서도 발견되지 않기 때문이다. 이것이 찰나설이 스리랑카의 마하비하라에 보존된 상좌부 불교에서는 발견되지 않았다는 견해에 대한 실질적 증거가 될 수 있을지도 모른다. 이와 마찬가지로 원자론도 붓다고사가 최초로 주장했고, 그후 상좌부 전통에서 중요한 이론으로 수용되었다.

17 *AD* 139; *ADV* p. 104.

18 *VbhA* p. 7.

19 *Sakv*, p. 33 참조.

문제를 해결하려는 과정에서 교의에 근본적인 차이점이 발생했다. 부파불교 학자들이 찰나설로 인해 봉착한 두 가지 주요 문제의 영역은 지각과 연기이다.

먼저 지각의 문제를 살펴보자. 정체의 찰나를 인정한 두 학파는 직접 지각을 주장했다. 그들은 지각의 대상이 적어도 한 찰나 동안은 존재한다고 생각했기 때문에 대상이 이 정체의 찰나에 명확해지고, 따라서 직접 지각이 가능할 것이라고 생각했다. 여기서 우리는 다음과 같은 이의를 제기할 수 있다. 외부 대상이 정체의 찰나에 명확해진다 해도 이러한 접촉이 결과적으로 완전한 지각으로 귀결된다고 볼 수는 없다는 것이다. 지각은 기억·인지·이해·동화 등과 관련된 보다 복잡한 과정이기 때문이다. 따라서 만일 전체 지각 과정이 완결되려면 대상은 한 찰나 이상 남아 있어야 한다. 대상의 존재가 지속되어야 할 뿐만 아니라 정신의 과정 또한 지속되어야만 한다.

붓다고사는 이 문제들을 설명하는 과정에서 사고가 [물질인] 육체보다 빨리 변한다는 붓다의 평범한 발언에 근거하여 자신의 독창적인 이론을 제시했다.[20] 붓다고사는 『분별론分別論Vibhaṅga』의 주석서에서 물질이 한 번 머무는 찰나에 사고는 열여섯 번 생멸한다고 주장했다. 사고의 찰나가 사라짐과 동시에 발생하는 물질의 찰나는 사고에 열일곱 번째 머무는 찰나이다.[21] 붓다고사는 외

20 *S* 2. 94, 96; *TD* 2. 81c 참조.
21 *VbhA* pp. 25-26.

부 대상에 대한 주의, 수용, 검토, 결정, 처리와 같은 지각의 과정의 다양한 순간에 대해 언급한다. 아누룻다의 『아비담맛타상가하 Abhidhammatthasaṇgaha』에는 붓다고사가 정한 일반적 유형에 따라 정교하게 고안된 이론이 제시된다.

아누룻다에 따르면 지각의 과정은 무의식의 과정(*bhavaṅga*[有分])이 두 순간 진동하며 시작하는데, 두 번째 순간에 무의식의 마음은 제거된다. 여기에 집중(즉 감각의 오처五處pañcadvārâvajjana에 대한 집중), 감각(*cakkhuviññāṇa*), 동화(*sampaṭicchana*)의 찰나들과 인지(*javana*)의 일곱 찰나 그리고 기억(*tadārammaṇa*)의 두 찰나가 이어진다. 지각의 과정의 시작에서 또 하나, 물질 대상이 감각기관과 접촉하기 전에 발생하는 사고의 찰나가 더해져서 사고의 찰나는 전체 숫자가 열일곱이 된다.[22]

특기할 만한 사실은 아비달마 학자들이 지각의 과정을 분리된 순간으로 분석한 결과 그들은 상이한 대상의 인상을 저장하고, 또 분리된 순간의 연속성을 담보해줄 정신적 기초 또는 실체의 존재를 상정해야만 했다는 점이다. 이 결과로 무의식의 정신 과정(*bhavaṅga*)에 관한 이론이 형성되었다. 이것은 모든 인상을 담는 일종의 저장소였으며, 무의식에 대한 이러한 이론은 나중에 유가행파瑜伽行派(12장 참조)의 '장식藏識(*ālayavijñāna*)' 이론으로 발전한다. 불교의 다른 학파들은 이 이론을 위장된 유아론ātmavāda, 즉 '실체론 이론'으로 간주했다. 어떤 의미에서 이것은 정신적 실체이다.

22 *Abhs* pp. 16f.

설일체유부 역시 정체의 찰나라는 개념을 수용함으로써 직접 지각의 이론에 기여했다. 『대법등론』에서는 다음과 같이 말한다.

> 눈이라 부르는 실체는 보는 ["선견자"의] 본성을 갖는다. 눈의 원인과 조건이 모두 나타나 눈의 위력이 일깨워졌을 때, 보는 행위가 눈 안에서 행해진다. 의식(*vijñāṇa*) 없이 눈만으로 대상을 파악할 수 없으며, 안식도 활동하는 눈의 도움 없이 대상을 알 수 없다. 안식뿐만 아니라 눈도 빛과 같은 보조물의 도움을 받아 상호 협력하에 동시적으로 주어진 대상을 지각한다. 대상, 눈, 안식, 빛은 모두 자신의 위력을 나타낸다. 즉 순간적으로 동시에 작용하는 것이다. 대상은 나타나고, 눈은 보고, 안식은 대상을 인식한다. 이것을 일러 대상의 직접 지식이라고 한다.[23]

이런 식으로 후대의 상좌부 학자뿐만 아니라 설일체유부 학자도 대상의 실재 존재와 직접 지각을 정당화하려 했다. 따라서 이들은 실재론자라고 할 수 있다.

한편 경량부 학자들은 정체의 찰나(*sthitikṣaṇa*)라는 개념을 부정한 결과 간접 지각의 이론을 받아들일 수밖에 없었다. 인식이 가능하려면 대상이 지속되어야만 하는데, 대상과 의식은 모두 지속성이 없기 때문에 그들은 외부 대상의 직접 지각이 불가능하다고

23 *ADV* p. 32. *AD*에 대한 자이니의 서문, p. 75 참조.

주장했다. (경량부의 다른 이름인) 비유부譬喩部Dārṣṭāntika가 주장한 논변에 대해 『대법등론』의 주석서는 다음과 같이 언급한다.

> 오식五識의 원인인 오식의 기관과 대상은 과거의 순간에 속한다. 대상(*rūpa*)과 눈이 존재할 때, 안식은 존재하지 않는다. 안식이 존재할 때, 눈과 대상은 존재하지 않는다. 이것이 지속되지 않으면(*sthiti*) 대상은 인식될 수 없다.[24]

이것으로 인해 그들은 "모든 [감각] 지각은 간접적이다(*apratyakṣa* [不明了])"[25]라는 결론을 내리게 되었다. 경량부는 주체가 받아들일 수 있는 것은 대상과 닮은 인상뿐이라고 주장했다. 직접 인식되는 것은 대상의 이러한 인상이나 표상이다. 대상 자체는 인식의 순간에 이미 과거의 것이 되기 때문에 직접 인식할 수 없다. 대상은 단지 감각적 인상을 기반으로 추론된다. 이것이 지각의 표상 이론, 즉 외부 대상의 추론 가능성 이론(*bāhyârthânumeyavāda*)이다.[26] 이것들은 찰나설에서 발전한 지각 이론의 일부 형태이다.

원자(*paramâṇu*)론의 수용 또한 부파불교 학자들에게 수많은 논리적 문제를 야기했다. 결과적으로 중관파中觀派Mādhyamika 학자들은 적수인 부파불교 학자들이 제시한 해결책의 약점을 이용하여 대

24 *ADV* p. 47f.

25 Ibid.

26 *Sarvadarśanasaṃgraha*, ed. V. S. Abhyankar(Poona: Bhandarkar Oriental Research Institute, 1951), p. 36 참조.

승 초월론을 정당화했다.

설일체유부 학자들은 지각 대상이 원자의 집합(*paramâṇusaṅghāta*[極微集合])이라는 이론을 주장했다. 그들은 원자가 개별적으로 존재한다는 것과 집합 형태(*saṅghātarūpa*[集合形相])에서만 지각이 가능하다는 것을 믿었다. 그러나 이 집합은 단일체(*eka*)가 아니라 단지 복합체(*aneka*)일 뿐이다. 상가바드라Saṇghabhadra가 이끌었던 신新설일체유부는 이 모순을 피하기 위해 다음과 같이 주장했다. "개별 원자는 상호 의존하지 않거나 다른 것과 연관되지 않을 때는(*anyanirapekṣa*) 지각되지 않지만(*atîndriya*), 뭉쳐 있고(*bahavaḥ*) 존재하기 위해 서로 의존할 때는(*parasparâpekṣa*) 감각에 포착된다."[27] 경량부 학자들은 대상이 직접 지각되지 않는다고 주장하면서도 대상을 형성하게 되는 원자에 대해 언급했다. 그들은 원자가 대상을 형성하기 위해 합치거나 섞일 수는 있으나 분할될 수는 없는 단위라고 주장했다. 이런 식으로 설일체유부는 원자의 집합(*saṇghāta*)을 믿은 반면에 경량부는 원자의 결합(*saṃyoga*)을 주장했다.[28] 딘나가는 『관소연연론觀所緣緣論Ālambanaparīkṣā』에서 위와 같은 상이한 이론을 비판한다. 흥미로운 점은 그가 이 원자론을 반박하기 위해 경험의 논변을 사용한다는 점이다.[29]

초기 불교와 이러한 후기 학파 사이의 가장 분명한 차이점은 연

27 *Vijñaptimātratāsiddhi*, ed. Sylvain Lévi(Paris: Champion, 1925), p. 16 참조.
28 Ibid., p. 7.
29 나의 논문 "Dinnāga's Theory of Immaterialism", *Philosophy East and West*, 20(1970): 121-128 참조.

기(*paṭiccasamuppāda*)의 해석에 있다. 여기서도 차이점은 찰나(*kṣaṇa*) 이론의 수용으로 인해 발생했는데, 부파불교의 학자들은 찰나설로 연기의 연속성을 설명하는 데 어려움을 겪었다.

실체(*svabhāva*) 개념이 아비달마 전통에서 등장한 경위는 이미 언급했다. 설일체유부 학자들은 그들이 순간의 존재로 분석했던 현상의 지속성에 관한 문제를 설명하면서 이 [실체] 개념을 잘 활용했다. 설일체유부의 유명한 네 명의 학자 — 다르마트라타 Dharmatrāta[法求], 고샤카Ghoṣaka, 바수미트라Vasumitra[世友], 붓다데바Buddhadeva[覺天] — 로부터 각기 다른 네 가지 이론이 전개되었다.[30]

다르마트라타는 존재 변화(*bhāvânyathātva*[有異])의 이론을 주장했다. 그는 다르마[현상]가 시간의 세 단계를 지날 때 존재나 상태(*bhāva*)는 변하지만 실체(*dravya=svabhāva*)는 변하지 않는다고 주장했다. 이것은 황금을 예로 들어 설명되는데, 금 자체는 변하지 않지만 금은 다양한 모양이나 형태를 가질 수 있기 때문이었다.

고샤카는 특성이나 측면 변화(*lakṣaṇânyathātva*[相異])의 이론을 제의했다. 그에 따르면 과거의 다르마에는 과거성이라는 특성은 있지만, 현재성과 미래성이라는 특성은 없다. 이것은 마치 한 여자에게 빠져 있는 남자가 동시에 다른 여자에게 빠질 수 없는 것과 같다.

바수미트라가 주장한 것은 조건 변화(*avasthânyathātva*)의 이론이다.

30 *ADV* pp. 259f. 참조.

그에 따르면 시간의 세 단계를 지나는 다르마가 각각의 상태나 조건에 이르렀을 때가 과거, 현재, 미래인데 상태나 조건을 결정하는 것은 인과적 효력 또는 인과적 활동(*arthakriyā-kāritva* 또는 *kāritra*)이라는 것이다. 만일 인과적 효력이 존재하면 현재이고, 인과적 효력이 사라졌으면 과거이고, 인과적 효력이 아직 나타나지 않았으면 미래이다. 같은 방식으로 만일 동전 하나가 100개의 동전 무더기 속에 있다면 그 동전은 100개 중 하나이고, 1,000개의 동전 무더기 속에 있다면 그것은 1,000개 중 하나이다.

마지막으로 붓다데바는 관계 변화(*anyonyathātva*)의 이론을 주장했다. 다르마는 현재 및 미래와의 관계에서 과거이고, 과거 및 미래와의 관계에서 현재이며, 과거 및 현재와의 관계에서 미래라는 것이다. 이것은 한 여자가 딸과의 관계에서는 어머니이고, 어머니와의 관계에서는 딸인 것과 같다.

네 가지 이론 모두 다른 것들은 변하지 않아도 다르마는 변한다는 하나의 관점을 견지한다. 변치 않고 남아 있는 것이 사물의 기초 또는 실체(*dravya*)이다. 설일체유부[Sarvâstivāda]가 그러한 이름을 갖게 된 것은 '일체(*sarva*)'의 실체의 '존재(*astitva*[有])'가 과거, 현재, 미래라는 시간의 세 단계에 걸쳐서 변치 않고 남아 있다고 주장하는 교의 때문이다.

인과관계를 설명하기 위해 사용한 것은 '실체(*svabhāva*[自性])'는 변하지 않는다는 이론이었다. 예를 들면 망고 종자는 다른 나무가 아닌 망고 나무를 생기게 한다. 망고 나무의 '망고성mango-ness'은 망고 종자에 '망고성'이 있기 때문에 존재하는 것이다. '망고성'은 종자와 나무를 연결하는 실체 또는 '자성'이다. 따라서 양자의 동일성은 '자성'으로 인해 유지된다. 이 이론은 나중에 인중유과론因中有果論(*satkāryavāda*)으로 알려지게 되었다. 이 이론은 거의 상키야 학파의 인과론과 같았는데, 이것도 모든 것의 기본 토대라고 간주된 근본 실체(*prakṛti*[自相]=*svabhāva*)의 관념 위에 성립했다.

경량부가 '실체' 또는 '자성(*svabhāva*)'의 이론을 거부한 이유는 이것이 위장된 '자아(*ātman*)' 이론이라고 생각했기 때문이다. 사물이 자성으로 인해 생긴다는 것은 사물이 '자아'에서 생긴다고(*svabhāvata ity ātmataḥ*) 말하는 것이다.[31] 경량부는 실체를 거부함과 동시에 순간 이론을 수용함으로써 인과의 연속성을 설명해야 하는 과제를 떠안게 되었다. 그들은 존재란 멈춤이나 간격 없이 순간에서 순간으로 이어지는 일련의 순간이라고 주장했다. 종자란 생멸하면서 종자의 외형을 창조하는 일련의 찰나에 불과하다. 그렇다면 그들은 일련성의 시작, 즉 일련의 씨앗이 어떻게 일련의 나무를 생기게 하는지를 설명해야 했다. 경량부는 이러한 질문을 받고 일련의 씨앗은 존재하지 않기(*abhūtvā*) 때문에 존재하게(*bhavati*) 된다고 주장했다. 바수반두의 『아비달마구사론』에 대한 주석서에서 「제일의공경第一義空經Paramārthaśūnyatā-sūtra」에 나오는 진술이 언급되는데(이는 경량부가 다르마가 과거와 미래에 존재할 수 있다는 것을 부정하기 위해 인용한 것이다), 그것은 다음과 같다.

31 *Sakv*, p. 362.

시각기관[눈]이 생길 때, 이것은 어떤 다른 곳에서 오는 것이 아니다. 이것이 사라질 때 이것은 다른 장소에 저장되지 않는다. [결국] 이전에 없었던 사물이 생성되고, 생성되었기에 소멸된다.[32]

더욱이 샨티데바Śāntideva[寂天]의 『대승집보살학론大乘集菩薩學論 Śikṣāsamuccaya』에 의하면 "이전에 없던 사물이 생성되고 생성된 것이 사멸하는 이유는 그것의 실체가 없기(*svabhāvarahitatvāt*) 때문이다."[33] 이것이 의미하는 것은 경량부가 실체(*svabhāva*)를 부정함으로써 전에는 없던 결과의 생기(*abhūtvābhāvautpāda*)를 인정할 수밖에 없었다는 사실이다. 이것은 물론 바이세시카학파가 주장한 인중무과론因中無果論(*asatkāryavāda*)과 같은 것이었다. 경량부에게 타당한 유일한 연기의 형태는 연속성, 즉 즉각적 계속(*samanantara-pratyaya*)이 될 것이다. 이것과 유사한 것이 영국의 철학자 데이비드 흄David Hume이 주장한 인과론인데, 그 또한 존재를 순간의 인상으로 분석했다.

상좌부 학자 역시 유사한 이론을 제시한 것 같은데, 그것은 붓다고사의 다음과 같은 진술에 분명하게 드러난다.

32 *Abhidharmakośavyākhyā*, ed. Pralhad Pradhan(Patna: K. P. Jayaswal Research Institute, 1967), 5. 27ab.

33 *Śikṣāsamuccaya*, ed. C. Bendall(St. Petersberg: The Imperial Academy of Sciences, 1879-1902), p. 229.

그는 이렇게 이해한다. "마음과 물질이 생겨나기 전에 [존재하는] 생기되지 않은 마음과 물질이 쌓여 있는 곳은 없다. 그것이 생기할 때 그것은 더미나 창고에서 오는 것도 아니고, 그것이 소멸할 때 그것은 어떤 방향으로 가는 것도 아니다. 소멸한 것이 쌓이거나 보존되거나 축적되는 저장소는 어디에도 없다. 피리를 연주할 때 발생하는 소리의 창고가 없는 것처럼 소리는 그것이 발생할 때에 어떤 창고에서 오는 것도 아니고, 그것이 소멸할 때 어느 방향으로 가는 것도 아니고, 그것이 사라졌을 때 창고에 계속 보존되는 것도 아니다. 이와 반대로 피리, 피리의 입, 사람의 적절한 노력으로 인해 소리가 존재했던 것이 아니기 때문에 피리 소리는 존재했고, 이런 것들로 인해 피리 소리가 존재했기 때문에 피리 소리는 사라진다. 이와 마찬가지로 모든 물질·비물질의 상태도 무엇엔가 의존하지 않았기 때문에 그것들은 존재하게 되었고, 무엇엔가 의존했기 때문에 그것들은 사라진다."[34]

비록 초기 불교에서 비슷한 견해가 주장되었지만,[35] 초기 불교에서는 존재가 상좌부나 경량부 학파에서처럼 순간으로 대체되지 않았다는 것을 기억해야 한다. 초기 불교에서 그것은 결과가 원인 속에 이미 존재한다는 것을 함축하는 형이상학의 문제에 답변

34 *Vism* p. 630.
35 *M* 3. 25 참조.

하기 위한 것이었다. 후대의 학파도 동일한 이유로 이 이론을 받아들였지만, 이러한 학파는 대부분 그들의 찰나설 때문에 원인과 결과 사이의 연계를 부정했다. 초기 불교도는 존재에 대한 경험의 이론 덕분에 아무런 문제없이 원인과 결과를 연결했다. 경량부가 이러한 어려움에 처한 것은 인도의 맥락에서는 경험적이기보다는 형이상학적인 찰나설에 너무 집착했기 때문이었다. 이와 마찬가지로 데이비드 흄도 자신의 순간론과 원자론으로 인해 단순한 선행先行 외에는 어떤 형태의 인과율도 부정해야만 했다. 힌두 사상가 샹카라Śaṇkara와 불교 사상가 나가르주나는 이 약점을 재빠르게 이용하여 자신들의 초월론적 이론을 정당화했다.

설일체유부의 연기동일론(*satkāryavāda*)을 형이상학 이론으로 간주할 수 있듯이 경량부의 비동일론(*asatkāryavāda*) 또한 형이상학 이론으로 간주할 수 있다. 그러나 경량부의 이론은 연기를 부정하는 것이다. 나가르주나는 무엇보다도 이러한 형이상학 이론을 통렬하게 비판했다. 이러한 것은 붓다의 반열반과 함께 출현한 부파불교의 부산물이었다.

종교적 삶의 영역에 있어 소승 학파는 팔정도(*ariya aṭṭhaṅgika magga*)를 강조하면서 동시에 대승의 보살bodhisattva 관념을 수용했다. 계(*sīla*)의 수행에서 시작하여 삼매(*samādhi*)에 이르고 지혜(*paññā*)에서 절정에 이르는 점진적 과정은 붓다고사의 유명한 논서 『청정도론 淸淨道論(*Visuddhimagga*)』의 주제이다. 종교적 삶의 목적은 여전히 아라한의 지위를 획득하는 것이었고, 붓다와 아라한의 차이는 대승불교에서만큼 강조되지 않았다.

참고 문헌

1차 문헌

Abhidhammatthasaṅgaha of Anuruddha, ed. T. W. Rhys Davids, *Journal of the Pali Text Society*, London: PTS, 1884; tr. S. Z. Aung and C. A. F. Rhys Davids, *Compendium of Philosophy*, London: PTS, 1910.

Abhidhammâvatāra of Buddhadatta, ed. A. P. Buddhadatta, *Buddhadatta's Manuals*, vol. 1, London: PTS, 1915.

Abhidharmadīpa with *Vibhāṣāprabhāvṛtti*, ed. P. S. Jaini, Patna: K. P. Jayaswal Research Institute, 1951. 이 책은 설일체유부의 바이바쉬카Vaivhāṣika 학파의 견해를 보여준다.

Abhidharmakośa and vyākhyā of Vasubandhu, ed. Pralhad Pradhan, Patna: K. P. Jayaswal Research Institute, 1967; *Sphuṭârthâbhid-harmakośavyākhyā* of Yaśomitra, ed. U. Wohigara, 2 vols., Tokyo: The Publishing Association of Abhidharmakośavyākhyā, 1932-1936; 현장玄奘이 한역한 『아비달마구사론』은 프랑스어로 출간되었다. *L'Abhidharmakośa de Vasubandhu*, (tr.) by L. de la Vallée Poussin, 6 vols., Paris: Paul Geuthner, 1923-1935. 위의 책들은 경량부의 관점을 대변한다.

Atthasālinī of Buddhaghosa, ed. E. Müller, London: PTS, 1897; tr. Pe Maung Tin, *The Expositor*, 2 vols., London: PTS, 1920-1921.

Kathāvatthu, ed. A. C. Taylor, 2 vols., London: PTS 1894-1897; tr. S. Z. Aung and C. A. F. Rhys Davids, *Points of Controversy*, 2 vols., London: PTS, 1915.

Nāmarūpapariccheda of Buddhadatta, ed. A. P. Buddhadatta, *Journal of the Pali Text Society*, London: PTS, 1914.

Visuddimmagga of Buddhaghosa, ed. C. A. F. Rhys Davids, 2 vols., London: PTS, 1920-1921; tr. Bhikkhu Nānamoli, *Path of Purification*, Colombo: Semage, 1964; tr. Pe Maung Tin, *The Path of Purity*, 3 vols., London: PTS, 1922, 1928, 1931.

2차 문헌

Conze, Edward, *Buddhist Thought in India*, pp. 92-116. 이 부분은 아비달마 교의에 대한 가장 좋은 설명 가운데 하나이다.

Guenther, H. V., *Philosophy and Psychology in the Abhidhamma*, Lucknow: Buddha Vihara, 1957. 이 책은 상좌부 전통과 설일체유부 전통에 대한 좋은 비교 연구서이다.

Karunadasa, Y., *Buddhist Analysis of Matter*, Colombo: Government Press, 1967. 이 책의 분석은 대부분 상좌부의 아비달마에 근거하고 있다.

Mookerjee, Satkari., *Buddhist Philosophy of Universal Flux*, Calcutta: University of Calcutta Press, 1935. 이 책은 불교 철학의 경량부 관점을 잘 설명하고 있다.

Nyanaponika Thera, *Abhidhamma Studies*, Kandy: Buddhist Publications Society, 1965.

Nyanatiloka Mahathera, *A Guide Through the Abhidhamma Piṭaka*, Colombo: The Associated Newspapers of Ceylon, 1949. 이 책은 상좌부 『논장』 7권의 내용에 대한 유용한 요약서이다.

Rhys Davids, C. A. F., *Buddhist Psychology*, London: George Bell & Sons, 1914.

Sogen, Yamakami., *Systems of Buddhist Thought*, Calcutta: University of Calcutta Press, 1934.

Stcherbatsky, T. I., *The Central Conception of Buddhism and the Meaning of the Word 'Dharma'*, London: Royal Asiatic Society, 1923. 이 책은 설일체유부의 아비달마에 대한 해설서이다.

Takakusu, J., *The Essentials of Buddhist Philosophy*, Honolulu: University of Hawaii Press, 1956.

10장
대승의 발전

한편에서는 부파불교가 점차 발전해나가면서 앞에서 언급한 3대 철학 학파를 탄생시켰다면, 다른 한편에서는 대중 종교의 일부 측면들이 대승의 기본 가르침으로 발전하고 또 표현되면서 신도의 열망과 종교적 삶에 급격한 변화가 나타났다.

8장에서 지적한 것은 대승이 바로 붓다의 본성에 대한 사유의 정점이라는 점이었다. 이러한 사유는 심지어 붓다 생전에도 유행했다. 『증지부』에 따르면 붓다는 '붓다는 누구인가?'라는 질문에 자신은 신도, 건달바도, 야차夜叉yakkha*도, 사람도 아니라고 선언한다.[1] 이 진술이 붓다가 인간이 알고 있는 어떤 형태의 존재와도 완

* 악귀. 창조신 브라마가 실수로 무지Avidya를 낳았고, 공중으로 던진 이 무지가 변하여 어둠이 되었다. 이 어둠에서 생명이 자랐는데, 브라마를 먹으려 했다. 이 생명 가운데 브라마의 설득을 거부한 쪽은 라크샤Rakṣases가 되었고 순종한 쪽은 야크샤Yakṣases, 즉 야카가 되었다. 야카는 불교에 와서 형제인 라크샤의 요소를 취해 악귀가 되었다.

전혀 다른 초월적 존재라는 것을 암시한다고 해석할 수도 있다. 그러나 이것의 진정한 의미는 붓다가 세상의 사물에 대한 탐욕과 애착을 완전히 없앴기 때문에 그런 것을 가지고 있는 사람들을 통해서는 그가 묘사될 수 없다는 데 있는 것 같다. 붓다는 다음과 같이 말한 것으로 묘사된다.

> 결과적으로 신이나 대기大氣를 종횡하는 건달바로 태어나고, 그것으로 인해 야차 또는 인간의 지위를 획득한다. 그러한 나의 번뇌(*āsavā*)의 기질은 완전히 없어지고 파괴되어 무용지물이 되었다. 물에 더럽혀지지 않는 연꽃처럼 나도 세상에 더럽혀지지 않는다. 오, 바라문이여, 따라서 나는 붓다이다.[2]

이것은 모든 종류의 탐욕을 완전히 없애버린 사람의 상태이다. 7장에서 지적한 것처럼 이런 사람은 세상과의 접촉에서 즐겁고 괴로운 감각을 경험한다 할지라도 전혀 동요하지 않을 수 있다. 이러한 상태는 인간이 할 수 있는 최대의 노력이나 분투, 이해, 단념을 통해 획득할 수 있다. 이것이 인간 고타마 싯다르타가 획득한 불성佛性이었다.

분명한 점은 팔리 『니카야』와 한역 『아함경』에서 발견되는 정보가 불교 교의와 관련해 우리가 얻을 수 있는 최초의 것이라는 사

1 *A* 2. 38; *TD* 2. 28a, b.
2 Ibid.

실이다. 따라서 『니카야』와 『아함경』에서 붓다의 관념에 관해 발견되는 자료는 팔리어 주석 및 현존하는 산스크리트어 불교 문헌 속의 전설과 다를 수 있다. 우리는 이러한 경전에서 붓다의 관념이 점차 역사적 인격에서 우주의 원리로 발전하는 것을 볼 수 있다. 그러나 부정할 수 없는 사실은 심지어 팔리 『니카야』와 한역 『아함경』에 나타나는 이러한 관념마저도 원래 형태와 크게 다르다는 점이다.

붓다의 본성에 관한 최초의 관념은 인간이라는 생각이었다. 그는 유복한 크샤트리아 가문에서 태어났고, 그런 가문의 배경을 업고 모든 안락함을 향유하며 길러졌다. 젊어서 그는 가문과 연결된 모든 부귀를 포기하고 슬퍼하는 부모를 떠나 당시 유행하던 수행주의의 삶을 선택했다. 그는 당시의 지도자급 수행자 몇몇과 교류하여 요가의 기법을 통달한 후, 35세 나이에 깨달음을 얻었다. 깨달음을 얻고 교단을 창립한 후, 마가다국과 코살라왕국에서 여행하고 설법하면서 여생을 보냈다. 붓다는 생애의 마지막 며칠을 병으로 인한 극심한 고통 속에 보낸 후 마침내 80세에 열반했다. 그는 그 고통을 초인적 용기로 감내했다.

붓다의 가르침은 인간의 삶의 모든 측면에 깊은 영향을 주었다. 동물의 희생 제의에 기초한 신심을 주장하는 기성 종교에 만족하지 못하던 일반 종교인이 보기에 모든 인간 및 동물의 행복과 복리의 증진을 목표로 하는 광범위한 윤리 원칙에 기초하여 도덕성을 강조하는 그의 가르침은 오랜 가뭄 끝에 만난 단비와 같았다. 인간 평등에 근거한 그의 사회철학은 신이 창조했다는 믿음으로 정당화된 사회계층화의 희생자들에게 위안이 되었다. 그의 영적인 가르침은 중도에서 그만둔(*antarāvosānamāpanna*) 수행자에게 수행하는 삶의 의미와 중요성을 제공했다. 마지막으로 붓다의 반형이상학적 태도는 자신들의 호오好惡에 몰두한 채 궁극적 실재의 본성에 대해 사유하면서 끊임없이 상호 비방만 일삼던 철학자들에게 귀감이 되었다.

이러한 그의 가르침은 대단한 영향을 끼쳤고 즉각 모든 계층의 무수한 신도가 그를 따랐다. 실제로 붓다보다 연배가 위였던 니간타 나타풋타의 직계 제자였던 자이나교도 디가타팟시Dīghatapassī는 나타풋타에게 그의 또 다른 제자인 우팔리Upāli가 붓다에게 접근하지도 적대敵對하지도 못하게 하라고 충고한다. 붓다에게는 사람을 자신의 사고방식으로 '개종시키는 마술의 능력(*āvaṭṭanī māyā*[使轉向的幻術])'이 있다고 생각했기 때문이다.[3] 심지어 반대자에게서 그런 존경을 끌어낼 수 있는 사람이라면 신도에게는 깊은 존경과 숭앙을 받았을 것이 분명하다. 이것이 붓다의 관념이 발전하는 데 이바지한 가장 중요한 요소 가운데 하나이다.

사실 '깨달은 사람'을 의미하는 붓다라는 명칭은 특별히 고타마 싯다르타를 가리키기 위해 쓰였다. 그러나 이 술어는 특히 '깨달은 사람을 본받아 깨달은 사람'이라는 붓다누붓다buddhânubuddha라는 구절에서처럼 간혹 다른 아라한을 가리킬 경우에도 쓰인다.[4] 여

3 *M* 1. 375; *TD* 1. 628f.

4 *Thag* 679, 1246.

기에서 알 수 있는 명백한 사실은 아라한마저도 '깨달은 사람'으로 간주되었다는 점이다. 실제로 『상응부』에서 붓다는 자유(*vimutti*)를 획득한 그의 제자들과 자신 사이에 차이가 없다는 것을 지적했다. 붓다가 주장한 유일한 구분은 자신은 자유의 길을 보여준 스승일 뿐이라는 것이다. 이 구분은 그때까지 자유를 획득하지 못한 아난다가 다음과 같은 방식으로 붓다를 찬미하기에 사실상 충분했다.

> 그 어떤 승려도 존자이자 아라한이자 모든 것을 깨달은 이가 갖는 그러한 특성을 완전히 철저하게 갖고 있지 않다. 왜냐하면 그분은 없던 길을 개척한 분이자, [일찍이] 없었던 길을 가르쳐준 분이자, 그 길을 알고 인식하고 지각한 분이기 때문이다. 그러나 나중에 길을 알게 된 제자들이 이제 그 길을 따르고 있다.[5]

이것이 스승(*satthā*[師])으로서 붓다의 모습이다. 신도들이 스승으로 존경한 덕분에 그는 심지어 생전에도 '신' 또는 '브라마'의 위치에까지 올랐다. 붓다가 깨달음에 이르러 획득한 지식과 능력에 대한 일부 설명이 『중부』에 포함되어 있다. 이것들은 네 단계로 된 명상의 황홀감과 세 가지 범주로 된 고등 지식으로 구성된다. 이것들은 아라한도 획득한 것이며, 승려가 되어 얻는 결실(*sāmañña-phala*[沙門果])의 목록에도 들어 있다. 「사문과경沙門果經Sāmaññaphala-

5 *M* 3. 8; *TD* 1. 654a 참조.

suttanta」[6]에 있는 이 목록에는 모든 비범한 위력, 기적의 작동, 공중을 나는 능력, 여섯 가지 초감각의 지식 등이 포함된다. 이 모든 것은 삼매(*samādhi*)를 성취한 사람만이 획득할 수 있다. 붓다는 자신에게 전지(*sabbaññutā*[一切知性])의 능력이 없다고 말한 것으로 보이는데, 후기 경전의 문헌이 유행하던 시대에는 그에게 그런 능력이 있다고 주장되었다. 그러나 자이나교의 지도자인 니간타 나타풋타는 자신에게 이러한 능력이 있다고 주장했다. 그의 신도들에 따르면 그는 모든 것을 알고(*sabbaññu*) 모든 것을 본다고(*sabbadassāvī*) 주장했으며, 또한 걷고 서 있고 잠자고 깨어 있는 모든 시간에 계속해서 완전한 지식과 지혜(*ñāṇadassana*[智與見])를 갖고 있다고 공언했다.[7] 유랑하는 수행자가 붓다에게 그런 능력이 있는지를 물었을 때, 붓다는 이것을 부인했다. 붓다가 주장한 것은 단지 세 가지 지식(*tisso vijjā*)이다. 그것은 ① 천안통(*dibbacakkhu*), 즉 인간의 생기와 소멸에 관한 지식(*sattānaṃ cutûpapātañāṇa*), ② 자신의 전생에 대한 지식(*pubbenivāsânussatiñāṇa*), ③ 누漏, 즉 번뇌의 기질의 생멸에 대한 지식(*āsavakkhayañāṇa*)이다. 아라한도 이 모든 지식을 획득했다. 그러나 제자들이 스승에 대해 가졌던 존경과 숭배는 붓다의 관념에 발전을 가져왔고 전지에 대한 교의는 마침내 용인되었다.

3장에서는 연기법의 무예외성(*dhammatā*)이 붓다가 깨달음에서 얻은 주요한 발견이라는 것을 지적했다. 이 발견에 대해 붓다는

6 *D* 1. 69ff.; *TD* 1. 107ff.
7 *M* 1. 482.

다음과 같이 말했다고 전해진다.

> 여래가 이 세상에 태어나든 태어나지 않든, 이 [인과의] 사실 또는 요소, 이 인과의 상태, 이 인과의 질서, 이 관계성은 변하지 않는다. 여래는 자신이 이해하고 깨달은 것, 또 이해했고 깨달았던 것에 대해 선언하고 설법하고 알게 하고 수립하고 드러내고 분석하고 보여주면서 말한다. "보라."[8]

그렇다면 연기의 무예외성(*dhammatā*)은 세계의 본성에 관한 진리이다. 붓다는 이것을 이해해서 사람들에게 알려줌으로써 그들이 이 진리에 따라 살도록 하는 사람이다. 이것이 의미하는 것은 동일한 진리를 발견한 사람이 과거에도 있었을 수 있고 미래에도 있을 수 있다는 사실이다. 분명 이것은 미래의 붓다뿐만 아니라 과거의 붓다도 인정할 수 있는 여지를 남긴다. 실제로 「대본경大本經 Mahāpadāna-suttanta[大傳記經]」에는 여섯 명의 과거의 붓다가 언급된다.[9]

번뇌의 기질을 제거하고(*āsavakkhaya*[漏盡]) 단념하면 통상의 연기 과정에서 자유로워지고 특수한 연기 과정이 작동하는 상태(7장 참조)에 도달하게 된다. 원래 이 길은 없었으나 붓다가 만들어냈다. 이 발견을 적절히 비유하자면 울창한 숲에 가려진 옛 왕국(*purāṇaṃ*

8 *S* 2. 25; *TD* 2. 48b.
9 *D* 2. 1ff.; *TD* 1. 16ff.

rājadhāniṃ)에 이르는 고대의 길(*purāṇam añjasaṃ*[古道])을 발견해낸 것과 마찬가지일 것이다. 붓다는 과거의 붓다들이 지나갔던(*pubbakehi sammāsambuddhehi anuyātaṃ*) 이 고대의 길을 발견했다.[10]

「대상적유경大象跡喩經Mahā-hatthipadopama-sutta」에서 붓다는 다음과 같이 선언했다. "연기(*paṭiccasamuppāda*)를 보는 사람은 담마를 보고 법을 보는 사람은 연기를 본다."[11] 『여시어경』에서는 붓다가 다음과 같이 말했다고 전해진다. "승려는 법을 본다. 그리고 법을 보는 자는 나[즉 붓다]를 본다."[12] 이 두 진술은 초기 설법에 나타난 자료들을 바탕으로 후기에 작성된 「불설대승도우경佛說大乘稻芋經Ārya-śālistamba-sūtra」[13]에서 결합되어 연기=담마=붓다라는 간단한 등식이 탄생한다. 초기 설법의 의도는 연기(*paṭiccasamuppāda*)가 법(가르침)의 핵심이기 때문에 연기를 꿰뚫어보면 법을 이해할 수 있다는 것이다. 연기법에 대한 이해가 없다면 통상적인 연기의 패턴을 끝낼 수 없고 따라서 존재의 굴레에서 해방될 수 없다. 따라서 붓다가 보여준 번뇌(*āsavā*)의 기질로부터의 해방의 본질은 법에 대한 지식이다. 그래서 붓다는 "법을 보는 자는 나를 본다"고 말했다. 사실상 연기는 우주의 원리를 상징한다. 그러나 앞서 인용한 붓다의 말을 근거로 하여 이 우주의 원리를 붓다나 불성과 동일시하는

10 *S* 2. 104ff.; *TD* 2. 80.

11 *M* 1. 191; *TD* 1. 467a.

12 *It* 91.

13 *Ārya-śālistamba-sūtra*, restored from quotations and Tibetan and Chinese translations[*인용문과 티베트어역, 한역 판본을 통해 복원됨] by L. de la Vallée Poussin, *Théorie des Douze Causes*, p. 70.

것은 부적절한 것 같다. 이것은 붓다 자신이 거부한 형이상학으로 이어지기 때문이다.

이러한 틀 안에서 고타마 싯다르타는 단지 수많은 붓다 가운데 하나로서 이른바 붓다라는 유형을 대표하는 존재일 뿐이다. 대승에서 발전된 수많은 교의는 이런 식으로 초기 설법의 진술에서 논리적으로 연역되었을 것이다. 그러나 그러한 사유를 진정으로 재촉한 것은 8장에서 논의했듯이 「대반열반경」에서 설명한 사건이었다.

신심이 깊은 신도들은 붓다가 사멸하지 않고 계속 남아 있기를 원했던 것이 분명하다. '신들의 신(*devâtideva*)'으로 추앙된 붓다와 같은 위대한 인물이 죽을 수 있다는 사실이 그들에게는 좀처럼 믿기지 않았을 것이다. 붓다의 육체가 죽은 다음에도 살아남지 못한다면, 그가 말한 불사(*amata*)는 그들에게 무의미했을 것이다. 그래서 산스크리트 불교 문헌에 제기된 이론은 붓다는 정말로 죽은 것이 아니라 세계에 순응하는 수많은 방식(*lokânuvartana*[內藏百品(寶)]) 중 그의 반열반은 특히 세상일들이란 무상하다는 진리를 심어주기 위한 하나에 방편에 불과한 것이라고 설명한다.

붓다에 대한 초월적 관념은 과거의 붓다들에 대한 관념과 고타마 싯다르타는 불성의 상징에 불과하다는 후속적 믿음이 발전하면서 강력하게 등장한 것 같다. 우리는 심지어 『니카야』, 『아함경』에 포함된 일부 설법에서도 붓다에게 부여된 초월성을 보게 된다. 이 초월성은 그가 깨달은 이후뿐만 아니라 그가 깨달음을 열망하던(*bodhisatta*) 때와 진리를 추구하던(*kiṃkusalagavesi*) 때, 아니 심지어 탄생 이전에도 갖고 있었다고 간주된다. 따라서 보디삿타bodhisatta[보살]*가 "분명한 의도를 가지고" 도솔천Tusita에서 내려왔고, 어머니의 자궁 속에 있을 때에는 마치 보석을 꿴 실이 보이듯이 투명하게 비쳐졌고, 태어날 때에는 신들이 영접했다는 관념이 등장했다.[14] 심지어 그의 수태까지도 보통 사람과는 달랐다. 어머니 마하마야Mahāmāyā는 고등 계율 가운데 하나인 금욕 수행을 지키고 있을 때 싯다르타를 가졌는데, 이는 『성경』에 나오는 그리스도의 탄생처럼 일종의 처녀 수태를 암시한다.

『보요경』에 나오는 전설은 한술 더 떠서 이러한 사건을 묘사한다. 이 경전에서 설명하는 대승의 교의는 『묘법연화경』과 같은 기타 문헌에서 설명하는 것처럼 명확하지는 않다. 원래 설일체유부에 속했으나 이후에 대승에서 수용한 『묘법연화경』은 새로운 자료를 동원하고 무수한 진기함을 결부시켜 붓다의 삶의 기적적 측면을 강조한다. 그러나 이것이 오히려 신빙성을 훼손할까봐 믿음(*śraddhā*[信心])의 공덕을 찬양하는 내용을 섞음으로써 이야기가 중간중간 중단된다.

이러한 대승 발전의 초기 단계에 두 가지 교의가 전개되고 있었다. 첫째는 붓다의 복수성에 관한 교의인데, 이것이 발전해 후대 대승불교 경전에서 진여眞如tathatā와 법신 같은 용어가 상징하는 초

* 보디삿타에서 '중생, 유정'을 의미하는 삿타satta는 '결심을 굳힌, 의도가 분명한'을 의미하는 사크타sakta의 철자가 변형되어 만들어진 역성어逆成語다. 지은이는 bodhisatta를 bodhisakta의 의미로 사용한다.

14 *M* 3. 118ff.; *TD* 1. 469ff.

월적 일원론이 등장했다. 둘째는 초기 관념에 기초하여 발전한 '깨달음을 갈망하는 존재(*bodhisattva*)'*에 대한 교의이다. 설법(*sutta*)의 최초의 절에서 보디삿타라는 용어는 원래 태어나서 깨달음에 이르기까지의 고타마 싯다르타의 생애를 가리키는 것으로 쓰였다. 그러나 이 의미가 확장되어 그가 어머니의 자궁에 들어가기 전 도솔천에 머물러 있을 때를 가리키게 되었다. 업과 윤회에 대한 교의를 주입하기 위해 이것은 다시 의미가 확장되었고, 전생 전체부터 그가 완전히 깨달은 존재(*sammāsambuddha*[正遍知/正等覺者])가 되려고 결심하기까지 아주 오랜 기간을 의미하게 되었다. 이러한 교의는 여러 부파불교의 문헌, 즉 상좌부의 『불종성경』, 『본생인연담』, 설출세부說出世部Lokuttaravāda**의 『대사大事』, 원래는 설일체유부의 것인 『보요경』 등에서 발견된다. 이러한 관념들의 토대 위에서 성숙하여 구체화된 것이 대승의 『반야경』과 『묘법연화경』이다.

확대된 보살bodhisattva 개념과 붓다의 초월론적 개념은 상좌부, 설일체유부, 설출세부(대중부)에서 발전했지만 '참된 교의라는 연꽃에 대한 설법', 즉 『묘법연화경』에 가서야 초기 아라한 이상理想의 위상을 의도적으로 폄하하거나 경멸하려는 시도가 나타난다. 상좌부는 붓다를 철저히 초월적으로 파악할 경우 역사적 인격을 무시하는 위험성이 있음을 깨닫고 아소카왕 시대에 표현된 이 주

* 앞서 설명한 용어 bodhisatta의 모호한 의미에 불만을 느끼고 산스크리트어로 재번역하는 과정에서 다시 satta를 존재/본질sattva로 잘못 번역하여 '깨달은 자, 깨달음을 본질로 하는 자'를 의미하는 bodhisattva가 되었다.

** 대중부의 한 분파.

제에 대한 일부 관념을 거부했다. 이것은 '논쟁의 요점', 즉 『논사論事Kathāvatthu』에 잘 나타나 있다.[15] 붓다의 초월성이라는 이상을 대중화하려던 사람들은 상좌부가 이것을 거부한 것을 못마땅하게 생각했다. 이 사실에 대한 증거는 아라한 이상理想을 비판하는 『묘법연화경』의 논조에서 충분히 발견할 수 있다.

대승 학파에 속하는 이 경전의 서두에서 존자는 사리풋타에게 오직 여래(즉 붓다)만이 사물을 설명할 수 있다고 말한다. 그는 여래의 지식이 모든 다른 존재의 그것을 뛰어넘기 때문에 자신의 설법 대상이 모든 제자 및 독각불獨覺佛pratyeka-buddhas, 즉 열반에 들어 삶과 죽음의 연결 고리에서 벗어난 모든 이라고 선언한다. 토머스E. J. Thomas*가 지적했듯이 "이것은 전통의 가르침에 대한 공개적 도전이다."[16] 참석한 일부 승려는 어리둥절했을 뿐만 아니라 일어나 집회를 박차고 나갔다.[17] 이 사건은 『묘법연화경』 자체에서도 대단히 강조된 붓다의 '방편方便(*upāyakauśalya*)'**이라는 대승의 관념에 어긋나는 것이다. 토머스에 따르면 이 사건은 일부 설일체유부 학자들이 참석한 대승 집회에서 충분히 일어났을 법한 일이었다.[18] 집회는 쓰레기들을 치워버렸고, 오만한 자들(아라한)이 사라져서 다행이라는 붓다의 진술은 이른바 대승과 소승이라는 두

15 *Kathāvatthu*, ed. A. C. Taylor(London: PTS, 1894), pp. 221ff.
* 인도의 저명한 상좌부 불교 전문가.
16 E. J. Thomas, *History of Buddhist Thought*, p. 181.
17 *Sdmp*, p. 36.
** 방법의 기술.
18 Ibid.

파벌 사이의 적대감을 분명히 반영한다. 붓다가 이 세상에 출현한 목적은 여래의 지식을 드러내기 위해서이다. 그래서 붓다는 대승불교도에게 있어 가장 중요한 선언 하나를 공표한다. "나는 중생들에게 단 한 번의 생애 동안만 교의, 즉 붓다의 생애를 가르친다. 둘째나 셋째 생애는 없다."[19] 붓다가 붓다의 생애를 셋으로 설명한 것은 그의 방편(*upāyakauśalya*) 때문이었다. 하나의 장 전체에 걸쳐 방편에 대한 이러한 이론이 개진되는데 대승불교도에게 방편의 이론이 중요했던 것은 초기 설법의 가르침을 수용할 뿐 완전히 새로운 교의를 소개한 것은 아닌 것으로 보이고 싶었기 때문이다.

『묘법연화경』 4장에는 대승 교의의 배후에 있는 심리를 아주 생생하게 보여주는 붓다에 대한 전혀 새로운 관념이 나타난다. 일찍이 사리풋타는 붓다가 아라한 이상에 대해 거의 비난에 가까운 말을 하는 것을 듣고 놀라서 마라Māra, 즉 악마의 말이 아닌가 의심했다. 그러나 그(사리풋타)가 붓다가 될 것이라는 붓다의 말을 그 역시도 들었다. 붓다는 과거에 사리풋타가 완전히 깨달은 존재(*sammāsambuddha*)가 되겠다는 보살 서원을 했고, 또 서원의 성취를 약속했다는 사실을 일깨워주었다. 이 사건은 『묘법연화경』 4장에 등장하는 토론의 주제가 된다. 거기서 수부티Subhūti[須菩提], 마하 카티야야나Mahā-kātyāyana[迦旃延], 마하 카쉬야파Mahā-kāśyapa[摩訶迦葉], 마하 마우드갈리야야나Mahā-maudgalyāyana[目犍連] 같이 열반에 도달한 초기 제자들은 이미 열반에 도달한 사리풋타가 미래에 완

19 *Sdmp*, p. 37.

전히 깨달은 존재가 된다는 붓다의 예언에 경악하며 의아해했다. 제자들은 다음과 같이 말한다.

> 존자여, 우리는 늙고 연로하고 고령의 나이로, 승려 집단에서 어른으로 존경받고 있습니다. 노령으로 인해 지친 우리는 이미 열반에 도달했다는 공상에 빠져서 아무런 노력도 하지 않습니다. 오, 존자여, 최고의 완전한 깨달음을 이루기에는 우리의 힘과 노력이 충분하지 않습니다. … 오, 존자여, 따라서 당신의 가르침에도 불구하고 우리는 모든 것이 공空(*śūnya*)이며, 일정한 형상을 갖지 않으며(*animitta*[無相]), 바라는 것도 목표하는 것도 없다(*apraṇihita*[無願])는 사실을 깨닫지 못합니다. 우리는 붓다의 가르침, 불국토佛國土, 보살이나 여래의 활동을 갈망하지 않습니다. 오, 존자여, 우리는 삼계三界로부터 도피한 뒤 열반에 도달한 것으로 상상했고, 그리고 노령으로 인해 노쇠했기 때문입니다. 오, 존자여, 우리가 다른 보살에게 권고하여 최고의 완전한 깨달음을 가르쳤지만 우리는 그렇게 하면서 조금의 갈망도 갖지 않았습니다.[20]

이는 분명히 아라한과 붓다 그리고 열반과 최고의 완전한 깨달음(*samyaksambodhi*[正等覺])을 구분하려는 시도이다. 처음에는 [열반에] 이름에 관한 한 붓다와 다름없다고 인정받았던 아라한은 스스

20 Ibid., pp. 95f.

로가 열정도 부족하고, 어떤 의미에서 열반에 이르지도, 최고의 완전한 깨달음도 얻지 못했지만 최고의 완전한 깨달음을 얻겠다는 열정만큼은 남다른 보살보다 열등하다고 고백한다. 따라서 아라한과 붓다 사이의 이러한 구별은 이 장의 서두에서 언급한 학생과 스승(*satthā*)의 차이가 더욱 확장된 것이라는 점을 알 수 있다.

그러나 일단 붓다의 위상이 높아지자, 그 위상을 보존하고 확장하는 길은『묘법연화경』4장의 나머지 부분에서처럼 아라한 이상을 평가절하하는 것 외에는 없었다. 붓다와 아라한 사이의 구별은 부자富者의 아들 이야기를 통해 더욱 구체적으로 설명된다. 아들은 한동안 실종된 까닭에 자신의 아버지도 알아보지 못했고, 오랫동안 가난하게 살아오면서 얻은 저급한 경향성으로 인해 정작 초대를 받고도 부를 향유하지 못했다. 이와 마찬가지로 불성의 진정한 본성을 체득할 수 없었던 아라한들은 아비달마에서 인정한 범주인 '온(*skandha*)', '처(*āyatana*)', '계(*dhātu*)'에 관한 가르침에 계속 만족하기 때문에 공(*śūnyatā*)에 대한 가르침 같은 것은 이해하지 못한다. 이것은 마치 자신의 아버지를 알아보지 못하고 보석과 금 등으로 이루어진 부를 즐기지 못한 채, 아버지의 정원에서 쓰레기 더미를 치우는 아들과 같다. 부자의 아들과 마찬가지로 아라한들은 저급한 경향성이나 경향(*hīnâdhimukti*[下劣意解])을 갖고 있고, 부자와 마찬가지로 붓다는 자신의 고귀한 능력(*udāra-sthāmatā*[勝奧威德])을 알고 있다. 우리는 이 비유에서 후대 대승의 교의에서 발전된 붓다의 또 다른 특성을 볼 수 있다. 그는 스승(*satthā*, Sk. *śāstṛ*)의 지위에서 아버지(*pitṛ*)의 지위로 상승했다. 아버지라는 존재는 열등한 경향성으로 인해 이 세상에 내재하는 괴로움으로 고통 받는 모든 존재의 보호자이다. 실제로 승려들은 자신들이 보살처럼 붓다의 진짜 아들이 아니라 가짜 아들(*putra-pratirūpakā*[與兒子相似])이라고 주장한 것으로 나타난다. 대승의 붓다 관념은 이런 식으로 존재의 우연성에 직면한 평범한 사람들의 심리적인 욕구에 영합하고 있다. 어떤 의미에서 이것은 아버지의 표상을 강조하는 여러 유신론 종교의 신에 대한 관념과 비슷하다.[21] 따라서 이것은 평범한 사람들의 관심과 종교적 열정을 받아들였던 대중부에서 시작한 종교적 경향이 정점에 도달한 것이라고 간주할 수 있다.

제한된 지면으로 인해 여기서 붓다 관념의 발달을 자세히 살펴볼 수는 없다. 『극락장엄경極樂莊嚴經Sukhāvatīvyūha-sūtra』, 『관무량수경觀無量壽經Amitāyurdhyāna-sūtra』 같은 후기 대승 경전은 붓다의 관념을 이러한 선상에서 계속 발전시켜나갔다. 예를 들면 초기 불교에 나타나는 신들과 천상(*sagga*, Sk. *svarga*)의 관념을 붓다의 관념과 결합하여 기독교와 유사한 신과 천당의 관념을 만들어냈으나, 붓다에게 천지창조와 같은 능력을 부여해 창조론을 만들어내지는 않았다. 불교가 번성한 극동 지역에서 많은 사람의 종교 생활을 지배한 것은 '정토淨土'의 관념이었다.

붓다 관념과 보살 관념의 발전은 『반야경』 문헌에서 막다른 골목에 이른 것 같다. 이 점은 (서구에서는 "Diamond Sutra" 혹은 "Diamond

21 J. O. Wisdom, "Gods", in *Logic and Language*, ed. Antony Flew(New York: Doubleday, 1965), pp. 195f. 참조.

Cutter"로 널리 알려진) 『금강반야바라밀경金剛般若波羅蜜經Vajracchedikā Prajñāpāramitā』 같은 경전의 편찬자들이 직면했던 문제의 본성을 이해하면 분명히 알 수 있다. 프라갸파라미타라는 용어는 '지혜의 완성'을 의미하는데, 그 문헌의 목적은 최고의 지식 또는 최고의 완전한 깨달음(*samyaksambodhi*)의 본성을 밝히는 것이다.

앞서 지적한 것처럼 『묘법연화경』에 따르면 붓다는 깨달음의 지식을 보여주기 위해 이 세상에 출현했다. 이 지식은 다음과 같다.

> 그것은 설명이 불가능하다. 그것은 말로 할 수 없다. 굳은 결의를 가진 보살들 외에 이 세상에는 이 교의를 설명할 수 있거나 설명했을 때 이해할 수 있는 존재가 없다. 자신들의 의무를 다하여 수가타Sugata[즉 붓다]로부터 칭송을 듣고, 번뇌를 모두 없애고 육체를 가진 존재로서 최후의 단계에 도달한 '세상을 아는 사람[즉 아라한]'이라는 제자들이 있지만 깨달음의 지식은 그들의 영역을 초월한다.[22]

이것은 분별에서 해방된(*nirvikalpa*[無分別]) 비이분법(*advaya*)의 지식이다. 이것을 깨달은 사람은 깨달음과 하나가 된다. 붓다는 이 지식을 구현한 사람이다. 이것은 붓다의 법신(*dharma-kāya*)으로서 붓다의 환영이나 마음이 만들어낸 몸인 화신化身nirmāṇa-kāya과는 전혀 다른 진정한 몸이다. ('삼신三身', 즉 트리카야trikāya의 교의에 관한 논

22 *Sdmp*, pp. 29f.

의는 12장 참조.) 법신은 궁극적 실재(*paramârtha-satya*[勝義諦/第一義諦]), '진여suchness(*tathatā*)'와 동일하다. 그것은 말로 표현할 수 없고(*anirvacanīya*[不可說]) 논리적인 분석을 초월한다(*atarkâvacara*[未能可慮]). 따라서 『금강경』에는 다음과 같은 유명한 사행시가 있다.

> 내 형태(*rūpa*) 통해 나를 보는 사람들,
> 내 목소리를 듣고 나를 따르는 사람들
> 그들의 노력은 잘못된 것이고
> 그런 사람들은 나를 보지 못할 것이다.
>
> 다르마를 통해 붓다를 보아야 한다.
> 왜냐하면 법신이 안내자[즉 붓다]이기 때문이다.
> 그러나 다르마의 참된 본성은 분별해서도 안 되고
> 또한 분별할 수도 없다.[23]

절대론으로의 발전은 붓다의 사망 직후에 시작되어 이 법신의 교의에서 정점에 도달한다. 『금강경』 전체를 통해 현상계는 이 본체적 실재의 견지에서 분석된다. 배우는 단계의 사람들에게는 이 경전의 진술들이 처음에는 이해하기 어려울 수도 있다.

> 수부티야, 너의 생각은 어떠냐? 만일 좋은 가문의 아들이나

23 *Vajra*, p. 56; translated by Conze, p. 89.

딸이 수십억의 세계로 이루어진 이 세계를 모두 일곱 가지 보물로 채워서 그것을 여래, 아라한, 완전히 깨달은 존재에게 바친다면, 좋은 가문의 아들이나 딸은 그 덕분에 커다란 공덕을 쌓겠느냐?

위대한 존자여, 위대한 선서善逝여, 좋은 가문의 아들이나 딸은 그 덕분에 공덕을 쌓을 것입니다. 왜 그럴까요? 여래가 가르친 '공덕 쌓기'는 여래가 가르친 쌓이는 것이 없다는 것입니다. 따라서 여래는 '공덕 쌓기, 공덕 쌓기'라고 가르칩니다.[24]

이 문단의 함의는 다음과 같다. 인간은 자선 행위를 통한 '공덕 쌓기'에 대해 말할 수 있다는 것이다. 그러나 실제로 '공덕 쌓기'로 파악되는 것은 아무것도 없다. 이른바 '공덕 쌓기'는 비실체적이고 비어 있다(*śūnya*). 그래서 인용문에서 쌓이는 것이 없다(*a-skandha*[非蘊])고 말하는 것이다. 그러나 붓다가 '공덕 쌓기'에 대해 말하는 것은 단지 가르치기 위한 목적이다. '공덕 쌓기, 공덕 쌓기'처럼 반복해서 되풀이하는 이유는 이것이 궁극적 실재가 없는 단지 관습(*vyavahāra*[世俗言]), 즉 서술의 용어나 양식임을 보여주기 위함인 것 같다.

그러나 궁극적 실재는 도대체 무엇인가? 그것은 정말로 서술할 수 없다.

24 Ibid., p. 33; tr., p. 70.

수부티야, 너의 생각은 어떠냐? 여래가 '최고의 올바르고 완전한 깨달음'이라고 철두철미하게 이해한 다르마가 있느냐? 또는 여래가 보여준 다르마가 있느냐?

아닙니다. 제가 이해한 존자의 가르침에 따르면 여래가 '최고의 올바르고 완전한 깨달음'이라고 철두철미하게 이해한 다르마는 없습니다. 또 여래가 완전히 이해하거나 보여준 다르마도 없습니다. 이것은 파악할 수도 이야기할 수도 없습니다. 이것은 다르마도 아니고 다르마가 아님[非法]도 아닙니다.[25]

여기서 우리는 『반야경』 문헌의 기본 주제를 발견할 수 있다. 한편으로는 서술 불가능한 궁극적 실재가 있고, 다른 한편으로는 빈 현상성이 있다. 『반야경』 문헌의 편찬자들이 직면한 가장 어려운 문제 가운데 하나가 이 둘, 즉 궁극적 실재인 파라마르타 paramârtha[眞諦]와 현상성인 상으리티saṃvṛti[俗諦]를 화해시키는 것이었다. 이것은 사실상 절대에 관한 사유에 있어 막다른 골목이었다. 나가르주나가 『중론中論Mūla-madhyamaka-kārikā』에서 시도한 것은 『반야경』의 교의에 철학의 기초를 제공하는 것이었다. 『반야경』에서는 본체의 관점에서 현상계의 비실재성을 논증하려고 시도하는 반면, 『중론』에서는 본체에 대한 언급 없이 현상계의 비실재성을 증명하기 위해 변증법을 사용한다. 본체에 대한 논의는

25 Ibid., p. 32; tr., pp. 69f.

『중론』에서 단 한 번 이루어진다. 그것은 나가르주나가 공(*śūnyatā*) 이론을 반대하는 사람의 의견으로부터 자신을 옹호하기 위해 어쩔 수 없이 본체를 언급한 경우였다.[26] 나가르주나는 『대지도론大智度論Mahā-prajñāpāramitā-śāstra』에서만 법신의 관념을 논의한다.

보살은 『금강경』에서 막다른 골목에 도달한 것처럼 보이는 또 다른 개념이다. 초기 불교 및 후기 대승의 사상에 따르면 집착(*upādāna*)으로 이어지는 무명(*avijjā*)과 탐욕(*taṇhā*) 때문에 존재는 이 세상에서 고통 받는다. 무명을 제거함으로써 그리고 사물의 본성에 대한 지혜를 계발함으로써 사람은 탐욕을 제거할 수 있고 이를 통해 집착도 제거할 수 있다. 집착을 갖지 않는 사람은 이 세상의 고통 및 이어지는 재생(*punabbhava*)의 고통에서 자유로울 것이다. 이러한 사람을 가리켜 열반을 획득한 사람이라 한다. 그러나 대승의 정의에 따르면 보살은 모든 존재가 존재의 홍수를 건너가도록 도와주고 싶은 마음에서 상사라[윤회]를 계속하기 위해 열반의 획득을 연기한 사람이다. 그는 최고의 완전한 깨달음을 획득하려는 열정으로 무수한 세월 동안 상사라의 세계에 계속 남아 있다. 『묘법연화경』에 따르면 최고의 완전한 깨달음을 획득한 존재만이 남을 도울 수 있기 때문이다. 『금강경』의 진술을 들어보자.

> 수부티야, 보살이라는 탈 것에 의해 길을 떠난 사람은 이렇게 생각해야 한다. "존재의 세계에서 상상할 수 있는 수많은 존

26 *MK* 24. 8 참조.

재 — 알에서 나온 존재, 자궁에서 태어나는 존재, 습기에서 생기는 존재, 기적으로 생기는 존재, 형태가 있는 존재, 형태가 없는 존재, 지각이 있는 존재, 지각이 없는 존재, 지각도 없고 비지각도 없는 존재 — 는 존재라는 말에 포함된다. 나는 이 모든 것을 열반으로, 즉 아무것도 남기지 않는 열반의 세계[無餘涅槃]로 인도할 것이다."[27]

이것이 보살의 삶이 갖는 열정이고 목적이다. 그러나 『금강경』은 다음과 같이 이어진다.

> 만일 보살에게 '존재'라는 지각이 발생한다면, 그를 '깨달은 존재[覺者]'라고 부를 수 없을 것이다. 왜 그럴까? 자아나 존재라는 지각 또는 살아 있는 영혼이나 인격이라는 지각이 발생하는 사람을 '깨달은 존재'라 부를 수 없기 때문이다.[28]

또한 이렇게도 말한다.

> 보살은 무엇인가에 자리 잡은 채 보시布施를 하면 안 되고, 어딘가에 자리 잡은 채 보시를 해도 안 된다. 형태(*rūpa*)에 자리 잡은 채 보시를 해도 안 되고, 소리, 냄새, 맛, 구체적 대상, 정

27 *Vajra* pp. 28f.; tr., p. 66.
28 Ibid., p. 29.

신적 대상에 자리 잡은 채 보시를 해도 안 된다. … 아무것에도 자리 잡지 않고 보시를 하는 사람이 쌓은 공덕은 쉽게 헤아릴 수 없기 때문이다.[29]

보살이라는 존재는 한편으로 이해나 지혜를 소유하기 때문에 영혼이나 인간이 실재한다는 믿음에 유혹되어서는 안 되고, 다른 한편으로 관용과 같은 덕행을 실천하면서 좋든 나쁘든 어떤 종류의 관심이나 동기를 가져서도 안 된다. 다시 말해 그는 무명(*avidyā*)과 집착(*upādāna*)을 완전히 없앤 존재가 되어야만 한다. 그런 뒤에야 비로소 사심 없는 진정한 봉사의 삶을 영위할 수 있다. 그런 뒤에야 비로소 진정한 의미의 의무를 수행할 수 있다. 이것은 아라한이 성취한 것과 동일한 상태이다(6장 참조). 물론 이것은 인간이 열망할 수 있는 가장 고귀한 이상이다. 그러나 무명과 탐욕을 제거한 사람에게는 더 이상 재생도 없다는 사실을 잊어서는 안 된다. 그는 죽은 뒤에 남들을 돕기 위해 이 상사라에, 즉 존재의 순환 주기에 계속 머물 수 없다. 그는 열반에 도달한다. 따라서 수많은 생애 동안 남들을 돕는다는 보살 이상*bodhisattva*-ideal을 따르려는 목적은 완전히 실패한 것 같다.

후기 불교에서 보살 이상이 발전하고 유행하게 된 데는 여러 가지 이유가 있다. 이 이상은 비구와 비구니 및 재가 신도 모두에게 주어진 이상이었다. 붓다의 죽음에 따른 발전은 앞서 언급했다. 하

29 Ibid.

나는 부파불교의 학문적 경향이었고, 다른 하나는 이 학문적 경향에 대한 반동이었다. 이 반동을 촉진한 것은 평범한 남녀의 종교적 열정에 부응하려는 시도였다. 부파불교가 발전하면서 승려들에게 원래 강렬했던 영적靈的 향상에 대한 열망은 점차 약해졌다. 그들은 담마(*pariyatti*[敎法])의 실천보다는 연구에 몰두하며 은둔자의 삶을 살았다. 더구나 불교는 힌두교와 같은 더욱 체계화된 종교와 비교할 때, 재가 신도의 삶과 관련된 의식儀式을 거의 만들지 않았다. 이 사실과 승려들의 은둔의 삶이 평신도의 종교 생활에 진공 상태를 조성했다. 이러한 결과 아라한 이상의 평가절하에 따른 보살 이상이 등장했다.

이타주의, 즉 사심 없는 봉사는 매력적인 이상이다. 남들의 복리를 위해 자신의 행복을 희생하는 것은 어느 사회든 고귀한 이상으로 인정한다. 공리주의의 윤리 원칙은 때때로 쾌락주의라고 비판받았다. 보살 이상의 기초에는 분명히 이타주의가 있다. 이 때문에 보살은 굶주린 어미 범이 제 새끼를 잡아먹는 것을 막기 위해 자기 자신을 먹이로 제공한다. 『바가바드기타Bhagavadgīta』에도 비슷한 이타적 이상이 제시된다. 그러나 앞서 지적한 대로 그러한 이상을 실현하기 위해서는 개인이 탐욕을 근절해야만 한다. 이기심은 사심 없음으로 대체되어야만 한다. 사실 이것은 초기 불교에 나타난 아라한 이상이었다. 재가 신도로 시작한 보살은 결국에는 아라한으로 끝난다. 이것을 보면 대승불교도가 아라한 이상을 낮고 열등하다며 거부하고 좀 더 고양된 사심 없는 봉사의 이상을 제시하면서 결국에는 완전히 한 바퀴 돌아 초기 불교가 설명한 이상을 다시 수용하게 되었다는 것을 알 수 있다. 육조六祖 혜능慧能은 "만일 무지한 사람을 개심시키고 싶다면, 반드시 방편이 있어야만 한다"[30]고 말한다. 이는 남들을 자유롭게 하려면 마땅히 자신이 먼저 자유로워야 한다는 것이다.

참고 문헌

1차 문헌

Buddhavaṃsa, ed. R. Morris, London: PTS, 1882.

Jātaka-nidāna-kathā, ed. V. Fausboll, London: PTS, 1877; tr. T. W. Rhys Davids, *Buddhist Birth Stories*, London: PTS, 1880.

Lalitavistara, ed. S. Lefmann, 2 vols., Halle: Buddhandlung des Waisenhouses, 1902-1908; tr. P. Foucaux, *Annales du Musée Guimet*, vol. 6, Paris: Musée Guimet, 1884.

Mahāvastu, ed. É Senart, 3 vols., Paris, 1882-1897; tr. J. J. Jones, *The Mahāvastu*, 3 vols., *SBB*, xvi, xviii, xix, London: PTS, 1949, 1952, 1956.

Saddharmapuṇḍarīka-sūtra, ed. U. Wogihara and C. Tsuchida, Tokyo: The Seigo Kenkyu-kai, 1958; tr. H. Kern, *The Saddharmapuṇḍarīka or the Lotus of the True Law*, *SBB*, xxi, Oxford: The Clarendon Press, 1884.

Vajracchedikā-prajñāpāramitā, ed. and tr. Edwards Conze, *Serie Orientale Roma* 13, Rome: Istituto italiano per il Medio ed Estremo Oriente, 1957.

30 *The Platform Sutra of the Sixth Patriarch*, tr. Philip B. Yampolski(New York and London: Columbia University Press, 1967), p. 161.

2차 문헌

Conze, Edwards, *Buddhist Thought in India*, pp. 195-237.

Dayal, Har, *The Bodhisattva Doctrine in Buddhist Sanskrit Literature*, London: Kegan Paul, Trench & Trübner, 1932.

Dutt, Nalinaksa, *Aspects of Mahāyāna Buddhism and Its Relation to Hīnayāna*, London: Luzac, 1930.

Eliot, Charles, *Hinduism and Buddhism*, Vol. 2, London: George Allen & Unwin, 1930.

McGovern, W. M., *Introduction to Mahāyāna Buddhism*, London: Kegan Paul, Trench & Trübner, 1922.

Suzuki, D. T., *Outlines of Mahāyāna Buddhism*, London: Luzac, 1907.

Thomas, E. J., *History of Buddhist Thought*, pp. 166-211.

11장
중관파의 초월론

중관파는 불교 학파 가운데 가장 널리 연구된 학파이다. 이에 대한 서구·인도·극동 학자들의 연구는 이루 다 말할 수 없을 정도이다. 가장 권위 있고 널리 환영받는 중관 사상에 대한 분석 가운데 하나는 T. R. V. 무르티T. R. V. Murti의 『불교의 중심 철학』이다.[1] 이 책에서 지은이는 중관 사상을 서양철학에서 임마누엘 칸트Immanuel Kant 사상과 비교한다. 이 연구는 주로 나가르주나의 『중론』과 이에 대한 찬드라키르티Candrakīrti[月稱]의 [주석서] 『정명구론淨明句論Prasannapadā (*Mādhyamikavṛtti*)』에 기초하고 있다.

초기 불교와 불교 사상의 발전을 분석해보면 절대론은 붓다의 사후에야 비로소 등장했고 『반야경』 문헌에서 정점에 이르렀다. 10장에서 지적한 것처럼 중관의 변증법이 본궤도에 올라선 뒤 마

1 Murti, *The Central Philosophy of Buddhism*.

침내 절정에 도달한 변증법 의식은 『반야경』에 생생히 묘사된 본체적 실재와 현상성 사이의 갈등에 뿌리가 있다. 한편 불교 학파인 설일체유부와 경량부는 다른 무엇보다도 현상계를 설명하기 위해 형이상학 이론을 제시하여 중관파의 등장에 공헌했다. 나가르주나의 『중론』은 대부분 이 두 학파의 형이상학 이론을 논파하는 데 관심이 있다. 이미 앞서 본 것처럼 실론의 상좌부는 인도에서 불교 학파가 발전하는 데 직접적인 영향을 거의 또는 전혀 끼치지 못했다.[2]

『중론』은 나가르주나의 시대에 유행한 불교 학파 및 비불교 학파가 제시한 인과율[연기]에 관한 네 가지 형이상학 이론을 하나하나 설명하고 논박하며 시작한다. 네 가지 이론은 ① 자기원인설, 즉 자생自生(*svata utpatti*), ② 외부원인설, 즉 타생他生(*parata utpatti*), ③ 자기원인 및 외부원인 모두(*dvābhyām utpatti*), ④ 무원인(*ahetuta utpatti*)이다.[3]

9장에서 인중유과론(*satkāryavāda*)을 제시한 것이 불교 학파 설일체유부와 비불교 학파 상키야라는 점을 지적했다. 나가르주나는 네 가지 이론 중에서 이러한 동일론을 제일 먼저 언급한다. 이 이론은 아트마ātma 전통에서 발견된다. 설일체유부 학자들은 자신들이 아나트마anātma 전통에 속한다고 주장하지만, '실체(*svabhāva*)' 관념을 주장하기 때문에 실제로는 아트마의 범주에 속한다. 이 점은

2 Ibid., p. 69.
3 *MK* 1. 1.

나가르주나의 분석을 보면 분명하다. 나가르주나는 네 가지 인과론을 열거하고 나서 첫 번째 이론을 검토한다. 그는 아비달마 학파와 이후에 유가행파가 정식화한 인과 상관(*pratyaya*[依緣])론을 언급하고,[4] 이것이 네 가지 인과론의 첫 번째, 즉 자기원인설(*svata ut-patti*)이라는 것을 암시한다. 이 점은 "존재자(*bhāva*)의 자성(*svabhāva*)은 인과 요소나 상관관계(*pratyaya*)가 다를 경우 발견할 수 없다"고 지적하는 세 번째의 4행 게송偈頌에서 더욱 확실해진다.[5] 이것은 분명 설일체유부 학자들이 제시한 인중유과론(*satkāryavāda*)에 대한 비판이다. 왜냐하면 실체, 즉 '자성(*svabhāva*)'에 기초하여 원인과 결과의 동일성을 주장한 것이 이들이기 때문이다. 무르티는 나가르주나가 비판한 인중유과론(*satkāryavāda*)이 원래 상키야 학파의 이론이라고 주장한다. 무르티가 보기에 인중무과론(*asatkāryavāda*)을 주장한 것은 설일체유부의 바이바쉬카[비바사사毘婆沙師, 분설자分說者] 학파였다. 그러나 상키야 학파는 나가르주나가 비판한 것으로 보이는 인과 상관(*pratyaya*)론을 제시하지 않았다. 이러한 이유로 나가르주나가 제시하고 비판한 인중유과론은 다름 아닌 설일체유부의 인과론인 것이 분명하다.

나가르주나에게 '실체(*svabhāva*)'는 형이상학의 원리였다. 이것은 붓다에게 우파니샤드의 '자아'나 '영혼(*ātman*)'이 형이상학의 원리였던 것이나 마찬가지다. 찬드라키르티는 나가르주나의 비판을 자

4 Ibid., 1. 2.
5 Ibid., 1. 3.

세하게 설명하면서 만일 결과의 '실체'나 '자성'이 원인에서 발견된다면 생성은 무의미해질(*vaiyarthya*[空]) 것이라고 지적했다.[6] 그럴 경우 이미 존재하지 않는 더욱 현저한 요인은 나타나지 않고 단지 자기 복제만 있을 뿐이기 때문이다. 종자는 단지 또 다른 종자를 생산할 뿐, 본성이 다른 나무를 생산하지는 않을 것이다. 이 비판에 대해 종자에서 나무가 잠재태로 발견되고 이것이 나중에 현실화된다고, 다시 말해 상태는 다르지만 '실체'는 동일하다고 반박할 수 있다. 설일체유부의 네 스승이 표명한 견해(9장 참조)는 자기원인설에 내재한 문제에 대한 단지 그런 식의 해법을 겨냥하는 것 같다. 찬드라키르티에 의하면 이것은 자기모순이다. 한 실체가 일부에서는 현실적이고 일부에서는 잠재적일 수 없기 때문이다. 만일 그렇다면 이것은 하나가 아니라 대립하는 두 개의 본성을 포함할 것이다.

나가르주나는 인중유과론(*satkāryavāda*)의 기초인 '실체(*svabhāva*)' 이론을 비판하고 난 뒤에 이어서 인중무과론(*asatkāryavāda*)을 반박한다. 그는 '실체', 즉 '자성(*svabhāva*)'이 없으면 '다른 본성', 즉 '타자성(*parabhāva*)'도 있을 수 없다는 것을 지적한다.[7] 인중무과론은 '실체(*svabhāva*)' 이론을 수용하지 않는다면 무의미할 것이다. 다시 말해 우리는 오직 '자성'을 인정할 때에만 '다른 본성'에 대해 말할 수 있다는 것이다. 나가르주나에게 있어서 이것은 자기원인(*svata*

6 *MKV* p. 14.
7 *MK* 1. 3.

utpatti)의 거부가 곧바로 외부원인(*parata utpatti*)의 수용을 의미하는 것은 아니라는 점을 보여준다. 이와 마찬가지로 설일체유부의 (그리고 상키야 학파의) 동일론을 거부한다고 해서 경량부의 (또는 바이세시카학파의) 비동일론을 수용하게 되는 것은 아니다. 나가르주나가 보기에 양자는 모두 형이상학 이론(*dṛṣṭi*)이다. 따라서 그는 이러한 이론들을 논박하면서 변증법을 선택했다.

이것이 찬드라키르티가 열렬히 지지한 프라상기카prāsaṇgika, 즉 귀류논증파의 방법이다. 무르티가 지적했듯이 "프라상가Prasaṅga[*귀류논증법]를 반대 의견을 논박해서 자신의 주장을 에둘러 증명하는 아파고게apagoge[*간접 증명법] 증명이라고 생각해서는 안 된다. 프라상가는 어떤 명제를 증명하려는 최소한의 의도도 없는 단순한 반론일 뿐이다."[8] 이것은 현상성에 대한 나가르주나의 분석에 있어서는 맞는 말이다. 그러나 현상성과 관계하는 것을 모두 부정하면 초기 대승불교도들이 정의할 수 없는 것(*anirvacanīya*)으로 간주한 (10장 참조) 절대나 궁극적 실재(*paramârtha*)의 관념에 빠질 수밖에 없다.

무르티는 아파고게 증명의 예로 두 가지를 든다. 하나는 반대편인 비동일론(*asatkāryavāda*)을 반증하는 동일론(*satkāryavāda*)에 대한 상키야 학파의 증명이다. 다른 하나는 영원한 것을 반증하는 불교의 순간성(즉 유효한 것으로의 순간)에 대한 증명이다. 그는 다음과 같이 말한다.

8 Murti, *The Central Philosophy of Buddhism*, p. 131.

그러한 증명들은 제아무리 그럴듯해 보여도 확신을 주지 못한다. 상대편을 반증하는 것은 비록 설득력이 있다 해도 반드시 자신의 입장이 진리임을 의미하는 것이 아니기 때문이다. 양자가 모두 허위일 수 있기 때문이다. 아파고게 증명은 주제의 성격상 선택지가 둘로 좁혀져 하나를 부정하면 다른 하나를 간접적으로 증명하게 되어 우리가 그 영역을 구체적으로 장악하게 되는, 이를테면 수학과 같은 영역에서는 설득력과 강제력을 가질 수 있다. **이것은 경험적 사실들과 특히 초감각적 사실들에 있어서는 절대로 성립하지 않는다**[강조는 내가 한 것]. 왜냐하면 초감각의 것은 감각의 직관이 불가능할 뿐만 아니라 적절하게 표현할 수도 없기 때문이다. 아파고게 증명을 통해 바로 이러한 지식에 도달하는 것은 순환논증이 될 것이다. 아파고게 증명이 설득력을 가지려면 바로 이 직관을 전제해야 하기 때문이다. 중관파의 귀류논증법은 어떤 명제도 내세우지 않는다. 이것은 특정 명제를 가설로 수용하고 그 함의들을 이끌어내 상대편이 의식하지 못했던 내적 모순을 보여준다.[9]

이것이 중관파의 이른바 프라상기카 학파가 채택한 변증법의 방법이다. 이 학파를 지지한 사람으로는 아리야데바Āryadeva, 붓다팔리타Buddhapālita, 찬드라키르티, 샨티데바 같은 스승이 있다. 그러나 중요한 사실은 일부 중관파의 스승, 특히 바바비베카Bhāvaviveka

9 Ibid.

[淸辯]가 이러한 입장을 흔쾌히 수용하지 않았다는 점이다. 바바비베카는 이와 같은 입장에 깔린 난점을 깨닫고서 재반론再反論, 즉 자신의 논지(*svatantra*[自在])를 펼 필요성이 있다고 믿었다. 이렇게 나온 것이 중관파의 스와탄트리카Svātantrika 학파[自在論證派]이다. 불행하게도 이 학파는 두각을 나타내지 못했는데, 그 이유는 이 장의 마지막에 논의할 것이다.

중관파의 사상과 『반야경』의 가르침 사이에 밀접한 관련이 있다는 것은 부정할 수 없다. 무르티는 다음과 같이 말한다.

> 중관파의 체계는 『반야경』 문헌에 나오는 공śūnyatā 이론을 체계화한 것이다. 그것의 형이상학, 정신의 길(*ṣaṭpāramitānaya*[六度正法]), 종교의 이상이 비록 느슨하지만 풍부한 모습을 띤 채 중관파의 체계에 존재한다. 『반야경』과 함께 불교의 완전히 새로운 국면이 시작된다. 초기 불교의 다원론과 독단론을 대신해서 새로 자리를 잡은 것은 모든 경험의 관념과 사변의 이론을 부정하고(*śūnyatā*) 변증법을 통해 수립된 엄격한 형태의 절대론이다.[10]

여기서 분명히 알 수 있는 것은 절대론 형이상학의 발달과 함께 사변 형이상학뿐만 아니라 심지어 경험의 관념마저도 부정되었다는 사실이다. 따라서 어떤 의미에서 『반야경』의 절대론은 중관파

10 Murti, *The Central Philosophy of Buddhism*, p. 83.

의 명제가 되었다. 나가르주나의 공헌은 중관파의 탁월한 논서인 『중론』의 편찬에 앞서 『대지도론』을 저술한 것인데, 이 사실은 그가 『반야경』에서 표방하는 절대론의 영향을 받았음을 보여준다. 무르티는 『반야경』이 불교에 혁명을 일으켰다고 주장하면서도 계속해서 『반야경』이 혁신은 아니라는 것을 아울러 보여주려 한다. 그는 다음과 같이 말한다.

> 그들은 붓다의 깊고 심오한 가르침을 상세히 설명할 수 있으며 그리고 자신들의 설명할 권리를 확실히 주장한다. 붓다의 십사무기(설명할 수 없는 것)에 대한 의미심장한 해석을 여기에서 시도한다. 붓다에게서 암시된 변증법이 이제 제일의 주제가 된다.[11]

붓다와 나가르주나의 가르침에 대한 무르티의 견해는 다음과 같이 요약할 수 있을 것이다. 나가르주나뿐만 아니라 붓다도 개념으로 표현할 수 없는 초감각의 궁극적 실재, 즉 절대(*paramârtha*)를 받아들였다는 것이다. 자기원인설(*sayaṃ kataṃ=svata utpatti*)과 외부원인설(*paraṃ kataṃ=parata utpatti*) 같은 인과론은 경험적 사실들과 특히 초감각적 사실들에 대해서는 절대로 성립하지 않는다.

팔리 『니카야』와 한역 『아함경』에 구체화된 초기 불교의 분석에서 알 수 있는 사실은 붓다가 [말로] 표현할 수 없는 초감각이나

11 Ibid.

초경험의 실재를 받아들이지 않았다는 점이다. 자기원인설과 외부원인설 같은 불교 이전의 인과론을 거부한 이유는 그것이 초감각적인 것을 설명하지 못했기 때문이 아니라, 경험의 다른 측면은 무시하고 특정 측면만을 강조하는 어떤 형이상학의 가설에 기초했기 때문이다(부록 1 참조). 더구나 붓다를 귀류논증(*prasaṅga*)법의 창시자라고 말하는 것은 부당한 것 같다. 붓다는 궁극적 실재는 묘사할 수 없거나 표현할 수 없다면서 형이상학 이론을 거부한 다음에 침묵하지 않고 자신의 명제를 확실한 용어를 써서 제시했기 때문이다. 바로 이 명제가 단순히 인과율이라고도 하는 프라티티야사무트파다pratītyasamutpāda, 즉 '의존 발생'이다. 이것은 깨달은 존재뿐만 아니라 일반인도 포함하는 이 세계에 관한 경험의 이론이다.

더욱이 초기 불교에서는 불교 이전의 인과론이 나가르주나의 중관파 체계처럼 변증법을 통해 분석되지 않았다. 초기 불교에서는 경험에 기초하여 이러한 이론이 거부되었다(부록 1 참조).

마지막으로 초기 불교는 절대론 이론에 기여하지 않았다는 점을 지적했다. 다시 말해 초기 불교에서 초월적이고 초경험적이며 동시에 형언할 수 없는(*anirvacanīya*) 실재는 인정되지 않았다. 열반은 후대 불교에서 이해한 초월과 같은 의미의 초월적 실재가 아니다. 우리는 붓다의 사후에 불교 내부에서 점차 발전한 절대론의 경향을 설명하려고 노력했다. 만일 초기 교의에 대해 이 책에서 설명한 것이 옳다면, 『반야경』은 분명 불교의 '혁명(*viparyāsa*[顚倒])'을 상징한다. 이 혁명의 핵심은 초월론적 관점의 채택인데, 이 관점은 초기 불교가 채택한 경험적 접근과는 정반대이다.

강조점이 경험에서 초월로 옮겨가는 것은 초기 불교와 중관파라는 두 전통에서 '개념'과 '명제'를 평가하는 방식에서 분명하게 드러난다. 전자를 먼저 살펴보자.

삼무티sammuti는 최초의 경전에서 '개념'을 지칭하는 데 쓰인 용어였다. 이것은 '생각하다'인 므느√mn̥에서 파생된 것이고, ('함께'를 의미하는) 접두어 삼sam이 붙어서 '관습', '동의同意' 등을 의미한다. 무엇인가를 가리키거나 지칭하는 데 쓰이는 것은 관습이다. 그러므로 이것은 또한 '명칭(*paññatti*[개념], *vohāra*[명칭])'이라고도 불린다. 붓다가 설명한 관습의 한계를 넘는 실례에 대해서는 뒤에 언급할 것이다(부록 1 참조). 개념과 용어를 사용하면서 혼란이 발생하는 것은 종종 자신의 경향 때문인데, 이러한 혼란으로 인해 다수의 형이상학적 개념과 이론이 형성되었다. 붓다에 따르면 그러한 혼란을 피하고 또 개념의 사용을 방해하는 경향을 허용하지 않는다면, 진리를 이해하고 사물을 있는 그대로 보는 것(*yathābhūtaṃ*[如其本然])이 가능하다. 붓다가 보기에 실재에 대한 지각과 이해 및 묘사와 정의를 왜곡하는 것은 우리의 호오, 즉 편견이다. 개념이 지시하는 대상의 진정한 본성을 왜곡하거나 '은폐하는' 것은 개념(*sammuti*)이 아니라 경향에 의해 움직이는 개인이 개념을 통해 자신이 보거나 파악하고 싶은 것을 보거나 파악하려는 태도이다. 정신·신체 인격을 가리키기 위해 사용된 '자아(*ātman*)'라는 용어는 특히 재귀적으로 사용될 때 불멸하고, 영원하며, 때로는 초월적인 '자아'를 가리킨다. 우리는 의견이 일치할 수 없는 것에 대해 상이한 '관점(*dṛṣṭi*)'을 갖는다. 그러나 만일 집착과 선입관, 편견이나 경향 없이 개념을 사용할 수 있다면, 수많은 갈등을 피할 수 있을 것이다. 이것이 진실로 붓다가 해결하려 했던 '이성의 충돌'이었다. 이 점은 특히 『경집』의 설법에 분명히 나타나 있다.

나가르주나에게 '이성의 충돌'은 다른 종류의 것이었다. 모든 후대 불교 학파와 마찬가지로 그도 '개념'이 대상의 진정한 본성을 감추거나 은폐한다고 생각했다. 초기 용어 삼무티는 형이상학이 발전하면서 완전히 다른 함의를 갖게 된 상으리티로 나타났다. 새로운 용어는 삼sam과 '덮다', '방해하다'인 브리√vṛ에서 파생된 것이다. 따라서 상으리티라는 용어는 삼무티와 달리 '덮는 것'을 의미한다.[12] 이런 의미에서 볼 때 개념은 핵심, 즉 진정한 본성을 은폐하는 덮개와 같은 것이다. '개념(*saṃvṛti*)'은 이른바 궁극적 실재(*paramârtha*)를 은폐한다. 궁극적 실재는 오직 직관을 최고로 발전시킨 개인에게만 드러난다.[13] 그러므로 실재는 개념으로 분해될 수 없다. 그것은 표현하거나 정의할 수 없다(*anirvacanīya*, 후기 불교도에 의해 새로 고안된 용어). 본체, 즉 '물자체(*tattva*[眞如])'는 개념으로 파악할 수 없다. 그것은 개념적 설명을 초월한다(*nirvikalpa*). 그것은 초월적이며 스스로 존재한다(*apara-pratyaya*[非緣於他]).[14] 이것은 현상적인 것(*saṃsāra*)과 초월적인 것(*nirvāna*) 사이에 아무런 차이가 없다

12 *MKV*, pp. 492-493.

13 이것이 찬드라키르티가 *MKV* p. 350에서 암시하는 의미인 것 같다. 그 책에서 그는 "온·계·영역[등과 같은 개념]은 요긴이 공空을 지각할 때 획득되지 않는다"고 주장한다.

14 *MK* 17. 9.

는 나가르주나의 견해를 정당화하는 것이다.[15] 상사라의 실재, 즉 세계는 절대와 동일하기 때문이다.

개념이 실재의 본성을 드러낼 수 없다면 명제도 마찬가지이다. 명제는 궁극적 실재나 진리가 아니라 단지 상대적이고 관습적인 것에 대해 진술할 뿐이다. 실재의 차원과 관련하여 기억해야 할 것은 중관파는 단지 관습적인 것(*saṃvṛti*), 궁극적인 것(*paramârtha*)의 두 차원을 인정했지만, 유가행파는 개념적인 것(*parikalpita*[妄想/所分別]), 상대적인 것(*paratantra*[依他起]), 궁극적인 것(*pariniṣpanna*[圓成實/實有])의 세 차원을 인정했다는 점이다(12장 참조). 중관파 학자들에 따르면 실재는 정의할 수 없기 때문에 모든 명제는 경험적 사실들에 대해서는 성립하지 않는다. 그들은 비불교 이론뿐만 아니라 연기, 업 등 불교 이론도 거부했다. 이미 지적했듯이 붓다가 죽은 뒤 불교에서는 절대론 이론이 발전했을 뿐만 아니라 연기, 업 등을 설명하기 위해 형이상학 이론이 제시되었다. 중관파는 절대론 이론에도 공헌했지만, 대표적 업적은 철학의 영역에서 형이상학의 가설을 제거할 수 있었던 것이다.

초기 불교와 중관파 사상은 오직 형이상학의 제거라는 문제에 있어서만 비교된다. 그러나 형이상학을 제거하는 방식에 있어서 양자는 다르다. 형이상학을 제거하기 위해 초기 불교에서는 경험에 호소한 반면, 중관파 사상에서는 전적으로 변증법과 초월에 의존했다. 이러한 초월론의 접근 방식 때문에 중관파와 초기 불교에

15 Ibid., 25. 19.

는 현격한 차이점이 있다. 초기 불교에는 초월적 실재나 절대에 대한 믿음 같은 것은 없었다. 『경집』은 다음과 같이 말한다.

> 이 세상에서 감각 자료를 제외하면 다양하고 영원한 진리란 결코 존재하지 않는다. [소피스트는] 형이상학의 가설에 관한 추론을 체계화하고 나서 두 가지, 즉 진리와 허위에 대해 말했다.
>
> (*Na h'eva saccāni bahūni nānā,*
>
> *aññatra saññāya niccāni loke;*
>
> *takkañ ca diṭṭhīsu pakappayitvā,*
>
> *saccaṃ musā ti dvayadhammam āhu.*)[16]

나가르주나는 반대자들이 이견을 제시할 것을 예상하며, 초월적인 관점을 채택함으로써 자신과 후대의 중관파 학자들이 직면한 문제점을 매우 명백하게 진술한다.

> 만일 모든 것이 공이라면 생성生成이나 사멸도 없다. 그것은 사성제가 없음을 인정하는 것이다.
>
> 사성제가 없다면 [괴로움의] 깨달음도 없을 것이고, [괴로움의 원인도] 제거하지 못할 것이며, [괴로움의 소멸에 이르는 도道

16 *Sn* 886.

도] 수련하지 못할 것이며, [괴로움의 소멸도] 성취하지 못할 것이다.

만일 이것들이 없다면, 네 가지 성스러운 '열매'도 없을 것이다. 네 가지 성스러운 열매가 없다면, 그 열매를 얻은 사람도 없을 것이고 [거기에 이르는] 도제道諦를 얻은 사람도 없을 것이다.

이러한 여덟 가지 유형의 사람들이 없다면 교단도 없을 것이다. 성스러운 진리가 존재하지 않으므로 진정한 다르마도 존재하지 않는다.

다르마와 교단이 없다면, 어떻게 붓다가 있을 수 있는가? 결국 네가 주장하는 것은 또한 삼보三寶[즉 붓다, 다르마, 교단]를 파괴한다.[17]

나가르주나는 이러한 이견에 응답하면서 『중론』에서 처음이자 마지막으로 진리의 두 차원에 대해 언급한다. 그는 관습적인 것(*saṃvṛti*)에 의존하지 않고는 궁극적 실재(*paramârtha*)를 설명할 수 없으며, 궁극적 실재를 이해하지 않고는 열반을 실현할 수 없다고 주장한다. 더 나아가 나가르주나는 연기에 대한 자신의 해석에 기

17 *MK* 24. 1-6.

초하여 반대자가 제기한 문제에 대해 독창적인 설명을 펼친다. 그리고 그에 따르면 연기는 순수 상대성이고, 이 상대성은 공(*śūnyatā*)과 동의어이다. 그러므로 그는 다음과 같이 주장한다.

> 연기의 제약을 받는 [즉 상대적이지 않은] 다르마는 존재하지 않기 때문에 존재하는 모든 다르마는 공이 아닌 것이 없다.

> 만일 모든 존재가 공이 아니라면[연기의 제약을 받지 않는다면], 생성도 없을 것이고 사멸도 없을 것이다. 따라서 당신은 사성제가 존재한다는 잘못된 결론을 내려야만 한다.[18]

논지는 분명하다. 모든 다르마는 상대적이다. 따라서 모든 다르마는 또한 공이다. 상대적이지 않은 다르마는 없다. 그러므로 공이 아닌 다르마는 없다. 만일 공이 아닌 다르마가 있다면, 그것은 연기의 제약을 받을 수 없다. 따라서 비공非空(*aśūnyatā*)을 수용하는 것은 또한 비상대성을 수용하는 것이고, 생기와 사멸을 부정해야만 하는 것이다. 생기와 사멸을 수용하지 않는다면, 사성제를 수용할 수 없다. 나가르주나는 사성제에 대해 말하는 것을 어렵게 만드는 것이 공(*śūnyatā*)의 수용이 아니라 공의 부정이라고 주장한다. 이것은 흥미로운 변증법이다.

나가르주나는 생성(*utpāda*)과 사멸(*vyaya*)을 사실로 수용할 준비

18 Ibid., 24. 19-20.

가 되어 있었는가? 이것은 중요한 질문이다. 『보행왕정론寶行王正論Ratnāvalī』에 나타난 나가르주나의 주장에 따르면 그는 생성과 사멸, 따라서 다음과 같은 연기의 법칙을 주장한 것으로 보인다. "'짧은 것'이 존재할 때 '긴 것'이 존재하듯이 이것이 존재할 때 저것이 존재한다. 램프가 있어야 불빛이 있듯이 이것이 있어야 저것이 있다."[19] 그러나 이 연기의 법칙은 그가 『중론』에서 다음과 같이 주장할 때 즉시 효력을 상실한다. "비실체적 사물들의 존재(*sattā*)는 분명하지 않기(*na vidyate*[実無有]) 때문에 '이것이 존재할 때 저것이 존재한다'는 [이론은] 불가능하다."[20] 왜 그는 존재와 생기 모두를 한 맥락에서는 긍정하고 다른 맥락에서는 부정하는가? 유일하게 가능한 대답은 세속의 관점(*saṃvṛti*)에서 보면 존재와 생기 모두가 타당하지만, 초월의 관점(*paramârtha*)에서 보면 모두 타당하지 않은 것 같다. 이것은 『반야경』 문헌의 기본 가르침을 아주 충실하게 제시한 것이다.

그러나 요긴의 '무분별(*aprapañcita*)'의 체험을 너무나 소중하게 생각했던 중관파 학자들은 모든 세속의 실재(*lokasaṃvṛti*[世俗諦])가 경험을 떠나 '개념(*savikalpika*[有妄想])'에 의해 구성되었다고 생각했다. 따라서 그들은 모든 개념을 가장 효과적으로 논파하는 방법, 즉 변증법을 채택했다.

중관파는 이 변증법적 접근을 채택함으로써 절대라는 유일한

19 *Ratnāvalī*, ed. G. Tucci, *Journal of the Royal Aasiatic Society*(New series, 1934), p. 318.
20 *MK* 1. 10.

실재를 주장할 수 있었는데, 이 실재를 진여, 법신, 여래, 실재tattva, 진리satya 등으로 다양하게 불렀다. 따라서 이 궁극적 실재의 실현이 종교적 삶의 목적이 되었다. 이것을 실현하는 유일한 방법은 완전히 깨달은 존재(*samyak-sambuddha*)인 붓다가 되는 것이다. 그것이 유일한 길(*mārga*)이다. 붓다가 되기 위해서는 보살의 삶을 선택해야만 한다. 오직 저급한 경향성을 지닌 사람만이 아라한이 되기를 열망한다. 나가르주나는 이런 식으로 대승의 이상에 철학적 토대를 제공하여 대승 사상가로서 탁월한 지위를 획득했다.

스와탄트리카로 알려진 중관파의 지파, 바바비베카 학파에 대해서는 이미 앞서 언급했다. 나가르주나의 공(*śūnyatā*) 이론은 논리학과 변증법 영역에서는 뛰어났지만 철학자뿐만 아니라 일반인의 구미에도 맞지 않았던 것 같다. 사실상 중관파 학자들에게는 그들의 관점이 허무주의(*nāstika dṛṣṭi*[執無見])라는 비판을 피해야 하는 어려움이 있었다. 나가르주나가 경험의 이론을 제시하지 않고 망설였던 것이 이러한 비판에 일조했다. 초기 불교에서 연기는 경험의 이론이었지만 나가르주나는 초월론적 접근 방법을 채택했다. 이 때문에 그는 연기가 불교와 비불교를 포함한 기타 모든 철학자가 주장한 인과론에 대한 반명제였다는 점을 미처 고려하지 못했다.

바바비베카는 이러한 상황을 두려워했던 것 같다. 그래서 다른 명제를 논박하려면 하나의 명제를 갖고 있어야 한다고 생각했다. 그는 붓다의 가르침의 초석인 연기(*pratītyasamutpāda*)는 현상계에서 경험하는 실재로, 그리고 이단이나 형이상학 이론은 반박하는 명제로 인정해야 한다고 느꼈던 것 같다. 그러나 이러한 입장은 절대론이 지배하는 분위기에서는 유지될 수 없었다. 중관파가 연기(*pratītyasamutpāda*)를 초월적 차원으로 끌어올리게 된 것은 바로 이러한 딜레마 — 연기가 한편으로는 현상계에 관한 붓다의 핵심적 가르침이라는 것을 인정하며 다른 한편으로는 초월적인 것 앞에서 그러한 경험의 실재를 인정하는 어려움 — 때문이었다. 그것은 다음의 서술에서 분명히 알 수 있다.

> 나는 모든 스승 가운데 최고이며, 모든 집착을 없애 환희에 넘치며, 사라지지도 나타나지도 않고, 유한하지도 영원하지도 않고, 비분별적이지도 분별적이지도 않고, 여기로도 저기로도 움직이지 않는 [*것에로 이끄는] 의존 발생을 선언한 완전히 깨달은 존재에게 경배합니다.[21]

참고 문헌

1차 문헌

Catuḥśataka of Āryadeva, Sanskrit and Tibetan texts with copious notes from the commentary of Candrakīrti[찬드라키르티의 주석에 기초하여 풍부한 각주를 단 산스크리트어 및 티베트어 원전], reconstructed and edited by Vidhushekhara Bhattacarya, Calcutta: Visva-Bhāratī Book-Shop, 1931.

Karatalaratna of Bhāvaviveka, restored from Chinese translation into Sanskrit

21 *MKV*, pp. 3f.

[한역에서 산스크리트어로 복원] by N. Aiyaswami Sastri, Santiniketan: Visva-Bhāratī, 1949; tr. into French by L. de la Vallée Poussin, "Le Joyau dans la Main", *Mélanges Chinois et Bouddhiques* 2, 1932-1933: 68-138.

Mūlamadhyamakakārikā of Nāgârjuna, Sanskrit text and translation[산스크리트어 원전 및 번역] by Kenneth K. Inada, Tokyo: Hokuseido Press, 1970; *Mūlamadhyamakakārikās ... de Nāgârjuna avec la Prasannapadā(Mādhyamikavṛtti)*, ed. L. de la Vallée Poussin, St Petersburg: The Imperial Academy of Sciences, 1903.

Vigrahavyāvartanī of Nāgârjuna, with Nāgârjuna's own commentary[나가르주나 자신의 주석이 포함됨], ed. E. E. H. Johnston and Arnold Kunst, *Mélanges Chinois et Bouddhiques* 9(1951): 99-152.

2차 문헌

Conze, Edwards, *Buddhist Thought in India*, pp. 238-249.

Dasgupta, S. N., *A History of Indian Philosophy*, Vol. 1, pp. 138-145.

Kalupahana, David J., *Causality: The Central Philosophy of Buddhism*, pp. 147-162.

Murti, T. R. V., The Central Philosophy of Buddhism, London: George Allen & Unwin, 1955[T. R. V. 무르띠, 『불교의 중심철학: 중관 체계에 관한 연구』, 김성철 옮김, 서울: 경서원, 1995].

Robinson, R. H., *Early Mādhyamika in India and China*, Madison: University of Wisconsin, 1967.

Streng, F. J., *Emptiness: A Study in Religious Meaning*, Nashville: Abingdon Press, 1967.

Takakusu, J., *The Essentials of Buddhist Philosophy*, pp. 96ff.

Thomas, E. J., *History of Buddhist Thought*, pp. 212-229.

Vallée Poussin, L. de la, "Reflections sur le Mādhyamika.", *Mélanges Chinois et Bouddhiques* 2(1933): 1-59.

12장
유가행파의 관념론

칸트의 "비판철학"이 헤겔의 관념론을 위한 길을 예비한 것처럼 나가르주나의 비판철학은 바수반두의 절대 관념론이 체계를 갖추는 데 기여했다고 말할 수 있다. 그러나 일찍이 이러한 관념론이 없었던 것은 아니었다. 관념론은 서기 2세기부터 점차 발전했고, 아상가Asaṅga[무착無著]와 바수반두의 저술에서 성섬에 도달했다. 『해심밀경解深密經Sandhinirmocana-sūtra』과 『능가경楞伽經Laṅkāvatāra-sūtra』이 유가행瑜伽行Yogâcāra[唯識] 사상의 초기, 즉 체계를 갖추지 않은 국면을 상징한다면, 바수반두의 『유식론唯識論Vijñaptimātratāsidhi』은 좀 더 체계를 갖춘 형태이다. 이것은 다음의 두 부분으로 구성된다. ① 『유식이십론唯識二十論Viṃśatikā』은 바수반두의 주석과 함께 남아 있고, ② 『유식삼십송唯識三十頌Triṃśikā』은 스티라마티Sthiramati[安慧]의 주석과 함께 남아 있다. 그 밖에 주목할 만한 문헌으로는 아상가의 『대승아비달마집론大乘阿毘達

磨集論Abhidharmasamuccaya』, 『섭대승론攝大乘論Mahāyānasaṅgraha』, 마이트레야나타Maitreyanātha[彌勒]의 『대승장엄경론大乘莊嚴經論 Mahāyānasūtrālaṃkāra』, 『중변분별론中邊分別論Madhyântavibhāga』이 있다. 현장의 『성유식론成唯識論(Vijñaptimātratāsiddhi)』은 주로 6세기의 인물인 다르마팔라Dharmapāla[護法]의 견해를 대변한다. 이외에 백과사전식 저술인 『유가사지론瑜伽師地論Yogâcārabhūmi-śāstra』이 있다.

교의로 볼 때 경량부가 유가행파 관념론의 선구자로 여겨진다. 전설에 의하면 유가행파의 대표 인물인 바수반두는 원래 경량부 학자였는데, 그의 형 아상가로 인해 새로운 믿음으로 개종했다. 경량부의 표상적 지각 이론은 논리상 관념론으로 귀결된다. 앞서 언급한 것처럼(10장 참조) 대상은 전혀 지속성이 없기 때문에 감각기관과 직접 접촉하지 못한다는 것이 경량부의 주장이다. 그들이 지지한 것은 대상의 추론 가능성(*bāhyârthânumeya*[比量得])이다. 이것은 외부 대상이 단지 정신적 날조(*manomaya*[意所成/心造])에 불과하다는 관념론의 이론을 뒷받침하게 된다. 중관파 역시 유가행파 관념론의 발전에 상당한 공헌을 했다. 그들은 개념을 철저히 분석함으로써 개념이 어떤 실재도 지칭할 수 없거나 내용이 비어 있거나 현상의 본성을 드러내지 못한다는 견해를 갖게 되었다. 유가행파 학자들은 이것을 크게 반겼다. 유가행파 학자들은 외부 대상의 실재성은 부정하지만 마음이나 의식은 실재한다고 주장하는 점에서 중관파 학자들과는 다르다. 유가행파 학자들은 절대(*paramârtha*)를 비이분법적(*advaya*[不二法])이고 비개념적(*nirvikalpa*)이며 세속의 경험을 초월하는 것으로 간주했기 때문에 절대를 실현할 수 있는 것은 주객의 이분법이 없는 무분별의 의식인 요가의 최고 법열 상태뿐이라고 주장했다. 따라서 '요가의 수행'을 의미하는 유가행이라는 이름을 얻게 되었다. 중관파는 요가, 즉 디야나dhyāna에 대해 거의 말할 것이 없었던 반면에, 유가행파는 그것을 강조했다. 유가행파 학자들은 요가의 전통 방법에 따라 모든 것을 가차 없이 포기할 것을 주장했다.

비록 관념론이라는 절대적 형태는 아상가와 마이트레야나타의 저작들 및 『해심밀경』과 『능가경』에서 발견되지만, 유가행 철학을 철학의 차원에서 정당화하고 분명하게 설명한 것은 바수반두의 유명한 저술이다. 『유식이십론』에서는 실재론자의 입장이 논파되고 관념론자의 관점이 철학의 차원에서 정당화된다. 이것은 주로 논쟁 취향의 저술이다. 『유식삼십송』의 관심은 관념론자의 기본 가르침을 체계적으로 다루는 것이다. 다소 의아스러운 점은 이 두 논서가 서로 보완하는 하나의 저작임에도 중국 학자들은 두 번째 것[『유식삼십송』]에만 관심을 기울인다는 사실이다. 현상의 『성유식론』에는 첫 번째 것은 없고 두 번째 것만 있다. 바수반두의 이 두 논서 모두 철학의 차원에서 중요하기 때문에 이 장에서는 이 저작들을 전거로 사용할 것이다.

바수반두의 저작은 모든 것이 "오직 관념 작용(*vijñaptimātram*[唯識])이다"라는 관념론자의 기본 전제로 시작한다. 이 진술에 주석을 달면서 그는 '삼계'의 모든 개념은 단지 관념 작용이라고 주장하며 붓다가 그것을 직접 말했다고 주장한다. 바수반두에게 '마음', '생각', '의식', '관념 작용'은 모두 동의어이다. 비문증飛蚊症이나 시각을 다친 사람에게 보이는 복시複視처럼 외부 대상은 단지 겉모습에 불과하다. 그러고 나서 그는 곧바로 실재론자가 그의 이론에 대해 제기할 법한 네 종류의 반론을 낱낱이 열거한다.

1. 만일 외부 대상이 실제로는 존재하지 않고 다만 정신의 투사일 뿐이라면, 대상이 갖는 공간의 한정성(*deśa-niyama*[處定])은 설명할 수 없다. 즉 대상은 특정 공간을 가리거나 차지하는데, 만일 마음이 대상을 만들어낸다면, 그것은 특정 장소가 아니라 마음이 지향하는 모든 곳에 존재하는 것으로 지각될 것이다. 따라서 만일 대상이 단지 정신의 투사일 뿐이라면, 우리의 감각 경험의 일부인 대상이 차지하는 공간은 무의미해질 것이다.

2. 이와 마찬가지로 대상은 언제나 지각되는 것이 아니라 특정 시간에만 지각된다. 예를 들면 대상은 사람이 그것을 보고 있지 않을 때가 아니라 보고 있을 때에 지각될 수 있다. 만일 대상이 마음에 의해 만들어진다면, 그러한 시간의 한정성(*kāla-niyama*[時決定])에 대해서 만족할 만한 설명을 할 수 없을 것이다.

3. 만일 외부 대상의 실제 존재를 부정한다면, 지각하는 의식의 흐름의 비한정성(*santāna-aniyama*[相續非決定])은 설명할 수 없을 것이다. 만일 대상이 정신의 투사라면, 대상은 의식의 흐름에 있어서는 한정될 수 있을 것이고(그 사람에게는 보일 것이고), 다른 지각하는 의식의 흐름에는(다른 사람에게는) 한정되지 않을 것이다. 다시 말해 대상은 다수에게 공통적으로 지각될 수는 없다. 모든 대상이 이런 식으로 한정되는 것은 아니기 때문에 외부 대상이 실재함은

분명하다.

4. 만일 대상이 단지 정신의 표상이라면, 대상이 일으키는 다양한 행위(*kṛtya-kriyā*[作事])는 설명할 수 없다. 상상 속 음식은 배고픔을 달랠 수 없듯이 물, 의복, 독, 무기 등은 상상의 대상으로는 설명할 수 없는 인과의 행위나 효력을 갖는다.

바수반두는 이러한 논변들을 반박하지만 실재론의 입장과 결부된 인식론의 문제를 분석하지는 않는다. 그러한 인식론의 문제를 파헤치는 것은 그의 제자 딘나가의 몫이었는데, 이것은 이후에 다룰 것이다. 바수반두는 실재론의 주장을 단지 형이상학이나 변증법만을 사용해서 논파하고, 그럼으로써 대승의 기본 가르침과 보다 양립한다고 여겨지는 기존의 절대 관념론을 정당화하는 데 흥미를 가졌던 것 같다. 그의 논변의 기초는 단지 꿈속 체험과 악마의 경험뿐이었다. 바수반두는 실재론자가 제기한 반론을 이러한 경험에 비추어 차례차례 자세히 검도한다.

1. 꿈속에서 사람들이 경험하는 대상은 특정 장소에 있는 것이지, 모든 곳에 있는 것이 아니다. 꿈속 체험은 공간에 한정된다. 그러나 꿈속의 대상은 정신적 날조일 뿐, 현실에서는 존재하지 않는다. 따라서 바수반두는 왜 이 경우가 일상적인 감각 경험과 다른지를 묻는다.

2. 꿈속 체험의 대상은 또한 시간에 한정된다. 그것은 항상 지각되는 것은 아니며 특정한 시간에만 지각된다. 실제 대상이 없을지

도 모르는 일상의 체험도 마찬가지이다.

3. 바수반두는 지각하는 의식의 흐름은 한정되지 않는다는 주장을 반박하기 위해 지옥에 사는 존재의 경험을 예로 들며, 경위警衛를 포함한 모든 존재는 죄악을 범한 자가 던져지는 고름의 강을 지각한다는 점을 지적한다. 바수반두는 고름의 강, 아니 지옥 자체가 실제 존재하지 않는 정신의 구성물이고, 그것이 설사 정신의 투사라고 하더라도 한 사람에게만 특별히 한정된 것이 아니라 공통적으로 경험되는 대상이라고 가정하는 것 같다.

4. 실재론자의 마지막 반론에 대해 바수반두는 실재하지 않는 꿈속 대상도 다양한 행위의 결과를 초래한다고 지적한다. 왜냐하면 꿈에서 본 호랑이가 실제로 공포를 일으키고, 성적인erotic 꿈이 실제로 신체상의 반응을 유발하기 때문이다.

이 모든 논변의 배후에 깔린 기본 가정은 감각 경험의 비환상적이거나 진정한 본성은 확실한 증거를 찾을 수 없다는 것 같다. 이 견해에 크게 기여한 것은 요가 직관의 우월성과 초월성이었다. 무분별의 순수한 의식 형태가 발견되는 요가의 최고 환희의 관점에서 보면 주객 분별의 특징을 갖는 감각 경험은 환각이다. 이것은 깨어 있는 의식의 관점에서 볼 때 꿈속 경험이 환각인 것과 마찬가지다. 따라서 의식만이 유일한 실재이다.[1]

그런 다음 바수반두는 계속해서 붓다가 왜 경험의 주관 및 객관

1 *Vijñaptimātratāsiddhi*, *Viṃśatikā*, pp. 16–18 참조.

의 측면을 나타내는 [인식의] 십이처(*āyatana*)에 대해 말했는지 설명한다. 그는 의식이 사실상 주체와 객체로 나타난다고 지적한다. 의식은 의식의 종자에서 나오고, 그런 다음 그 자신을 외부 대상으로 드러낸다. 따라서 바수반두에 따르면 붓다는 오직 평범한 사람을 가르치겠다는 의도로 내적 인식 및 외적 인식의 두 기초에 대해서 말했다. 이것은 '자연에서 탄생하는 존재들(즉 신들)'이 실제로 존재하기 때문이 아니라 그러한 존재에 대한 믿음이 평범한 사람의 삶을 통제하는 데 유용하기 때문에 붓다가 그것에 대해 말한 것과 마찬가지이다(6장 참조). 여기에서 바수반두는 대승불교의 가장 중요한 주장 가운데 하나를 정당화하려 한다. 그는 붓다가 영원불변의 '자아(*ātman*)'에 대한 믿음을 없애기 위해서 실재를 인식의 십이처(*āyatana*)로 분석했다고 지적한다. 이것이 소승불교도가 주장한 개인의 비실체성(*pudgala-nairātmya*[人無我]) 이론이다. 그러나 대승불교도들은 외부 대상의 실재성을 부정하면서 자신들이 소승불교도들을 능가했다고 주장한다. 그 이유는 그들이 또한 다르마의 비실체성(*dharma-nairātmya*[法無我])을 옹호하기 때문이다. 이러한 비판은 일부 후기 불교 학파에 한해서는 맞는 말이라고 할 수 있다. 설일체유부와 붓다고사 이후의 상좌부는 어떤 의미에서 다르마의 비실체성을 인정했기 때문이다(9장 참조).

다음으로 바수반두는 실재론 학파에서 제시한 상이한 원자론을 다룬다. 일부 힌두 학파뿐만 아니라 아비달마 학파에서도 외부 대상을 물질적 원자(*paramâṇu*, 9장 참조)로 분석했다. 바수반두는 이러한 원자론을 반박하기 위해 변증법을 사용했다.

이러한 모든 사변을 통해 얻은 결론은 지각이 외부 대상의 존재를 보장하지 못한다는 것이었다. 외부 대상의 인식은 꿈속 체험과 크게 다르지 않은 것 같기 때문이다. 기억도 그것이 의식 자체에서, 좀 더 정확히 말해 의식의 흐름에서 발견되는 것의 지각을 함축한다는 점에서 도움이 되지 못한다. 상대편의 반론을 예상한 바수반두는 꿈속 대상이 실재하지 않는다는 것은 완전히 깨기 전에는 알 수 없다고 주장한다. 깨어 있는 사람에게 대상이 실재하듯이 꿈꾸는 사람에게 꿈속에서 보이는 사물은 실재한다. 꿈속 대상이 실재하지 않는다는 사실은 사람이 깨어났을 때에만 알 수 있다. 꿈속 의식과 깨어 있는 의식의 차이는 꿈속 의식에서는 사람의 마음이 수면隨眠(*middha*)에 빠져 있다는 것이다. 이와 마찬가지로 요가의 집중이 최고조 상태에 이른 사람과 비교하면 세속의 사람들은 무명 속에 잠들어 있다. 이런 무명의 상태에 남아 있는 한 그들은 감각 경험의 세계가 실재하지 않는다는 것을 깨닫지 못한다. 최고의 지식은 실재가 순수하고 무분별의 의식이라는 점에 대한 깨달음을 불러온다. 물론 바수반두는 이것 때문에 감각적 지각뿐만 아니라 초감각적 지각의 타당성과 가능성도 부정하게 되었다. 예를 들면 타심통(2장 참조) 상태에서는 타인의 마음(*para-citta*)의 본성과 작용을 지각할 수 있다고 한다. 만일 이것이 가능하다면, 여기에도 주체(즉 자신의 마음, *sva-citta*)와 객체(즉 타인의 마음, *para-citta*)의 이분법이 있게 되며, 이 이분법은 잘못이다. 이것이 절대 관념론이다. 그리고 나가르주나와 마찬가지로 바수반두도 '일승一乘(*eka-yāna*)'이라는 대승의 교의를 정당화하려는 의도에서 이 최고의 지식이 불성의 성취와 함께 획득된다고 주장했다.

『유식삼십송』에서 바수반두는 불교에 우호적인 안식처가 된 극동의 국가들에서 중관 사상과 함께 대단한 인기를 얻었던 관념론의 철학을 체계적으로 설명한다.

『유식삼십송』에 따르면 '자아(*ātman*)'와 '참된 요소(*dharma*)'에 대한 그릇된 믿음은 의식의 전개(*vijñāna-pariṇāma*[識轉變]) 때문이고, 그것은 다시 (무명 때문에 발생한) 의식의 내적 힘 때문이다. 이렇게 전개되는 의식은 ① 결과적 발생(*vipāka*[異熟]),* ② 자기중심적 정신 작용(*manana*[思量]), ③ 외부 대상에 대한 관념 작용이나 의식(*viṣaya-vijñapti*[了別境識])이라는 세 단계의 변화나 변형을 거치게 된다.

이 가운데 첫 번째 것은 알라야 비갸나ālaya-vijñāna, 즉 '장식藏識'을 나타낸다. 이 의식은 이미 성숙된(*paripāka*) 선하고 악한 행동의 경향성(*vāsanā*[熏習])인 종자(*bīja*)의 발아를 상징하기 때문에 '결과적 발생(*vipāka*)'이라 부른다. 따라서 알라야ālaya는 모든 경향성(*vāsanā*)의 저장소이며, 경향성은 종자로서 그 열매를 무르익게 하고 생산한다. 이것은 모든 의식 및 무의식 과정의 기초이다. 이것이 전개되면서 접촉(*sparśa*), 심리 활동(*manaskāra*), 느낌(*vedanā*), 감각(*saṃjñā*), 의지 활동(*cetanā*)이 나타난다. 유식파Vijñānavādin의 '장식'과 아비달마 학파의 '무의식의 과정(*bhavaṅga*)' 간의 차이는 후자에서는 외부

* 이숙異熟. 원인과 다른 성질로 성숙된다는 의미이다. 따라서 이것은 처음에 과보果報로도 번역되었다. 지은이의 번역어 resultant는 이러한 생각을 반영한 것으로 보인다.

자극이 무의식을 동요시키는 반면에 전자에서는 '장식' 안에 있는 종자의 성숙이 변형을 일으킨다는 것이다. 이것이 첫 번째 변형이다.

두 번째 변형은 마나스manas[末那識], 즉 '정신 작용'의 전개이다. 이것은 유가행파의 목록에 따르면 일곱 번째 의식이다. 그러나 이것은 객관적 의지물(*ālambana*[所緣])을 갖는 육식六識*의 하나인 마노비갸나mano-vijñāna, 즉 '심식心識mind-consciousness'과는 다른 것이다. 『유식삼십송』에 따르면 "사고의 본성을 가진 마나스라 부르는 의식은 장식에 의존하고 그것을 의지물로 삼음으로써 기능한다." 이것과 연계되는 것은 아견我見(*ātma-dṛṣṭi*), 아치我癡(*ātma-moha*), 아만我慢(*ātma-māna*), 아애我愛(*ātma-sneha*)라는 네 가지 유형의 번뇌**이다. 이것이 두 번째 변형인데, 여기서 마나스는 '자아'에 대한 잘못된 믿음과 연계된다.

세 번째 변형은 형태(*rūpa*), 소리(*śabda*), 냄새(*gandha*), 맛(*rasa*), 만질 수 있는 대상(*spraṣṭavya*[所觸]), 개념 또는 관념(*dharma*)이라는 육경六境***에 대한 의식의 전개로 구성된다. 비록 외부 대상의 의식이 인정된다 하더라도 외부 대상의 작용이 이러한 의식을 만들어 낸 것은 아니다. 외부 대상은 단지 정신의 투사일 뿐이다. '자아(*ātman*)' 및 외부 대상의 물질적 기초(다르마, 즉 아비달마에서의 물질적

* 여섯 가지 지각 의식.

** 아견은 자아에 대한 그릇된 견해, 아치는 자아에 대한 어리석음, 아만은 자아 교만, 아애는 자아 애착이다.

*** 여섯 가지 대상.

요소)에 대한 지각은 잘못된 상상(*parikalpita* 또는 *abhūta-parikalpa*[虛妄分別])이 만들어낸 것이다. 이것들은 전혀 실재성이 없다.

의식을 주체와 객체의 측면으로 분별하는(*vikalpa*) 것은 장식(*ālaya-vijñāna*)에 내재하는 요인 때문이다. 주체와 객체로 나타나는 것은 의식 자체이고 의식만이 유일한 실재이기 때문에 이러한 주객 분별(*vikalpa*)은 '자아'나 '현실의 외부 대상'에 대한 의식보다도 더욱 실재적이다. 자아나 외부 대상은 단지 잘못 상상된 것(*parikalpita*)이기 때문이다. '자아'와 '대상'은 실재성을 전혀 갖지 못하는 반면에, 주체와 객체의 측면으로 나타나는 의식은 상대적 실재성(*paratantra*)을 갖는다. 이러한 분별은 또한 완전한 지식을 획득할 때 비실재적인 것으로 나타나고, 의식은 그것의 진정한 본성에 있어 어떤 분별도 없는 것으로 나타난다. 유가행파에 따르면 이것이 궁극적 실재(*parinispanna*)이다. 따라서 관습적인 것(*saṃvṛti*)과 궁극적인 것(*paramârtha*)이라는 두 가지 층위의 실재만을 인정했던 중관파와는 달리 관념론자들은 세 가지 층위의 실재 또는 본성(*svabhava*)을 인정했다.

존재(*saṃsāra*)는 '장식'에 의해 설명된다. 이러한 '장식'의 전개나 변형에는 시작이 없다(*anādikālika*[無始]). [이것은] 다음과 같은 방식으로 순환적으로 전개된다. 종자가 '장식' 안에서 성숙하면 두 번째 변형, 즉 마나스의 전개가 발생한다. 그런 뒤에 세 번째 변형, 즉 주객 분별로 이루어진 지각 의식(*pravṛtti-vijñāna*[轉識])의 전개가 일어난다. 이 지각 의식은 선하거나 악한, 혹은 불명확한 활동이나 행동(*karma*)으로 이어진다. 마나스와 육식의 반복되는 전개에 종자 역할을 하는 경향성(*vāsanā*)은 축적되어 결과적으로 '장식'에 저장된다. 이 과정은 깨달음의 성취와 함께 완전히 종료된다. 이 깨달음을 통해 모든 것이 단지 관념 작용(*vijñāptimātram*)이거나 단지 의식(*cittamātram*[唯心])이라는 것을 체득하는 것이다. 그러나 단지 모든 것이 관념 작용(*vijñāptimātram*)이라는 것을 체득한다고 자유가 획득되는 것은 결코 아니다. 대상에 집착하며 "이것은 유식vijñāptimātra이다"라고 말하는 사람은 아직 유식을 깨닫지 못한 것이다. 모든 것이 유식이라는 것을 체득하면서 모든 형태의 집착을 제거해야만 한다. 따라서 『유식삼십송』에서는 다음과 같이 말한다.

> 의식에 객관적 의지물이 없을 때 의식은 유식이 된다. 집착할 것이 없으면, 집착이 없기 때문이다.
>
> [그에게] 생각이 없을 때, 즉 객관적 의지물이 없을 때 그의 지식은 세속을 초월한다. 두 종류의 취약점[즉 '자아'와 '참된 요소'에 대한 믿음]을 포기할 경우 대상을 '회피'할 수 있다.
>
> 그것은 번뇌의 기질(*āśrava*)이 없고 생각할 수 없고 선하고 영원하며, 몸이 해방되어 행복한 영역이다. 이것이 이른바 위대한 성자의 다르마[법신]이다.[2]

2 *Vijñaptimātratāsiddhi*, *Triṃśikā*, 28-30.

중요한 사실은 유식, 즉 무분별의 궁극적 실재가 붓다의 다르마와 동일시된다는 점이다. 이 상태를 획득하면 여섯 가지 완덕完德(*pāramitā*)을 성취하고 전지(*sarvâkārajñatā*[一切智])를 획득하면서 셀 수 없이 오랜 세월 동안 수행하는 보살의 생애가 뒤따른다. 이 상태가 불성이며, 『유식삼십송』은 이것을 위대한 성인의 다르마라고 부른다. 따라서 깨달음에 이른 보살은 "단순히 붓다 같은 사람이 아니라 진정한 붓다가 된다." 그는 궁극적 실재와 하나가 된다. 마이트레야나타가 말했듯이 "순수한 단계에 있어 붓다는 하나도 다수도 아니다. 붓다는 이전에 [*하나의] 육신을 가졌기 때문에 하나도 아니고, 지금 텅 빈 공간처럼 육신이 없기 때문에 다수도 아니다."[3] 이런 종류의 형이상학적 사변의 결과 대승에서 가장 유명한 교의 중 하나인 붓다의 삼신(*trikāya*) 관념이 형성된 것 같다. 법신(*dharma-kāya*)이 상징하는 불성이나 궁극적 실재의 통일성 또는 단일성을 수용한 뒤에 대승불교도는 이 교의를 가르치며 보살로서의 생애를 완수했던 무수한 개인의 존재를 설명해야 했다. 단지 궁극적 실재와 합일함으로써 자신의 모든 정체성을 상실한다는 것은 두려운 일이었을 것이다. 따라서 불성의 통일성을 성취한 사람은 모든 환상과 상대적 진리에서 자유로운 환희의 상태에 존재하는 것으로 간주되었다. 이것이 '보신報身(*sambhoga-kāya*)'인데, 붓다는 이것을 통해 다양한 성스러운 대중에게 교의를 가르칠 수 있었다. 대승의 초기 설법에서 붓다는 다양한 대중에게 설법하면서 상

3 *Mahāyānasūtrālaṅkāra*, ed. Sylvain Lévi(Paris: Champion, 1907), 9. 26.

이한 세상에 존재하는 것으로 묘사된다. 마지막으로 '화신(*nirmāṇa-kāya*)'은 역사 속 붓다를 상징한다.

바수반두의 제자였던 딘나가는 지금까지 논의한 절대 관념론과는 아주 다른 비물질론을 주창했는데, 이 이론은 서양철학자 버클리George Berkeley의 비물질론과 비교할 수 있다. 딘나가는 최고의 불교 논리학자로 간주되었고 그의 『집량론集量論Pramāṇa-samuccaya』* 은 불교 논리학에서 가장 위대한 작품으로 평가된다. 여기에는 그의 논리에 관한 이론이 실려 있는 데 반해, 존재론에 관한 사변은 '대상에 대한 고찰'인 매우 짧지만 대단히 중요한 논서 『관소연연론』에 구체화되어 있다.

바수반두의 『유식론』에는 『해심밀경』과 『능가경』 같은 초기의 유가행파 경전에 구체화된 형이상학적 관념론이 체계화되었지만, 거기[『유식론』]에는 이러한 초기 경전에서 발견되는 관념에 대한 새로운 평가는 없다. 앞서 언급했듯이 바수반두는 현상계의 실재성을 반박하기 위해 형이상학이나 변증법을 사용했다. 절대 관념론은 바수반두의 저술에서 정점에 도달했다. 그러나 이 학파의 반대자에 대처해야 했던 것은 오히려 그의 후계자들이었다. 따라서 딘나가는 논리학과 형이상학에 관심을 가졌다. 딘나가는 기존 관념론의 틀을 당연시하지 않고 관념론의 인식론적 기초를 새롭게 평가했는데, 결국 이 때문에 버클리의 철학과 대단히 유사한 철학을 형성하게 되었다. 물론 버클리의 마지막 결론(이를테면 신의 관

* 올바른 인식의 집성론.

념)은 포함되지 않았다. 이 새로운 철학은 『관소연연론』에서 발견할 수 있다.

바수반두와 딘나가를 비교한다면 바수반두는 초월론의 접근 방식을 통해 감각 경험의 효력과 심지어 그 가능성까지도 부정한 반면에, 딘나가는 버클리의 방식과 마찬가지로 물질의 현실적 실재성을 부정했다. 딘나가에 따르면 의식 자체는 외부 대상의 형태를 통해 나타나고, 외부 대상은 대상 조건(*ālambana-pratyaya*[所緣緣]*)의 역할을 한다. 이 대상의 측면과, 의식을 주객 관계로 변형시키는 능력, 즉 감각기관은 태곳적부터 상호 조건적이었고 앞으로도 계속 그러할 것이다. 그러나 바수반두와 달리 딘나가는 이 주객 분별의 원천을 설명하기 위해서 '장식(*ālayavijñāna*)'이라는 형이상학의 원리를 상정하지 않는다. 더욱이 딘나가는 감각 경험을 그 자체에 비추어 평가하며, 바수반두와는 달리 감각 경험을 유식과 같은 초월의식에 비추어 평가하려 하지도 않는다. 따라서 그는 초월적 또는 보편적 환상론(*mukhyavibhrama*)에 이바지한 것 같지는 않다. 이 점은 지각(*pratyakṣa*[現量])에 대한 그의 정의에 분명하게 나타나 있다. 바수반두는 아상가를 좇아 지각을 "심리적 구성이 없는(*kalpanâpoḍha*[無分別]) 비환상적인 것(*abhrānta*[不迷])"으로 정의한 반면, 딘나가는 이 정의의 앞부분은 수용했으나 뒷부분은 수용하지 않았다. 이것이 함축하는 것은 그가 환상을 감각적 지각의 일

* 소연所緣은 심 및 심 작용(인식 작용)의 대상을 가리킨다. 이러한 심 및 심 작용의 대상이 원인이 되어 심 및 심 작용이 결과를 발생할 경우 심 및 심 작용의 대상을 소연연이라 부른다.

반적인 특성으로 생각하지 않는다는 점이다. 더 나아가 그는 외부(*bāhya*[出/外])에 존재하며 분명한 특질(*svalakṣaṇa*[自相])을 소유한 사실이나 대상(*artha*[義])의 요소에 대해 언급했다. 이를 통해 그는 감각 경험의 대상이 가진 외재성이 아니라 물질성만을 부인했다는 것을 보여준다. 따라서 딘나가가 비물질론을 수용하도록 만든 것은 지각에 대한 관념론 및 실재론에 내재해 있는 인식론의 문제였다는 결론을 내릴 수가 있다. 딘나가의 비물질론은 인도철학사에 있어 최초의 이론이었다.

참고 문헌

1차 문헌

Ālambanaparīkṣā, restored from Chinese and Tibetan[한역과 티베트어 판본에서 복원됨] by N. A. Sastri, Adyar Library Series 32, Adyar: Adyar Library, 1942.

Vijñaptimātratāsiddhi, *Viṃśatikā* and *Triṃśikā*, with Sthiramati's commentary [스티라마티의 주석이 포함됨], ed. S. Lévi, Paris: Librairie Ancienne Honoré Champion, 1925; tr. into French, S. Lévi, *Matériaux pour l'Étude du Système Vijñaptimātra*, Paris: Paul Geuthner, 1932. Dharmapāla's version, translated into Chinese by Hsüan Tsang[현장이 한역한 다르마팔라의 판본], *TD* 1585; tr. into French, L. de la Vallée Poussin, *Vijñaptimātratāsiddhi, La Siddhi de Hiuan-Tsang*, *Bouddhica* 1, 5, Paris: Librairie Orientaliste Paul Geuthner, 1928-1929.

2차 문헌

Conze, Edwards, *Buddhist Thought in India*, pp. 250-260.

Dasgupta, S. N., *History of Indian Philosophy*, Vol. 1, pp. 145-151.

Kalupahana, D. J., "Dinnāga's Theory of Immaterialism", *Philosophy East and West*, 20(1970): 121-128.

Sharma, C., *Dialectic in Buddhism and Vedānta*, Benares: Nand Kishore & Bros., 1952.

Stcherbatsky, T. I., *Buddhist Logic*, Vol. 1, Leningrad: The Academy of Science of the USSR, 1930.

Suzuki, D. T., *Studies in the Laṅkâvatāra-sūtra*, London: George Routledge & Sons, 1930.

Suzuki, D. T., *Philosophy of Yogâcāra*, Bibliotheque du Muséon, Louvain: Bareau du Muséon, 1904.

Thomas, E. J., *History of Buddhist Thought*, pp. 230-248.

부록 1.
형이상학과 붓다

지금까지 우리는 불교 이전의 전통에서 발견되는 일정한 개념들을 가리키기 위해 형이상학의 원리라는 용어를 사용해왔다. 그러나 정작 붓다가 의미한 형이상학이 무엇이었는지, 그가 이 범주에 무엇을 포함시켰는지, 심지어 그런 개념에 대해 어떤 태도를 취했는지 등에 대해서는 적절한 설명이 없었다. 이 문제에 대한 논의는 일부러 미루었는데, 그 이유는 불교의 주된 교의를 살펴보고 난 후에야 정확하게 어떤 유형의 이론이 이 범주에 속하는지 결정할 수 있다고 생각했기 때문이다. 이것이 더욱 절실했던 것은 이를테면 연기(*paṭiccasamuppāda*)와 연기의 무예외성(*dhammatā*)에 속하는 문제와 같은, 현대 철학자에게 형이상학으로 분류될 모든 문제를 붓다는 형이상학으로 간주하지 않았기 때문이다.

붓다가 몇 가지 사소한 명제에 대해 간혹 형이상학이라고 언급한 것 말고도 그가 언제나 진정한 의미의 형이상학이라고 간주한 일단의 주요 문제가 있다. 전자는 불교 이전의 사상가들이 제기한 인과율에 관한 명제이고, 후자에는 십(십사)무기(*avyākata*, Sk. *avyākṛta*)의 문제가 포함된다.

붓다가 형이상학적이라고 간주한 인과율에 대한 일단의 명제들을 살펴보자. 『상응부』[1]에서 아첼라 캇사파Acela Kassapa라는 사람이 다음과 같은 문제를 제시한다.

1. 괴로움은 자신에게서 기인하는가(*sayaṃ kataṃ dukkhaṃ*, 괴로움의 자기원인설)?
2. 괴로움은 다른 것에서 기인하는가(*paraṃ kataṃ dukkhaṃ*, 괴로움의 외부원인설)?
3. 괴로움은 자신과 다른 것 모두에서 기인하는가(*sayaṃ katañ ca paraṃ katañ ca*, 자기원인설과 외부원인설의 결합)?
4. 괴로움은 자신과 다른 어떤 것에서도 기인하지 않는가(*asayaṃkāraṃ aparaṃkāraṃ adhiccasamuppannaṃ*, 비결정론 또는 무원인론)?

붓다는 이 모든 문제에 대해 "그것은 그렇지 않다(*no h' etaṃ*)"라는 통상적인 부정 표현 대신에 "그렇게 (말)하지 말라(*mā h' etaṃ*)"고 대답했다. 그가 첫 번째 명제(괴로움의 자기원인설)를 선뜻 받아들이지 않은 것은 이것이 상주론(*sassata*)에 대한 믿음으로 귀결한다는 것을 알았기 때문이다. 두 번째 명제를 거부한 것은 그것이 단멸론

1 *S* 2. 18ff.; *TD* 2. 86a.

(*uccheda*)으로 귀결한다고 생각했기 때문이다. 앞에서 언급한 두 이론을 결합한 세 번째는 상주론과 단멸론 모두를 함축한다. 그리고 네 번째는 연기를 완전히 부정하는 것이다.

왜 붓다는 자기원인설이 상주론에 대한 믿음으로 이어진다고 생각했는가? 그는 자기원인설을 지지하는 사람들에게 영원하거나 변하지 않는 '자아'나 '영혼'을 상정하고 괴로움의 생기나 결과에 있어 기타 요인의 중요성을 무시하는 경향이 있다는 것을 발견했다. 그들은 '자아(*ātman*)'에 대한 믿음에 너무 빠진 나머지 '자아' 외의 요인이 갖는 인과적 효력을 강조할 수 없었다. 1장과 3장에서 지적했듯이 이것은 우파니샤드 사상가들이 주장한 인과론이었다. 반면에 우파니샤드의 '자아(*ātman*)' 이론을 거부하고 비실체론(*anātman*)의 관점을 채택한 물질주의자들은 인간의 의지나 책임의 인과적 효력을 완전히 무시하는 또 다른 극단으로 나아갔다. 아마도 이것은 우파니샤드 사상가들의 관념론적 형이상학에 대해 갖는 일종의 편견 때문이었을 것이다. 물질주의 이론 역시 어떤 편견과 경향에 원인이 있기 때문에 사물의 진정한 본성을 대변하지 못한다.

우파니샤드의 이론이 인과율을 설명하면서 경험의 어떤 중요한 요인을 진지하게 고려하지 않았던 것처럼 물질주의자도 개인의 의지가 갖는 효력을 간과하였고 따라서 경험의 어떤 측면을 거부했다. 붓다는 이러한 것을 개인적 진리(*paccekasacca*[个別/局部眞理]), 즉 편파적 진리라 불렀다.[2] 이러한 두 이론을 결합한 자이나교의 인과론은 비결정론(*aniyata*)이 의미하는 '자아(*ātman*)'의 결여뿐만 아니라 결정론(*niyata*)이 시사하는 '자아'에 대한 믿음 모두를 포함한다. 붓다는 두 형이상학 이론을 합쳐도 만족할 만한 이론이나 심지어 경험의 이론조차도 나오지 않으리라 생각했다.

이것이 인과율을 가리키는 완전히 새로운 용어 — 연기paṭiccasamuppāda, 즉 '의존 발생' — 의 존재 이유라는 점은 의심의 여지가 없다. 앞에서 언급했듯이 사람은 자신의 접근법, 집착, 경향(*upāya-upādāna-abhinivesa-vinibandha*)에 매여 있기 때문에[3] 어떠한 형식적 논리나 추론으로도 '의존 발생(*paṭiccasamuppāda*)'의 이론이 진리라는 것을 확신시킬 수 없다. 이 때문에 붓다는 자신이 제시한 연기의 교의가 논리적 추론의 영역을 초월한다고 주장했다. 그렇다고 그것이 경험의 용어로 묘사할 수 없는 초경험의 이론이란 말은 아니다. 붓다는 「성구경聖求經Ariyapariyesana-sutta」에서 다음과 같이 말한다.

> 내가 발견한 담마dhamma는 심오하고, 보기 어렵고, 이해하기 어렵고, 평화롭고, 탁월하고, 논리의 영역을 초월하고, 미묘하여 현명한 사람들만이 이해할 수 있다는 생각이 들었다. 그러한 사람들은 자신들이 좋아하는 것에 빠져 있고(*ālaya*[住]), 자신들이 좋아하는 것에 골몰해 있고, 자신들이 좋아하는 것으로 인해 풍성해진다. 자신들이 좋아하는 것에 빠져 있고, 자신

2 *Sn* 824.
3 *S* 2. 17.

들이 좋아하는 것에 골몰해 있고, 자신들이 좋아하는 것으로 인해 풍성해진 사람들은 이 사실, 즉 상대성(*idappaccayatā*) 또는 연기(*paṭiccasamuppāda*)를 쉽게 이해하지 못한다.[4]

불교 이전 이론은 그것을 만든 사람의 상이한 경향과 호오好惡에 일차적 원인이 있지만, 또한 경험에 주어진 것을 설명하기는커녕 실재가 응당 가져야 할 모습을 보여주려 한 선험적 추론에 근거했다고 볼 수도 있다.

『자설경』에는 상이한 형이상학적 견해를 가진 사람을 태생적으로 시각 장애를 가진 사람(*jaccandha*[生盲])에 비유하는 잘 알려진 일화가 등장한다.[5] 한 무리의 시각장애인들이 코끼리를 살펴보게 되었다. 이들 각자는 코끼리의 일부분을 만져보고 코끼리가 어떻게 생겼는지에 대해 대답했다. 코끼리의 머리를 만진 사람은 코끼리가 거대한 솥과 같다 하고, 귀를 만진 사람은 까부르는 키와 같다 하고, 상아를 만진 사람은 보습 같다고 하는 등 여러 주장이 나왔다. 이 이야기의 교훈은 사상이 다른 학파에 속해 있는 사람들은 자신들의 학파의 가르침에 맞게 생각하도록 조건 지어져 있고 다른 사실에 대해서는 전혀 모른다는 것이다.

「범망경」에서는 62가지 형이상학의 견해(*diṭṭhi*[見])가 논의된다.[6] 이 가운데 다수는 십무기(*avyākata*)의 양자택일 문제에 포함될 수

4 *M* 1. 167; *TD* 1. 777a.
5 *Ud* pp. 66ff.
6 *D* 1. 12ff.

있다. 십무기는 다음과 같다.

1. 세계는 영원하다(*sassato loko*).
2. 세계는 영원하지 않다(*asassato loko*).
3. 세계는 유한하다(*antavā loko*).
4. 세계는 무한하다(*anantavā loko*).
5. 영혼은 몸과 같다(*taṃ jīvaṃ taṃ sarīraṃ*).
6. 영혼은 몸과 다르다(*aññaṃ jīvaṃ aññaṃ sarīraṃ*).
7. 여래는 사후에도 존재한다(*hoti tathāgato parammaraṇā*).
8. 여래는 사후에 존재하지 않는다(*na hoti tathāgato parammaraṇā*).
9. 여래는 사후에 존재하기도 하고 존재하지 않기도 한다(*hoti ca na ca hoti tathāgato parammaraṇā*).
10. 여래는 사후에 존재하는 것도 아니고 존재하지 않는 것도 아니다(*neva hoti na na hoti tathāgato parammaraṇā*).

처음 두 쌍의 명제는 세계의 지속과 범위에 대해서 말하고, 세 번째 쌍의 명제는 영혼의 본성에 대해서, 그리고 마지막 네 명제는 죽은 성인의 상태에 대해서 말한다는 것에 주목하라.

세계에 관한 처음의 두 명제는 어떤 면에서 세계의 본성에 대한 상반된 두 견해 — (영혼뿐만 아니라) 세계의 진정한 본성은 영원하다고 믿는 상주론자(*sassatavādī*)의 견해와 세계는 영원하지 않다고(*asassata*[無常]) 주장하는 물질주의자의 견해 — 를 대변한다. 이와 비슷하게 모순되는 상황이 세 번째와 네 번째 명제에서 발견된다.

붓다에 따르면 세계의 영원성·유한성의 문제는 인간의 지식으로는 결정할 수 없었다. 그러나 인간은 세계의 본성에 대한 그러한 불확실성에 만족하려 하지 않았다. 앞서 언급했듯이(6장 참조) 사실 확실성에 대한 탐구는 종교적 삶으로 이끄는 주된 동기 가운데 하나이다. 따라서 태초부터 이러한 문제에 대한 해답을 찾으려는 시도가 있어왔고, 상이한 해답이 세상의 다양한 종교 속에 구체화되었다.

직접증거도 없이 우주의 기원과 범위뿐만 아니라 본성까지 알려고 했던 인간은 상당 부분이 선험적 원리에 의해 결정되는 사변에 의지할 수밖에 없었다. 서양(파르메니데스Parmenides 참조)과 동양(아가마르샤나Aghamarśaṇa와 웃달라카 참조) 모두 철학자들은 이러한 문제를 해결하기 위해 충족이유율을 채택했다. 그러한 사변은 대부분 철학자 자신의 호오로 채색되어 있었다. 모리스 라제로비츠Morris Lazerowitz는 형이상학의 본성에 대해 논평하면서 다음과 같이 말했다. "꿈과 마찬가지로 형이상학 이론은 무의식의 산물이며 감각과 동기를 모두 갖고 있다. 우리는 이것을 즐기거나 거부한다. 이것은 우리에게 즐거움이나 고통, 안전감이나 불안감을 준다. 그러나 우리는 이것의 의미를 알지 못한다."[7] 이 사실이 강조되는 곳은 가장 초기의 정전 중 하나인 『경집』의 「의품」에 포함된 붓다의 설법이다. 이 장의 논변의 핵심은 다음 구절로 적절히 요

7 M. Lazerowitz, *The Structure of Metaphysics*(London: Routledge and Kegan Paul, 1955), p. 26.

약된다. "사람들이 자신들의 견해를 구성할 때 경향에 이끌리고 좋아하는 것에 몰두한다면 어떻게 자신들에게 소중한 견해를 포기할 수 있을까? 그들은 이해한 대로 말하기 때문이다."[8]

다른 명제에 대해서도 똑같이 말할 수 있다. 여섯 번째 명제가 시사하는 것은 덧없고 변화하는 육체와는 달리 영원하고 불변하는 정신의 원리인 '자아(*ātman*)'가 존재한다는 견해이다. 누군가 우파니샤드 사상가들에게 어떻게 그런 '자아'의 존재를 알 수 있는지를 물었을 때, 그들은 그것이 감각을 초월한다고 주장했다(1장 참조). 이러한 대답도 사람의 생명과 인격을 영속시키고 싶은 욕망(*jīvitukāma*, *amaritukāma*)과 같은 의식적 혹은 무의식적 동기에서 비롯된 것일지도 모른다(5장 참조). 물질주의자들은 이와는 상반된 이론, 즉 영혼과 육체의 동일성을 주장했다. 그들은 인간의 인격이 사후에도 생존한다는 것을 부정함으로써 감각 및 초감각 경험을 통해 사후 생존을 입증할 수 있다는 붓다의 주장을 기각했다.

마지막으로 남은 것은 성자의 사후 본성에 관한 네 가지 명제이다. 7장에서 지적했듯이 성자가 초월적 상태로 존재하는지 아닌지는 결코 직접 경험을 통해 말할 수 없다. 성자는 탐욕을 없앴기 때문에 재생이 없다는 점을 초감각적 지각을 계발한 사람들이 증명했다고 한다.[9] 더욱이 성자는 깨달음을 얻는 순간에 재생 등이 종결되었다는 점을 체득한다(7장 참조). 따라서 일부는 죽음이 없는

8 *Sn* 781.
9 *S* 1. 122.

영원한 삶을 갈망한 나머지, 성자가 사후에도 잔존하지만 단지 모습을 바꿔 존재한다고 주장했다. 반면에 물질주의자들은 평범한 사람들뿐만 아니라 성자의 사후 생존까지도 부정했다. 붓다는 경험에 입각한 대답을 전혀 할 수 없었기 때문에 대답을 강요받고도 말없이 있었다. 그리고 그는 여래가 존재하는가(*hoti*) 아니면 생기하는가(*uppajjati*), 존재하지 않는가 아니면 생기하지 않는가, 두 경우 모두에서 긍정인가 아니면 부정인가와 같은 질문이 이 경우에 해당하지 않는다고(*na upeti*) 주장했다. 이것은 일각수一角獸의 존재 여부를 묻는 것이나 마찬가지다. 이 질문은 초월적 실재에게 오직 일상 경험의 영역에만 적용할 수 있는 '존재' '비존재' 등과 같은 특징을 전가하는 것이 결코 아니다. 그런데도 자야틸레케는 그렇다고 생각하는 것 같다.[10]

이미 우리는 붓다가 형이상학 이론에 가한 두 가지 비판을 논의했다. 첫 번째 비판은 형이상학 이론이 전혀 경험에 기초하지 않은 선험적 추론에 근거하고 있다는 것이다. 경험에 의한 증명의 원리를 채택한 사람은 이것을 이용하여 형이상학을 비판했다. 두 번째 비판은 형이상학자들이 직접 지식이 없는 상태에서 자신들이 알고 있는 것에 만족하지 못하고 지식의 대상은 응당 어떠해야 한다고 예단하려 든다는 것이다.

세 번째 가설은 형이상학적 명제가 사람들에게 강한 정의적情意的 반응을 끌어낼 수 있다 해도 그것은 문법에 맞으나 의미를 결여

10 Jayatilleke, *Early Buddhist Theory of Knowledge*, p. 293.

한 단어, 문장의 무의미한 나열에 불과하다고 해석한다. (이러한 형이상학의 특징은 강한 정의적 반응을 일으킬 수 있다는 것이다. 이 때문에 독일 철학자 임마누엘 칸트는 이 특징을 규제적 원리에 포함시키게 되었다.) 이것이 형이상학에 대한 논리실증주의자들의 비판인데, 초기의 불교 경전에서도 이러한 비판이 발견된다. 여기에서는 무의미한 명제를 앗파티히라카탐appāṭihīrakataṃ[不應正理]이라고 지칭한다.[11] 주석자는 이것을 설명하면서 니랏타캄niratthakaṃ, 즉 '의미 없음[無意義]'이라는 단어를 사용하여 그 용어가 갖는 의미를 매우 명확하게 주장한다.[12] 논리실증주의자들이 주장하듯 이러한 형이상학적 주장은 경험을 통해 증명되지 않기 때문에 무의미하다. 2장에서 언급했듯이 초기 불교의 경험주의적 태도는 『상응부』의 「일체경」에서 명백하게 드러난다. 여기서 붓다는 승려들에게 다음과 같이 말한다.

> 승려들이여, 내가 너희에게 '일체'에 대해 가르쳐주겠다. 잘 들어라. 승려들이여, '일체'란 무엇인가? 눈과 물질적 형태, 귀와 소리, 코와 냄새, 혀와 맛, 몸과 만질 수 있는 대상, 마음과 마음의 대상, 이것을 일러 '일체'라 한다. 승려들이여, "나는 이 일체를 거부하고 다른 일체를 선언할 것이다"라고 말하는 사람은 물론 [자신의] 이론을 갖고 있을지도 모른다. 그러

11 *D* 1. 193ff.; 239, 241ff.; *M* 2. 33, 41.

12 *Papañcasūdani, Majjhimanikāya-aṭṭhakathā*, ed. I. B. Horner(London: PTS, 1933), 3. 237.

나 그는 질문을 받고 대답하지 못할 것이고, 더 나아가 고통받게 될 것이다. 왜 그런가? 그것은 경험의 영역 안에 있지 않기(*avisaya*) 때문이다.[13]

이 설법은 우리의 직접 지각이 여섯 가지 경험의 영역과 그에 상응하는 대상에 기초한다는 것을 시사한다. 이것을 일러 십이처(*āyatana*)라고 한다. 실재의 본성에 대해 사유하면서 이 십이처를 제외한다면 갈등과 불일치, 고통과 걱정에 빠지게 된다. 경험의 경계(*visaya*[境])를 넘어서기 때문이다. 우리의 분석에 따르면 초감각적 지각조차도 십이처(*āyatana*)에 포함할 수 있다(2장 참조). 감각 및 초감각적 지각을 통해 직접 지각되는 것은 모든 물리적, 심리적, 도덕적, 정신적 영역에서 작용하는 연기이다. 그러한 직접 지각의 대상으로 주어지는 초월적 실재나 존재, 혹은 '자아'는 없다.

현대 철학은 형이상학의 문제를 또 다른 방식으로 접근한다. 이 접근 방식을 재택한 사람은 비트겐슈타인, 라일 및 다수의 영국과 미국 철학자이다. 그들은 전통 형이상학의 기원이 일상 언어의 사용법에 대한 겉핥기 식 이해에 있다고 주장한다. 붓다도 초기 경전에서 분명히 형이상학에 대해 유사한 비판을 했다. 이 점은 붓다가 분석한 '자아' 개념 및 성자의 사후 본성에 관한 명제를 보면 분명히 알 수 있다.

붓다는 '자아'에 대한 믿음의 원인이 일상 언어의 잘못된 이해

13 *S* 4. 15; *TD* 2. 91a-b.

에 있다고 생각했다. 한번은 붓다가 인간 인격의 연기법을 설명하면서 "태어난 존재를 양육하고, 앞으로 태어날 존재를 기르는 데 네 종류의 음식이나 영양분, 다시 말해 엄청난 물질적 식량, 접촉, 의지, 의식意識이 필요하다"는 비인칭적 진술을 주장했다. 이에 몰리야 팍구나Moliya Phagguna라는 승려가 "존자여, 누가 의식을 먹고 삽니까(*ko nu kho bhante viññāṇâhāraṃ āhāretī ti*)?"라고 질문을 했다.[14] 붓다가 비인칭적 인과의 명제로 자신의 견해를 제시했음에도 몰리야 팍구나는 이것을 일상 언어의 표현으로 변형시키고 문법의 구조에 따라서 어떤 존재, 즉 근본적 의미에서의 행위자를 상정했다. 붓다가 십이지의 연기 과정을 설명하는 또 다른 경우에 한 승려가 "오, 존자여, 무엇이 노쇠와 죽음입니까? 이 노쇠와 죽음은 누구의 것입니까?"라고 질문했다.[15] 그러자 붓다는 질문이 잘못되었다고(*no kallo pañho*[非適問]) 주장했다. "만일 어떤 사람이 '무엇이 노쇠와 죽음입니까?' '노쇠와 죽음은 누구의 것입니까?'라고 말한다면, 또는 만일 어떤 사람이 노쇠와 죽음을 설명하고 이 노쇠와 죽음은 다른 사람의 것이라고 말한다면, 이것[질문]들은 표현만 다를 뿐 [의미는] 같다." 붓다가 여기서 명확하게 말하려는 바는 문장의 문법 구조에 맞추느라 속성과는 존재론적으로 다른 주어를 가정해서는 안 된다는 것이다(7장 참조). 이 점은 십이연기법에서 언급된 모든 요소에서 반복된다.

14 *S* 2. 13; *TD* 2. 102a.
15 *S* 2. 61; *TD* 2. 99c.

붓다는 여러 번 언어 관습의 본성을 분석하고 그러한 관습의 용법과 한계를 지적했다. 『상응부』의 유명한 구절 가운데 하나에는 언어 관습의 한계를 넘는 사례가 묘사되어 있다.

> 이러한 세 가지 언어 관습, 즉 단어나 용어의 용법이 있다. 이것들은 분명하다. 과거에도 분명했고 현재에도 분명하고 미래에도 분명할 것이다. 현명한 바라문과 은둔자도 이것들을 무시하지 않는다. 그 세 가지는 무엇인가? 존재했던 물질적 형태(*rūpa*)는 모두 없어지고 사라지고 변화했다. 그것은 '존재했다(*ahosi*)'라고 불리고 간주되고 말해진다. 그리고 그것은 '존재한다(*atthi*)'거나 '존재할 것이다(*bhavissati*)'라고 간주되지 않는다. … [똑같은 것이 나머지 사온 — 느낌, 지각, 경향성, 의식 — 에 대해서 되풀이된다.] 생기지 않았고 생기지 않을 물질적 형태는 모두 '존재할 것이다(*bhavissati*)'라고 불리고 간주되고 말해진다. 그리고 그것은 '존재한다(*atthi*)'거나 '존재했다(*ahosi*)'라고 간주되지 않는다. … 생겨나 자신을 드러낸 물질적 형태는 모두 '존재한다(*atthi*)'라고 불리고 간주되고 말해진다. 그리고 그것은 '존재했다(*ahosi*)'거나 '존재할 것이다(*bhavissati*)'라고 간주되지 않는다.[16]

16 *S* 3. 70ff.

이것은 아마도 붓다가 다른 곳에서 언급한[17] 실체론자의 실재에 대한 관념을 비판한 것 같다. 그 관념에 따르면 '모든 것은 존재한다(*sabbaṃ atthi*[一切有]).' 다시 말해 영원한(*sassata*[常]) 것으로 정의되는 모든 것 또는 '자아'의 실체는 과거·현재·미래에 걸쳐서 존재한다. 설일체유부와 같은 후대의 불교 학파가 주장한 이론도 이와 똑같은 이론이다(9장 참조). 붓다가 이와 관련해서 했던 충고는 "변증법의 용법에 집착하지도 말고 언어 관습의 한계를 넘지도 말라(*janapadaniruttiṃ nâbhiniveseyya sāmaññaṃ nâtidhāveyya*)"는 것이었다.[18]

마지막으로 붓다는 형이상학의 문제를 회피하기 위해 이따금 실용적인 것이나 이와 관련된 것에서 논증을 제시했다는 점도 언급할 수 있을 것 같다. 「말룽키야풋타에 대한 짧은 경Culla Māluṅkyaputta-sutta」에서 그러한 문제의 해결이 안녕이나 숭고한 종교적인 삶, 금욕, 냉정, 소멸, 완화, 지혜, 깨달음, 열반에 이르는 길은 아니라는 점이 지적된다.[19]

이런 식으로 불교는 우주의 기원과 범위, '영혼' 또는 '자아'의 본성, 성자의 사후 상태에 관한 질문을 형이상학적인 것으로 간주했다. 순간적 경험의 토대가 되는 실재를 목도하려는 시도에서 유래한, 설일체유부가 주장한 '실체' 또는 '자성(*svabhāva*)'의 관념 역시 형이상학의 범주에 포함될 것이다. 대승에서 사유한 붓다나 절대의 관념도 같은 범주에 포함될 것이다. 그러나 현대 철학에서와

17 *S* 2. 17; *TD* 2. 81a.
18 *M* 3. 230, 234.
19 *M* 1. 426ff.; *TD* 1. 704ff.

달리 초기 불교에서는 연기의 무예외성과 인간 인격의 사후 생존과 같은 문제를 형이상학으로 간주하지 않았다.

참고 문헌

1차 문헌

Brahmajāla-suttanta (*D* 1. 1ff.); "The Perfect Net"(*SBB* 2. 1ff.); *TD* 1. 88ff.

Poṭṭhapāda-suttanta (*D* 1. 178ff.); "The Soul Theory"(*SBB* 2. 244ff.); *TD* 1. 109ff.

Tevijja-suttanta (*D* 1. 235ff.); "On Knowledge of the Vedas"(*SBB* 2. 300ff.); *TD* 1. 104ff.

Culla-Māluṅkyaputta-sutta (*M* 1. 426ff.); "Lesser Discourse to Māluṅkyā(putta)"(*MLS* 2. 97ff.); *TD* 1. 704ff.

Aggi-Vacchagotta-sutta (*M* 1. 483ff.); "Discourse to Vacchagotta on Fire"(*MLS* 2. 162ff.); *TD* 2. 245ff.

Niruttipatha-sutta (*S* 3. 70ff.); "Mode of Reckoning"(*KS* 3. 62ff.).

Diṭṭhi-saṃyutta (*S* 3. 202-224); "Kindred Sayings on Views"(*KS* 3. 164-176); *TD* 2. 42ff. 참조.

Udāna, Jaccaandha-vagga (*Ud* 62ff.); "Jaccandha"(*Minor Anthologies of the Pali Canon*, 2. 74ff.).

Sutta-nipāta, Aṭṭhaka-vagga (*Sn* 766ff.); "Book of Octads", R. Chalmers, *Buddha's Teachings*, Harvard Oriental series 37, Cambridge, Mass.: Harvard University Press, 1932, pp. 184ff.

2차 문헌

Jayatilleke, K. N., *Early Buddhist Theory of Knowledge*, pp. 470-476.

Murti, T. R. V., *The Central Philosophy of Buddhism.*

Ñāṇananda, Bikkhu., *Concept and Reality in Early Buddhist Thought.*

부록 2.
초기 불교와 선의 관계에 대한 고찰

지금까지 우리는 인도 불교에 속한 다섯 주요 학파 — 세 개의 스타비라바다, 즉 소승 학파(상좌부, 설일체유부, 경량부) 및 두 개의 대승 학파(중관파, 유가행파) — 를 통해 불교 사상의 발전을 고찰했다. 불교 사상이 극동의 국가, 특히 중국과 일본에 소개되고 점차 발전하면서 예닐곱의 학파가 등장했다. 그것들은 각각 여러 가지 방식으로 두 개의 대승 학파 중 하나 또는 둘 모두와 관계를 맺었을 것이다. 이 학파 가운데 극동에서 오늘날까지 살아남은 가장 대중적인 두 학파는 선禪과 정토종淨土宗이다. 선(중국어로 Ch'an)은 대체로 중관과 유가행을 중국식으로 혼합한 것이라고 설명한다. 정토종(중국어로 Jing-tu)은 대승불교의 대중적 측면을 대변하는 『극락장엄경』과 『관무량수경』 같은 인도 불교 경전에 기초하고 있다.

서양, 특히 미국에서 가장 대중적인 것은 선이다. 더욱이 정토종과 달리 선은 명확한 철학적 기초를 갖고 있고 중국과 일본의 철학·종교·미학의 삶에 상당한 영향을 끼쳤기 때문에 불교 철학 텍스트에서 선을 조금이라도 다루지 않는다면 불완전하게 보일 정도이다. 이 부록의 목적은 선의 기본 교의를 밝히는 것이 아니라 반대로 선과 초기 불교의 관계를 평가하려는 것이다. 이 부록을 특별히 포함시킨 이유는 초기 불교에 대한 내 분석이 많은 학자가 발표한 선불교와 붓다에 대한 그것과 매우 다르기 때문이다.

스즈키 다이세츠鈴木大拙*와 하인리히 두몰린Heinrich Dumoulin**은 선불교에 대한 저술로 서양에서 널리 존경받는 학자이다. 선의 가르침에 대한 그들의 분석이 권위 있고 포괄적이라는 점은 인정되지만 초기 불교와 선의 관계에 대한 그들의 추론은 수용할 수 없을 것 같다. 두 학자가 제시한 초기 불교와 선의 관계에 관한 견해에는 약간의 차이가 있다. 두몰린은 붓다의 근본 가르침 — 절대, 즉 궁극적 실재에 관한 이론 — 이 선을 포함하는 불교 철학의 전체 구조를 관통하고 있다는 견해를 지지하는 반면에, 스즈키는 붓다의 말씀 속에 맹아 형태의 대승 교의가 있고, 그러한 교의가 다시 수세기에 걸쳐 전개되었기 때문에 소승 학파는 붓다의 가르침을 온전히 이해하지 못했다는 (『묘법연화경』의 비유가 표현하는) 이른바 해묵은 대승 이론을 채택한다.

두몰린은 "고대 찬가집" 속에 나타난 열반의 관념에 대해 언급

* 일본 오타니大谷대학 교수를 지냈으며 선에 대한 많은 저작을 저술함으로써 선이 서구에서 유행하는 데 공헌했다.

** 예수회 신부로서 일본 조치上智대학에서 역사와 철학 교수를 역임했으며 선불교에 관한 많은 저작을 발표했다.

하면서 다음과 같이 말한다.

> 열반은 완전한 구원, 최고의 환희, 평화의 안식처, 해방의 섬으로 간주된다. 그러한 모습이 무無를 감싸는 실체 없는 장막veils일 수 있을까? 다시 말해 그것은 오히려 명백한 핵심을 감추는 것이 아닐까? 붓다의 가르침 속에 있는 이 모순에 관심이 집중되었고, 붓다는 완전한 사람[覺者]이 사후에도 존재하는지에 대한 질문을 받았다. 붓다는 여기에 대답하지 않았다. 분명한 이유는 그 질문이 이론의 성격을 가졌고, 그것에 대한 대답은 유일한 요구 사항, 즉 구원의 성취와 무관하기 때문이다. 따라서 그는 철학적 불가지론자라는 비난을 받았다. 그러나 붓다는 저승의 삶에 대해 자신의 견해를 밝히는 것을 원치 않았을 수도 있다. 우리의 개념어로는 설명이 불가능하기 때문이다. 인간의 언어는 죽음이 없는 불멸의 영역인 "피안"에 대해 아무것도 확실하게 표현할 수 없다. 그 영역은 오직 신비스러운 상승을 통해서만 도달할 수 있다.[1]

두몰린은 초기 불교에 대해 이렇게 설명한 후 계속해서 다음과 같이 논의를 이어간다.

> 대략 2세기쯤에 나가르주나는 직관의 깨달음으로 완성되는

1 H. Dumoulin, *History of Zen Buddhism*(London: Faber & Faber, 1963), p. 14.

> 초월적 지혜에 대한 설법[*『반야경』]을 통해 중도(중관파) 철학을 수립했다. 대승불교 전체에서 보살로 존경받는 나가르주나는 신비주의 학파인 밀교 진언종眞言宗과 선종 모두에서 조사祖師의 한 사람으로 간주되며, 석가모니 이래 이어지는 증인의 대열에서 가장 중요한 연결 고리로 간주된다. 초월적 지혜의 교의 — 부정론, 역설, 직관 인식의 종교 체험, 사물을 있는 그대로 이해함 — 에 포함되는 주요 요소는 모두 그 본질에 깊숙이 뿌리를 박고서 나가르주나를 통해 『반야경』에서 선으로 흘러들어갔다.[2]

『반야경』, 중관파, 선을 붓다와 직접 연결하는 작업을 한 것은 분명 선사禪師들이었다. 이러한 연결 작업을 가능케 한 것은 붓다의 기본 가르침이 선의 시대에 이르기까지 바뀌지 않았다는 믿음이었다.

이 책이 지금까지 시도한 것은 붓다의 기본 가르침이 상당히 중요한 변화를 겪었고, 그 원인이 역사적인 상황뿐만 아니라 신도의 필요와 열망이었음을 보여주는 것이었다. 붓다의 사후 바로 시작된 변화는 당시에는 크게 감지되지 않았던 것 같다. 그러나 이 변화에서 비롯한 차이는 100년 후에는 상당한 규모에 달했을 것이다. 하지만 신도들은 어떤 단계에서도 이러한 과정이 발생하고 있다는 것을 눈치 채지 못했다. 그렇기 때문에 상이한 교의를 주창

2 Ibid., pp. 36f.

하는 각각의 학파들은 자신들이 붓다의 진정한 대변자라고 주장했다. 절대라는 대승의 관념뿐만 아니라 이른바 소승의 찰나성, 원자론, 연기, 실체 등의 이론마저도 초기 불교의 가르침과는 다르다. 우리는 초기 불교와 어울리지 않는 절대론이 붓다의 사후에 대승불교에서 점차 발전하게 되었고, 이렇게 발전한 결과 『반야경』에서 절대와 현상을 화해시키는 문제에 직면하게 되었다는 것을 목격했다. 나가르주나는 이 문제를 철학적으로, 좀 더 정확히 말해 변증법을 통해 해결하려 했다. 유가행파는 이 문제를 요가 명상이라는 전래의 방법을 통해 현상에서 물러남을 강조함으로써 해결하려 했다. 선은 이 갈등을 중재하는 또 하나의 방법을 제시했다고 할 수 있을 것이다.

상이한 이론을 제시한 후대의 불교도들 역시 자신들이 주장하는 교의와 붓다의 기본 교의를 뿌리째 연결시키려 했다. 그들은 경전(*sūtra*)에 구체화된 붓다의 가르침과 자신들의 주장 사이에 상당한 차이가 있음을 깨닫고 자신들이 주장하는 교의의 기원을 붓다에게서 직접 찾으려고 갖은 노력을 다했다. 이 점은 『논사』뿐만 아니라 『묘법연화경』에도 드러난다. 초기 불교에 대한 해석은 상당수가 고유한 것이 아니라 훨씬 후대에 발전된 이론에 맞춰서 이루어진 것이다. 고대와 현대를 불문하고 소승불교 및 대승불교는 초기 불교에서 자신들의 교의의 단초를 찾으려고 노력해왔다. 이러한 후대 사상의 학파들은 자신들의 기원을 찾으려고 시도하면서도 작금의 학파와 초기 불교 사이의 기본적인 차이를 소홀히 했고, 다른 학파의 교의는 붓다의 진정한 말씀을 대변하지 않는다고 경시했다. 스즈키는 대승과 초기 불교의 관계를 다음과 같이 설명한다.

> 정확히 말해 대승의 근본이념은 초기의 저작이 늦어도 붓다 사후 300년 이내에 출현했을 『반야경』 계통의 불교 문헌에 자세하게 설명되어 있다. 분명 단초는 이른바 원시불교에 속하는 문헌에 있을 것이다. 붓다의 신도들이 다양하게 변화하는 삶의 조건을 통해 붓다의 가르침을 상당 기간 실제로 실천하지 않았더라면 그러한 발전은, 즉 그러한 단초들을 창시자의 가르침 중 최고의 본질로 자각하는 것은 불가능했을 것이다. 이런 식으로 경험이 풍부해지고 성찰이 성숙한 뒤에 인도 불교는 원시 또는 원래 형태와는 구별되는 대승이라는 형태의 불교를 갖게 되었다.[3]

초기 불교에 대한 이 해석은 대승이 다른 형태보다 우수하다는 점을 전제한다. 사실상 그것은 『해심밀경』[4]에 언급된 "삼전법륜三轉法輪(*tridharmacakrapravartana*)"이라는 대승 관념에서 구체화된 견해이고, 아울러 수세기에 걸쳐 피어나는 '연꽃(*puṇḍarīka*)' 관념의 토대가 되었다. 이 견해에 따르면 잎사귀가 많은 연꽃은 수세기가 지난 후에야 비로소 만개했다. 이 관념을 정당화하기 위해서 붓

3 D. T. Suzuki, *Introduction to Zen Buddhism*(New York: Grove Press, 1964), p. 31, note 1.
4 *Sandhinirmocana-sūtra* 7. 30.

다의 초기 설법에 묘사된 자유(*vimutti*)의 이상마저도 평가절하할 수밖에 없었다. 10장에서 지적했듯이 이것은 "참된 교의의 연꽃에 대한 설법", 즉 『묘법연화경』의 주된 주제였다. 따라서 대승불교도들은 소승불교도들을 비판했다. 소승불교도들이 붓다의 무아(*anātman*)의 교의에 위배되는 '요소의 실체성(*dharma-svabhāva*[實相])'과 같은 이론을 제시했다는 것이었다. 그러나 그들 자신도 붓다의 것이라 할 수 없는 이론, 예를 들면 절대론을 지지하고 있다는 점은 깨닫지 못했다.

초기 불교와 선의 관계를 이해하려 할 때 이런 사실을 명심한다면, 선의 교의들은 전혀 다른 관점으로 보일 것이다. 주목해야 할 점은 선불교가 중국에서 대단히 인기를 끌었던 중관파와 유가행파를 대체했다는 것이다. 선이 중관과 유가행의 혼합체로 발전된 것은 맞지만, 선불교에는 많은 부분에서 이 두 학파의 기본 교의 및 수행과 다른 것이 존재한다. 왜 이런 일이 일어났는가? 중관과 유가행 형태의 불교가 중국 고유의 도교 전통을 고려하여 변형되었던 것일까? 중국 불교가 다른 어떤 것, 즉 중국에 남아 있던 비대중적인 전통의 영향을 받았던 것일까? 선불교가 탄생하면서 종교 및 철학의 환경에 초래한 혁신을 세심히 살펴보면 붓다가 자신의 환경에 초래한 혁신과 놀라운 유사성이 있음을 알 수 있다. 이러한 혁신을 잠깐 살펴보자.

보리달마菩提達摩Bodhidharma는 선불교를 창시한 사람이다. 선은 디야나, 즉 명상을 의미한다. 보리달마가 지었다고 전해져왔지만 사실은 선의 발전과 성숙이 높은 단계 이른 훨씬 후대에 와서 만들어진 다음의 유명한 게송은 선의 본질적인 교의들을 표출한다고 생각된다.

경전 밖의 특별한 전통으로[教外別傳]
말과 글에 의존하지 않고[不立文字]
인간의 마음을 직접 가리켜[直指人心]
자신의 본성을 보고 불성을 획득한다[見性成佛].[5]

여기에 언급되는 "특별한 전통"은 중관파 및 유가행파의 이념에 기초한다. 개념은 실재를 가리키기에 부적합하다는 중관파의 분석이 아마도 경전의 전통을 부정하게 만들었을 것이다. 이 점에서 경전의 전통을 완전히 부정하는 선의 전통은 중관파를 능가하는 것으로 보인다. 중관파는 개념이 실재를 표현할 수 없다고 강조하면서도 '절대(*paramârtha*)'를 이해하는 데 있어 '관습적인 것(*saṃvṛti*)'의 가치를 인정했기 때문이다(11장 참조). "인간의 마음을 직접 가리킨다"와 "자신의 본성을 본다"는 것은 유가행파의 방법을 모방한 것 같다. 이미 지적했듯이 초기 중국 불교에서 가장 대중적인 학파는 중관파와 유가행파였다. 중관파 철학의 가르침 중에서도 특히 순야타, 즉 '공'의 관념은 대부분 도교 신자였던 지식인들로서는 쉽게 수용할 수 있는 것이었다. 중국의 토착 전통에도 명상과 일부 유사한 것이 있지만 그것은 원래 인도인이 수행하던 것이었

5 Dumoulin, *History of Zen Buddhism*, p. 67에서 인용.

다. 중국인은 이러한 명상을 열정을 다해 수행했다. 이러한 두 전통이 발전하여 정점에 이른 것이 선불교의 교의인 것 같다.

중관 철학은 반형이상학, 반공리反空理, 반학문주의를 표방했다. 그러나 중관 철학이라는 새로운 가르침에 대한 중국인의 열정으로 인해 학문주의 활동은 오히려 대단히 증가했다. 여러 그룹의 학자가 경전의 번역서와 주석서의 편찬에 대부분의 시간을 바쳤다. 경經(설법)과 논論(철학적 논서)뿐만 아니라 주석서[註疏]까지 모두 중국어로 번역했다. 게다가 중국에서는 독자적인 주석서까지 편찬되었다. 거의 500년에 가까운 세월을 학문주의 활동에 매진한 뒤 그런 노력이 헛되다는 것을 깨달았음이 분명하다. 이에 대한 선불교의 반응은 불교 세계의 기타 지역에서 일어나고 있던 것과 매우 유사했다. 예를 들면 당시 상좌부 불교의 중심지였던 실론에서는 교의의 기초나 뿌리가 '학습(*pariyatti*[學得])'인지 아니면 '실천(*paṭipatti*[行])'인지의 여부를 따지는 긴 논쟁이 있었다.[6] 이것은 참으로 붓다 자신이 당대에 시행하려 했던 변화와 매우 유사하다. 붓다는 『증지부』의 설법에서 네 가지 유형의 사람에 대해 언급하고 그들을 상이한 형태의 비구름(*valāhaka*)에 비교한다.

1. 천둥은 치지만(*gajjitā*) 비는 내리지 않는(*no vassitā*) 비구름처럼 암송(*bhāsitā*)은 하지만 실천하지 않는(*no kattā*) 사람.

6 *Manorathapūraṇī*, *Aṅguttara-nikāya-aṭṭhakathā*, ed. M. Walleser and H. Kopp (London: PTS), 1.92f. 참조.

2. 비는 내리지만(*vassitā*) 천둥은 치지 않는(*no gajjitā*) 비구름처럼 실천(*kattā*)은 하지만 암송하지 않는(*no bhāsitā*) 사람.

3. 비도 내리지 않고 천둥도 치지 않는(*n'eva gajjitā no vassitā*) 비구름처럼 암송도 실천도 하지 않는(*n'eva bhāsitā no kattā*) 사람.

4. 천둥도 치고 비도 내리는(*gajjitā ca vassitā ca*) 비구름처럼 암송도 실천도 모두 하는(*bhāsitā ca kattā ca*) 사람.[7]

이들 중 첫 번째 사람은 한 걸음 더 나아가 경(*sutta*)과 중송(*geyya*), 수기(*veyyākaraṇa*), 게(*gāthā*) 등으로 구성된 문헌을 공부하는 사람이다. 이 사람은 고제(*dukkha*), 집제, 멸제, 도제를 이해하지 못한다. 이것이 암시하는 대상은 베다의 찬가를 단지 낭송만 할 뿐이고 의미를 이해하거나 이해에 따라 살아가는 것을 거부한다고 붓다가 비난했던 일부 바라문임이 분명하다. 붓다는 이런 종류의 경전 연구를 비난했다. 더욱이 「사유경蛇喩經Alagaddūpama-sutta」에 따르면[8] 단순히 경전 분석에만 한정된 담마의 연구는 깨달음으로 인도하지 못한다. 담마에 정통함도 남을 비난하는(*upārambhânisaṃsā*) 수단으로 쓰거나 비난을 회피하는(*itivādappamokkhânisaṃsā*) 목적으로 써서는 안 된다. 교의에 대한 그러한 연구는 독사의 꼬리를 잡는 것에 비유할 수 있다. 만일 어떤 사람이 독사의 꼬리를 잡는다면 그는 독사가 몸을 돌렸을 때 물릴 수도 있고 심지어 그로 인해 죽을 수도 있다. 이와

7 *A* 2. 102f.; *TD* 2. 635a.
8 *M* 1. 130ff.; *TD* 1. 763ff.

마찬가지로 담마를 잘못 연구하면 비참함과 좌절에 빠진다. 붓다의 충고는 담마의 의미를 이해하고, 그 정신을 마음에 깊이 새기고, 그 것에 따라 살라는 것이었다. 담마는 건넘(*nittharaṇa*[越度])을 위한 것이지 집착(*gahaṇa*[執持])을 위한 것이 아니다.[9] 팔리어나 한문으로 붓다의 이러한 일부 설법을 읽은 후대의 제자는 분명 붓다가 그러한 학문주의 활동을 비난했다는 것을 알았다. 육조 혜능이 완전히 문맹이었다는 전설이 이와 같은 학문주의 활동에 대한 혐오를 상징한다는 점에는 의심의 여지가 없다. 선사禪師의 이러한 태도는 단지 학문주의 활동보다는 불교도의 삶을 실천할 것을 주장한 일부 상좌부 스승의 태도나 앞에서 설명한 붓다의 태도와도 매우 유사하다.

이것 외에도 선사들은 붓다가 끼친 또 다른 변화를 따르고 추구했다. 앞서 지적한 것처럼 명상 수행은 붓다 시대에 널리 퍼져 있었다. 무엇보다도 고행주의자인 알라라 칼라마와 웃다카 라마풋타는 요가와 이를 통해 획득하는 명상의 황홀감에 깊게 빠져 있었다. 붓다가 보기에 그들은 더 큰 목적을 방치한 채 다양한 황홀감(*dhyāna*)을 얻는 데만 전념하고 있었다. 따라서 「성구경」에 언급된 것처럼[10] 붓다는 만족하지 못한 채 이들을 떠났다. 붓다는 단순히 트랜스를 획득하는 능력에는 만족하지 못했지만, 이러한 지식과 마음의 능력을 사용하여 악한 기질(*āsava*[漏])이 침투하는 것을 막

9 *Vajra* p. 32 참조.
10 *M* 1. 160ff.; *TD* 1. 775ff.

았다고 전해진다. 그는 세상 사물의 본성(*dhamma*)에 대한 통찰력을 계발한 후에 정신 집중의 위력을 이용하여 집착(*upādāna*)을 종식시켰다. 따라서 그는 '불만족(*dukkha*)'을 극복한 사람이 되었다. 그는 요가 명상을 하는 동안만이 아니라 심지어 일상 활동을 하면서도 언제나 정신 집중을 수행했다.

중국 초기 불교사를 연구해보면 중국의 불교도들이 얼마나 광범위하게 명상의 수행에 전념했는지 알 수 있다. 전설에 의하면 명상을 강조한 제1대 조사 보리달마는 9년 동안 승원의 벽을 보고 앉아 있던 탓에 다리가 약해졌다고 한다. 아마도 이 전설은 불교 초기에 명상에 부여된 중요성을 암시하는 것 같다. 또는 명상 자체만을 위한 명상 수행은 무익하다는 것을 보여주려는 의도인지도 모른다. 이것은 고타마 싯다르타가 깨달음을 얻기 전에 6년간 수행한 철저한 고행을 상기시킨다. 더욱이 불교가 중국에 도입되기 전 (기원전 2세기경에) 인도에서 파탄잘리Patañjali의 『요가수트라Yoga-sūtra』에 근거를 둔 독립된 요가학파가 등장했다. 파탄잘리의 저술은 요가의 기술들이 대중화되는 데 기여했다. 불교에서 이 학파와 짝을 이루는 학파가 유가행파였다. 불교 유가행파가 중국에서 매우 유행했다는 사실을 생각할 때, 요가의 수행도 초기 중국 불교에서 유행했다는 결론을 내리고 싶은 충동을 받는다. (요가의 기술을 다룬 특별한 논문에서 명백히 알 수 있듯이[11] 상좌부 전통에서조차 이 명상은 어느 단계에서 압도적으로 강조되었다.) 명상에 대한 선사의

11 *Yogâvacāra's Manual*, ed. T. W. Rhys Davids, *Journal of the Pali Text Society*, 1896 참조.

태도는 이런 배경에서 더욱 잘 이해된다.

다음의 질문은 중요하다. 학문주의와 명상에 대한 선사의 태도는 어떻게 설명할 수 있을까? 그것은 대승의 절대론과 유가행파가 강조한 명상의 수행에 대한 중국의 반응을 대표하는가? 그것은 중국의 토착 전통인 도교의 소산인가? 아니면 중국의 선사는 또 다른 불교 전통에서 영향을 받았는가? 이와 관련하여 흥미로운 점은 붓다가 학문주의를 배격하고 명상의 한계를 강조한 거의 모든 설법이 중국의 『아함경』에서 발견된다는 점이다. 좀처럼 믿기 힘든 사실은 중국 불교의 위대한 선사들이 이러한 설법 내용을 모르고 있었다는 점이다. 대승불교도들은 『아함경』이 붓다의 가장 초기 설법을 대표한다는 사실을 인정했다.

그러나 다음과 같은 의문도 제기할 수 있다. 선사들이 자신들의 생각과 같은 붓다의 설법이 있다는 것을 알았다면, 왜 그들은 붓다의 것이라고 주장하려 했던 이 교의를 뒷받침하는 설법은 인용하지 않았는가? 기억해야 할 것은 나가르주나 같은 인도의 대승불교도들이 초기 설법을 인용한 것은 사실이지만, 그들은 이러한 설법이 소승의 것이기 때문에 소승의 관점을 대변한다고 믿었다는 점이다. 그들은 붓다의 설법에 있어 한편으로는 팔리 『니카야』 및 한역 『아함경』에 포함된 것과 다른 한편으로는 소승불교도들의 『논장』에 포함된 것을 구별하지 않은 것 같다. (아마도 소승불교도들이 『니카야』와 『아비달마』가 같다는 것을 보여주려 했기 때문인 것 같다.)[12] 따라서 그들은 대승의 교의를 결합해서 『능가경』과 『묘법연화경』 같은 자신들의 경전을 갖게 되었다.

초기 중국 불교에서 안세고安世高*와 같은 학자가 번역한 붓다의 설법들은 정신 수양(*dhyāna*)의 체계와 관계가 있거나 아니면 육처六處(*āyatana*), 오온(*khandha*), 사여의족四如意足(*iddhi*), 오력五力(*bala*), 사념처四念處(*satipaṭṭhāna*)와 같은 숫자의 범주를 설명하는 것과 관계가 있었다.[13] 분명한 것은 초기 중국 불교도들은 설법집 전체가 소승의 전거典據라고 생각했다는 사실이다.

더욱이 『묘법연화경』의 「방편장方便章」은 십이지(*aṅga*[支分])로 구성된 붓다의 설법은 이해가 늦고 불교의 심오한 진리에 대한 이해력이 전혀 없는 제자들에게 강론되었지만, 대승 경전, 즉 『방등경方等經Vaipulya-sūtra』은 이해가 빠르고 더욱 높은 열정을 가진 보살에게 강론되었다는 대승의 견해를 주장한다. 이 전통 때문에 대승불교도였던 선사는 『니카야』나 『아함경』을 인용하지 않았다.

붓다는 불교 이전의 교의와 삶의 방식이라도 자신의 철학에 맞지 않으면 거부할 수 있었다. 하지만 선사들은 대승이라는 배경에 제약되어 앞서 논의된 두 목표, 즉 사변의 거부와 명상의 제한된 사용을 대승의 틀 안에서 실천해야만 했다. 붓다는 궁극적 실재의 본성에 대한 비불교적인 형이상학적 사변을 거부하고 정신 조절 능력을 채택하여 자신의 삶을 조절할 수 있었던 데 반해, 선사

12 *Kathāvatthuppakaraṇa-aṭṭhakathā*, ed. J. Minayeff, *Journal of the Pali Text Society*, 1889, pp. 6-7.

* 원래 안식국의 태자로 148년에 서역의 여러 나라를 거쳐 낙양에 도착하여 170년까지 역경 사업에 종사했다.

13 E. Zürcher, *The Buddhist Conquest of China*(Leiden: J. E. Brill, 1959), p. 33 참조.

들은 대승불교도들의 형이상학적 사변, 특히 중관과 유가행의 혼합체와 씨름해야만 했다. 그들은 비불교적이지 않고 불교적인 이러한 틀을 포기할 수 없었기 때문이다. 표현할 수 없고 정의할 수 없는 절대라는 근본적 실재에 대한 관념이 모든 선 수행의 배후에 있다는 점은 명백하다. 공안公案의 본성은 이 개념을 설명해준다.

선이 중관과 유가행이라는 두 흐름의 정점을 상징한다는 점은 이미 언급했다. 이 두 흐름은 상호 간에 영향이 있었음에도 자신만의 두드러진 특성을 확보하고 있는 것 같다. 그 결과 서로 다른 두 가지 형태의 선이 발생했다. '점오漸悟'를 강조하는 선의 유파는 아마도 깨달음의 최고 형태를 계발하는 것을 목표로 하는 명상의 점진적 과정을 강조하는 유가행 전통의 영향을 받은 것 같다. '돈오頓悟'를 주장하는 선의 유파는 중관의 '공(*śūnyatā*)' 개념의 영향을 받은 것 같다. 이 두 흐름의 기원은 오조五祖 홍인弘忍의 두 제자에게까지 소급할 수 있을 것이다. 홍인에게는 신수神秀와 혜능이라는 두 제자가 있었다. 혜능의 『단경壇經』에 따르면 홍인은 제자들에게 각자의 깨달음의 정도를 알 수 있도록 게송을 지으라고 명령했다. 그의 목적은 조사의 증표[衣鉢]를 맡길 수 있는 후계자를 찾는 것이었다. 신수는 다음과 같은 게송을 지어 사원 법당 벽에 썼다.

> 몸은 보리[*깨달음]의 나무이고[身是菩提樹]
> 마음은 깨끗한 거울과 같다[心如明鏡臺].
> 항상 그것을 털고 닦아서[時時勤拂拭]
> 먼지가 쌓이지 않도록 하자[勿使惹塵埃].[14]

이 게송이 유가행 철학을 아주 간결하게 표현한다는 점에는 의심의 여지가 없다. 마음은 원래 순수(*prabhāśvara*[明淨])하다. 그런데 흘러들어오는 누(*āśrava*)에 의해 오염된다. 따라서 그 위에 앉은 먼지를 끊임없이 털어내야 한다. 이것은 끊임없는 명상에 의해 성취된다.

전설에 따르면 이 게송을 감탄스럽게 읽은 다른 제자들은 후계의 문제가 이로써 해결되었다고 믿었다고 한다. 그러나 오조 홍인은 완전히 만족하지 못하고 신수에게 그 게송에는 깨달음의 징표가 없다고 은밀히 알려주었다. 이것이 홍인이 점오론의 근거인 유가행의 가르침에 찬성하지 않았다는 암시가 될 수 있을까?

전설은 다음과 같이 이어진다. 당시에 사찰에는 교육을 거의 받지 못한 혜능이라는 소년이 살고 있었다. 중국 남부 출신인 그는 홍인의 명성을 듣고 찾아와 스승에게 자신을 제자로 받아줄 것을 간청했다. 홍인은 이 소년의 비범한 직관과 지성을 간파했지만 제자의 대열에 드는 것을 허락하지 않았고 대신 사찰에서 장작을 패고 방아를 찧도록 허락했다. 문맹인 소년은 신수의 게송을 듣고서 자신에게 이것을 두 번 읽어달라고 부탁했다. 그러자 그는 또 다른 게송을 지었고 그것을 벽에 써달라고 했다.

> 보리는 본래 나무가 없다[菩提本無樹].
>
> 깨끗한 거울도 원래 대臺가 없다[明鏡亦非臺].

14 P. B. Yampolsky, *The Platform Sūtra of the Sixth Patriarch*, p. 130.

본래 아무것도 없다[本來無一物].

먼지 쌓일 곳이 어디 있겠는가[何處惹塵埃]?[15]

신수의 게송과 비교할 때 혜능의 게송은 중관 사상, 특히 '공(*śūnyatā*)'에 관한 교의의 영향을 확실하게 보여준다. 홍인이 유가행 사상보다는 중관에 호의적이었을 거라는 사실을 시사하는 것은 홍인이 밤에 혜능을 비밀리에 자신의 방으로 불러서 조사의 증표를 건네준 점이다. 그러나 신수와 다른 제자들의 질투를 우려한 홍인은 혜능에게 양쯔강을 건너 남쪽으로 도망가라 명령했다.

이 전설은 중국 선이 남종과 북종으로 갈라진 것을 상징한다고 해석할 수도 있다. 그리고 두 게송은 두 종파, 즉 유가행의 이념에 영향을 받은 북종과 중관의 이념에 고무된 남종의 교의상의 입장을 명백히 서술한다. 이 두 종파는 아마도 후대에 중국과 일본 모두에서 번성한 선의 두 주요 학파의 선구자일 것이다. '묵조默照[고요히 비춤]'를 수장하고 아마도 북종과 그것이 표방하는 유가행 이념에 감화된 조동종曹洞宗은 일본 선에서는 소토종曹洞宗으로 알려졌다. 다른 하나는 공안을 깨달음에 이르는 길로써 강조한 임제종臨濟宗인데, 이것은 중관의 이념이 공안에 끼친 영향에서 알 수 있듯이 남종의 가르침에 근거한 것이다. 이것이 일본 선에서 린자이종臨濟宗이다.

수많은 선의 논서가 언급하는 일부 공안은 다음과 같다.

15 Ibid., p. 133.

1. 동산洞山에게 어떤 승려가 물었다. "누가 부처입니까?" 대답은 "마麻 세 근"이었다.*

2. 한 승려가 운문雲門에게 언젠가 물었다. "생각이 전혀 일어나지 않는데 여기에 무슨 잘못이 있습니까?" 대답은 "수미산만큼 크다"였다.**

3. 원명圓明이라는 승려가 도망가는 혜능을 따라잡고서 선의 비밀을 털어놓으라고 말했다. 혜능은 "네가 태어나기도 전에 가졌던 너의 본래 면목은 무엇인가?"라고 대답했다.

4. 어떤 승려가 조주趙州에게 "초조初祖가 중국에 온 뜻은 무엇입니까?"라고 물었다. 대답은 "뜰 앞의 잣나무"였다.

5. 조주가 남천南泉*** 밑에서 선을 공부할 목적으로 와서 물었다. "무엇이 도道입니까?" 남천은 "너의 평상심, 그것이 도이다"라고 대답했다.

6. 나이가 많고 선에 숙련된 방龐 거사가 선에 통달하기 위해 마조馬祖에게 처음 왔을 때 그에게 물었다. "세상의 만물 가운데 친구가 없는 이는 누구인가?" 마조는 "네가 서강西江의 물을 한 번에 다 마시면 말해주겠다"고 대답했다.

7. 붓다는 49년간 설법했다. 그러나 그의 장광설은 한 번도 움직이지 않았다.

* 『벽암록碧巖錄』 12, 『무문관無門關』 18 참조.

** 『종용록從容錄』 19, 『운문록雲門錄』 상편 참조.

*** 관습적으로는 남전이라고 읽는다.

이러한 예에서 볼 때 공안이 언표 불가능한 것의 언표를 의도하는 것은 아니지만, 전체 방향은 그쪽인 것 같다. 일곱 번째에 표현된 역설은 『금강반야바라밀경』에서 볼 수 있는 것과 같은 붓다에 대한 초월적인 관념을 상징한다. 두몰린은 다음과 같이 말했다. "거의 모든 공안에서 두드러지는 특징은 그것들이 논리에 맞지 않거나 부조리한 행동이나 말이라는 것이다. … 공안은 모든 논리 규칙에 대한 하나의 커다란 냉소이다."[16] 만일 그렇다면 공안들은 개념이 실재를 가리키지 못한다고 주장하는 중관파 철학을 반영할 뿐만 아니라, 중관파의 논리를 포함한 모든 논리를 부정한다는 점에서 심지어 중관파마저도 능가한다.

공안을 달리 해석하는 스즈키는 다음과 같이 주장한다.

> 엄밀히 말하자면 초심자에게 주어진 공안은 "삶의 뿌리를 파괴함", "계산하는 마음을 죽임", "영원부터 작용해온 모든 마음을 근절함" 등을 목표로 한다. 이것은 매우 잔인하게 들릴지도 모르지만, 궁극의 의도는 사유의 한계를 초월하는 것이다. 이 한계를 뛰어넘는 길은 단호하게 자신을 소진시키는 것, 즉 자신의 통제하에 있는 모든 정신력을 다 써버리는 것이다. 그러면 논리는 심리학으로 변하고, 사유는 의지와 직관으로 변한다. 경험적 의식의 차원에서 해결할 수 없었던 것이 이제 마음의 심층으로 옮겨간다.[17]

16 Dumoulin, *History of Zen Buddhism*, p. 130.

C. G. 융C. G. Jung도 스즈키의 『선불교 입문Introduction to Zen Buddhism』 서문에서 유사한 견해를 피력했다. 그에 따르면 공안의 목표는 "무의식적 내용에서 의식적 내용으로 돌파하는"[18] 마지막 수단을 제공하는 것이다. 분명한 점은 공안에 대한 두 해석의 접근 방법이 모두 심리학이라는 사실인데, 이 두 해석은 선이 무의식에 대한 사변을 포함하는 유가행파의 영향을 받았다는 인식에 근거하고 있다(이를테면 융의 '집단무의식'에 비교될 수 있는 알라야 비갸나가 있다). 기본적으로 그것들은 사변 형이상학에서 탈피하려는 시도를 상징한다.

대체로 선과 관련된 것 중에 중국의 토착 전통의 영향이라고 생각되는 또 다른 교의는 돈오, 즉 사토리satori이다. 비구와 비구니들이 돌연한 깨달음을 얻은 수많은 경우가 (팔리 『니카야』에 수록된) 『장로게』와 『장로니게』에 기록되어 있지만, 이론으로서의 '돈오'는 중국의 영향이라는 것이 통상적인 견해이다. 그러나 그러한 독창성을 선불교의 것이라고 생각한 것은 '점오'와 '돈오'에 대한 정교한 이론이 초기 대승의 전통에도 있다는 것을 간과했기 때문이다. 마이트레야의 『현관장엄론現觀藏嚴論Abhisamayâlaṅkāra-prajñāpāramita-upadeśa-śāstra』은 점오에 대한 장과 돈오에 대한 장을 포함한다. 이 사실만으로도 사토리가 중국이 불교에 끼친 공헌이 아니라는 것을 보여주기에 충분하다.[19]

17 *Zen Buddhism*, ed. W. Barrett(New York: Doubleday, 1956), p. 138.

18 Ibid., p. 22.

19 *Abhisamayâlaṅkāra-prajñāpāramitā-upadeśa-śāstra*, ed. T. Stcherbatsky and E. Ober-

불교는 중국에 소개되었을 때 이미 여러 학파로 나뉘어 있었다. 따라서 선 전통에 속하는 혜능과 같은 중국 토착의 스승이나 그의 선구자조차도 이러한 다양한 체계 안에서 자연스럽게 근본적인 통일성을 찾으려 했다. 따라서 혜능은 '돈오'를 강조하는 남종선南宗禪의 가르침을 제시하면서, 열반을 실현하는 두 방법 사이에 거의 차이가 없다고 주장했다.[20] 혜능과 같은 스승이 당시 한역본이 존재했던 붓다의 원래 설법을 [문맹이라는] 명백한 이유 때문에 인용하지 못했을 수는 있었겠지만, 그것에 대해 무지했거나 알지 못했다고 상상하는 데는 무리가 있다.

선은『반야경』계통 문헌의 절대론을 배경으로 발전했는데, 이 문헌에는 다음과 같은 진술이 포함된다.

> 수부티야, 보살이라는 탈 것에 의해 길을 떠난 사람은 이렇게 생각해야 한다. "존재의 세계에 있는 수많은 존재, … 나는 이 모든 존재를 열반으로, 즉 아무것도 남기지 않는 열반의 세계로 인도할 것이다. 그러나 비록 수많은 존재가 이렇게 열반으로 인도되었지만, 어떤 존재도 열반에 이르지 못했다."[21]

일부 공안에서 알 수 있듯이 선에서도 비슷한 절대론의 원리가 발견된다. 대승은 경험의 용어로는 궁극적 실재를 표현할 수 없다는

miller, *Bibliotheca Buddhica*, 23(Osnabrück: Biblio Verlag, 1970), pp. 27-32.

20 Yampolsky, *The Platform Sūtra of the Sixth Patriarch*, pp. 160-161.

21 *Vajra*, pp. 28-29.

이론을 강조했음에도 불구하고 실제로는 학문주의를 상당히 구체화시켰다. 선사들은 대승의 절대론은 받아들인 반면에 학문주의와 틀에 박힌 행동 양식은 배척했다. 선불교는 대승의 절대론을 받아들인 점에서 초기 불교와 다르지만 학문주의와 격식을 배척한 점에서 초기 불교와 상당히 비슷하다.

참고 문헌

1차 문헌

The Platform Sūtra of the Sixth Patriarch, tr. Philip B. Yampolsky, New York & London: Columbia University Press, 1967.

The Sutra of Hui-Neng, tr. Wong Mou-lam(published together with *The Diamond Sutra*, tr. A. F. Price), Berkeley: Shambala Publications, 1969.

The Zen Teaching of Huang Po on the Transmission of Mind, tr. John Blofeld, New York: Grove Press, 1958.

2차 문헌

Benoit, H., *The Supreme Doctrine, Psychological Studies in Zen Thought*, New York: Viking Press, 1955.

Dumoulin, H., *A History of Zen Buddhism*, London: Faber & Faber, 1963.

Luk, Charles., *Ch'an and Zen Teachings*, London: Rider, 1960-1962.

Suzuki, D. T., *Manual of Zen Buddhism*, London: Rider, 1950.

Suzuki, D. T., *An Introduction to Zen Buddhism,* New York: Grove Press, 1964.

Suzuki, D. T., *Studies in Zen*, New York: Dell Publications, 1955.

Suzuki, D. T., *Essays in Zen Buddhism*, 3 vols., New York: Grove Press, 1961.

Suzuki, D. T., *Zen Buddhism*, Ed. William Barrett, New York: Doubleday, 1956.

옮긴이의 말

1. 불교에 대한 네 가지 오해와 진실

불교의 목적이 "사물을 있는 그대로", 즉 "있는 것을 있는 것으로, 없는 것을 없는 것으로" 보게 하는 것이라면, 칼루파하나의 『불교 철학』은 이러한 목적에 가상 잘 부합하는 불교 서적이라고 할 수 있다. 다시 말해 이 책은 복잡한 역사, 다양한 전적, 상이한 문화를 초월하여 불교를 있는 그대로 볼 수 있게 도와준다. 그러나 불교가 이 목적을 달성하기 위해 권장하는 방법이 주객의 분열을 극복하는 무분별인 데 반해, 이 책은 역사의 맥락화에 의지한다.

이 책을 읽다보면 우리는 불교를 둘러싼 자의적인 오해에 대해 모든 전적을 섭렵한 고수가 한 계단 위에서 타이르듯 이르는 훈수를 행간에서 접하게 된다. 아마도 문화·역사·지리를 넘나드는 불교에 대한 다양한 오해가 지은이로 하여금 이 책을 쓰게 한 동기가 되었을 것이다. 지은이는 이러한 오해에 대처하기 위한 가장 효과적인 방법으로 역사적 분석을 채택한다. 그의 방법론은 한마디로 "역사적으로 맥락화된 해석(historically contextualized interpretation)"이라고 요약할 수 있다. 그는 불교를 철저하게 역사의 맥락을 중심으로 해석함으로써 불교가 인도의 정신세계를 모태로 탄생하여 경험적인 것에서 형이상학으로, 그리고 다시 절대론으로 발전한 전체 역정을 자세하게 보여준다. 이 책에서 무게를 두는 불교에 대한 오해는 대략 네 가지로 요약된다.

첫째는 고苦(*duhkha*)에 대한 오해이다. 이 개념으로 인해 불교는 부당하게도 염세적이라는 오해와 이에 따른 거부감의 표적이 되었던 적도 있고 일부에서는 이 오해가 현재진행형이다. 실제로 영어권에서 이 개념은 문자 그대로 "괴로움suffering"으로 번역되어 일반인에게 이러한 부정적인 심증을 굳혔다. 지은이는 자기원인설·외부원인설·혼합설 등 다양한 당대의 인과론에 대응하여 붓다의 연기설이 대안으로 등장하게 된 맥락을 설명한다. 그런 다음 연기, 즉 사물의 의존 발생에서 귀납적으로 존재의 세 가지 특징인 무상(영원하지 못함)·고·무아(비실체)가 도출되는 과정을 설명한다. 다시 말해 고는 세상이 영원하지 못함으로 인해 느끼는 현상적 인간의 "불만족"인 것이다. 이렇게 맥락을 중심으로 한 설명을 따라가다 보면 우리는 어느새 그에게 설복되어 고에 대한 고정관념에 의해 판단하는 것을 지양하게 되고 이성으로 느끼는 친근감을 갖게 되며 결과적으로 불교의 핵심 교의를 있는 그대로 이해하게 된다.

둘째는 열반이다. 사실 우리는 불교의 열반에 대해 모종의 환상을 가지고 있다. 개념의 성격상 열반은 끊임없는 사변과 상상을 자극하기 때문이다. 예를 들어 내가 공부하던 미국 케임브리지에는 '니르바나'라는 술집이 있다. 대학생들이 주된 고객인 이 술집에서는 금요일 저녁 '해피 아워'를 갖는다. 그들은 휘황한 조명 아래서 먹고 마시고 떠들며 한 주간의 스트레스를 해소하면서 일종의 희열을 경험한다. 그들에게 그 희열은 종교적인 니르바나인 것이다. 사실상 이 책에서 가장 비중 있는 부분은 열반을 다루는 7장이다. 열반이 가장 오해가 심각한 주제이기 때문이다. 지은이도 강조하듯이 서양의 학자들이 이 주제에 대해 발표한 무수한 논문 중 대부분은 열반을 초월적이고 절대적인 것으로 해석했다.

초월론자나 절대론자와 달리 지은이는 인도의 수행주의 전통과 붓다의 요가 수련 경력을 설명함으로써 열반이 정의定義나 서술의 대상이 아니라 경험의 대상이라는 것을 밝힌다. 경험의 한계를 초월하는 것에 대해 붓다가 취한 무기無記를 설명하는 대목에서는 비트겐슈타인의 분석철학을 원용함으로써 학맥의 영향을 보여준다. 하지만 오해의 빌미에도 불구하고 경험을 초월하는 것에 대한 언명이 갖는 긍정적 가치를 규제성에서 찾는 붓다의 입장에 대한 설명은 유사한 초월 장치를 가진 다른 종교의 신자들에게도 시사하는 바가 있다고 생각한다.

셋째는 대승과 소승의 위상과 관계에 대한 오해이다. 사실 대승불교 지역에서는 대승 경전을 통해 불교를 접하기 때문에 소승이 대승보다 열등하다고 믿는 것과 같은 오해가 보편적이다. 시중 서점의 서가를 장식하는 일본 학자들의 불교서만 보더라도 이를 알 수 있을 것이다. 내가 타이완에서 나카무라 하지메中村元의 제자인 예아웨葉阿月 교수에게서 대승불교의 원전에 대한 수업을 받고, 미국에서 데이비드 에켈David Eckel 교수의 강의를 통해 이 책을 읽으며 받았던 대승에 대한 배신감(?)은 아직도 신선하다. 그때의 충격이 이 책을 번역한 원동력이다. 지은이는 경험적인 초기 불교가 후기에 형이상학과 절대론으로 발전하는 과정에서 발생한 대승의 자기정당화가 오해의 진원지라고 설명한다.

넷째는 선불교에 대한 오해이다. 이것은 세 번째 오해보다는 지엽적이기 때문에 이 문제는 부록에서 다루고 있다. 사실 중국의 불교 서적들은 선불교를 불교의 중국식 변용쯤으로 취급한다. 물론 선불교가 중국 토양의 영향을 받은 것은 분명하지만 지은이는 그것을 가능하도록 만든 원류는 『반야경』 계통과 중관파 사상이라는 것을 경전을 분석함으로써 입증한다. 이 문제는 런던대학교의 동양·아프리카 연구대학(SOAS)에서 근본 경전의 언어인 중국어와 티베트어를 배운 지은이만이 천착할 수 있는 업적이다.

유명한 종교학자 니니안 스마트Roderick Ninian Smart 교수는 어느 해에 자신이 불교 강의를 했는데, 학기 말에 한 학생이 찾아와서 "당신의 강의를 통해 기독교에 대해 잘 알게 되었다"고 고백했다고 증언했다. 한편 하버드대학교에서 종교학을 가르치는 다이애나 엑Diana Eck 교수는 학기 첫 시간마다 학생들에게 다음과 같이 말하며 강의를 시작한다. "만일 하나의 종교만을 안다면, 당신은 아무것도 모르는 것이다If you know only one religion, you know nothing." 이것은 몰래 사찰에 들어가 해괴한 "땅 밟기"를 하는 우리의 기독교인이나 편협한 불교인은 이해할 수 없는 말일 것이다. 이 책이 종교 간의 장벽을 허물고 상호 이해를 성숙하게 하는 데 도움이 될 수 있다면 내게는 큰 보람이 될 것이다. 언젠가 우리에게도 이러한 환경이 마련되기를 고대해본다.

2. 어쩌다 불교를 알게 되어

나에게는 "어쩌다"가 많다. 전공으로 중국철학을 택한 것도 "어쩌다"였지만, 불교를 알게 된 것도 "어쩌다"였다.

타이완에서의 유학 생활은 국내에서의 학습보다도 전반적으로 긴장감이 덜했다. 최고 학부라고 자타가 인정하는 타이완대臺灣大에서조차 중국철학에 관한 비판적이고 미래 지향적인 교과 과정이 확립되어있지 않았던 탓도 있을 것이다.

그때 흥미로운 소문을 들었다. 불교를 가르치는 예아웨 교수에게 산스크리트어[梵語]를 배우고 그녀의 과목을 수강하면 3,000콰이[塊]의 장학금을 준다는 것이었다. 이 정도의 금액은 당시 한 달 기숙사비와 생활비에 해당하는 금액이었다. 돈도 돈이지만 동경하던 새로운 언어를 배울 수 있다는 호기심에 그녀를 찾았다.

산스크리트어 강의는 교과 과정과는 별도로 매주 토요일에 독립적으로 진행되었다. 수강생이 여남은 명은 되었지만, 정작 학습 후에 그녀의 과목을 수강한 사람은 나 혼자였다. 강의는 산스크리트어 원전과 구마라집, 현장玄奘 등 대장경에 수록된 경전의 번역본을 대조, 비교하는 작업이었다. 내친 김에 이웃 정즈대政治大의 변강연구소邊疆研究所에서 설강한 티베트어[西藏語]도 1년간 청강했다. 얼마나 재미가 있던지 기다리는 수업이 되었고, 타이완의 기억 중 아직도 지워지지 않는 추억들로 자리 잡았다.

하버드에서도 중국철학보다는 불교학의 교과 과정이 더 우수했고 교수진도 다양했다. 전공이 중국철학임에도 타이완에서 배운 것을 까먹기에 아까워 나가토미 마사토시永富正俊의 산스크리트어 원전 강의 및 데이비드 에켈의 팔리어 원전 강의도 수강했다. 덕분에 정작 내가 속한 동아시아 언어·문명학과(Dept. of EALC) 교수회의에서는 문제 학생 취급도 받았다. "Where is he going?"

이번 개정판을 준비하면서 이렇게 "어쩌다" 배운 지식들을 활용하려고 노력했다. 그러나 사전 찾는 법조차도 잊어버릴 정도로 오랫동안 관심의 영역 밖에 있었던지라, 서울대 조은수 교수의 각 방면에 걸친 도움은 필수적이었다. 전화로는 표현하지 못했던 고마움을 전하고 싶다. 빨리 교재를 마련해야겠다는 조급함 때문에 구본舊本에서는 소홀히 했던 부분들이 많았다. 영어 원본과 번역을 철저히 대조하여 번역서다운 번역서가 되도록 바로잡아준 이학사 편집부의 정재은 선생의 노력과 수고에 대해서는 특별한 인정과 감사가 필요하다고 생각한다. 아울러 많은 출판사가 경비 절감을 이유로 고유 업무들을 외주함으로써 출판의 질이 떨어지는 현실에도 엄정한 출판 가치관을 고집하는 강동권 사장의 뚝심과 노력에 경의를 표하고 싶다.

무술년戊戌年 세모歲暮

관이재觀梨齋에서

나성

찾아보기

ㄱ

갑바 99
객관성 65
갸나 33-35, 47, 57, 126, 135, 137, 144
건달바 99, 186-187
결정론 9, 43-44, 66, 93-98, 252
『경집』 23, 109, 116-117, 142, 222, 224, 255
경험주의자 36, 48, 50, 169
고샤카 178
「공덕의 책」 98
『관무량수경』 201, 265
『관소연연론』 177, 244-245
『극락장엄경』 201, 265
『금강반야바라밀경』(『금강경』) 23, 202-203, 206-207, 283

ㄴ

나가르주나 14, 183, 205-206, 212-216, 219-220, 222-228, 230-231, 238, 267-269, 277
『논사』 197, 269
누진통 57-58
『능기경』 231, 233, 244, 277
니간타 나타풋타 160, 189, 191
니랏타캄 258
『니카야』 10, 12, 14, 83, 124, 153, 172, 187-188, 194, 219, 277-278, 284

ㄷ

다르마트라타 178
다르마팔라 232, 246
다이세츠 스즈키 266, 270, 283-284

단멸론 67, 85, 250-251
「담미카경」 109
「대길상경」 97, 109, 130
「대마읍경」 108
「대반열반에 대한 설법」(「대반열반경」) 126, 135, 159, 162, 194
「대본경」 192
『대사大史』 13
『대사大事』 164, 196
「대상적유경」 193
『대승아비달마집론』 231
『대승장엄경론』 232
『대승집보살학론』 181
「대애진경」 82
「대업분별경」 95-96, 98
「대원인경」 99
『대지도론』 206, 219
데카르트 82, 170
독각불 197
독자부 85
두몰린, 하인리히 266-267, 283
두트, 날리나크샤 146
듀이, 존 104-106
딘나가 16, 177, 235, 244-246

ㄹ
라제로비츠, 모리스 255
로카야티카 42
리스 데이비스, 캐롤라인 12

ㅁ
마이트레야(나타) 232-233, 243, 284
마하 마우드갈리야야나 198
마하 카쉬야파 198
마하 카티야야나 198
『마하바라타』 43
마하요긴 28
「말룽키야풋타에 대한 짧은 경」 262
멸진정(소멸 상태) 38, 125-126
명상 33-35, 37, 40, 47, 56, 125-127, 129, 143, 190, 269, 271-273, 275-280
명색분별 167
『묘법연화경』 13, 15, 23, 195-198, 200, 202, 206, 266, 269, 271, 277-278
무기 83, 142, 219, 250, 253-254
무르티, T. R. V. 212, 214, 216, 218-219
무아(비실체성) 53, 59, 76, 79, 85, 90, 98, 102, 130, 133, 151, 237, 271
뮐러, 막스 30
「밀환경」 127

ㅂ
『바가바드기타』 209
바르하스파티야 42
바바비베카 217-218, 228
「바브라 칙령」 13
바수미트라 178
바수반두 14, 180, 231-233, 235-239, 244-245

『방등경』 278
방편 194, 197-198, 210
버클리, 조지 244-245
「범망경」 51, 109, 253
보디삿타(보살) 183, 195-196, 198-202, 206-209, 228, 243, 268, 278, 285
보리달마 271, 276
『보요경』 164, 195-196
보하라 169
『보행왕정론』 227
『본생인연담』 164, 196
『분별론』 23, 173
분별법 167
불가지론 48, 267
불만족 50, 59, 76, 78-79, 130, 276
「불문경」 78
불변성 65-67
「불설대승도우경」 193
『불종성경』 164, 196
붓다고사 14, 168-169, 171-174, 181, 183, 237
붓다누붓다 189
붓다데바 178-179
붓다팔리타 217
『브라마나』 32
『브리하다란야카』 36, 41
비결정론 66, 96-97, 250-251
비유부 176
『비유』 164
비트겐슈타인, 루트비히 116-117, 259

ㅅ

「사마가마경」 160, 162
사무색정 33-34, 135
「사문과경」 190
사물의 구성 15, 65
「사유경」 274
「산다카경」 50
삼무티 16, 221-222
상수멸정(지각과 느낌의 소멸) 34, 125-126, 135-138
상으리티 16, 205, 222
상주론 67, 76, 85, 250-251, 254
샨티데바 181, 217
샹카라 183
『선불교 입문』 284
『섭대승론』 232
「성스러운 구함에 대한 설법」(「성구경」) 105, 252, 275
『성유식론』 232-233
성자 15-16, 44, 126, 132, 136-138, 142, 146, 153, 155, 242, 256-257, 259, 262
세간법 130
「소업분별경」 95
수부티 198, 203, 205-206, 285
숙명통 52, 56-58, 101
순간론 76-77, 183
스와탄트리카 학파 218, 228
스티라마티 231, 246
신인동형동성론 29-30
신족통 57
십선계 108

「싱갈라에게 주는 교훈경」 109

ㅇ

『아란야카』 32, 35
아리야데바 217
『아비담맛타상가하』 174
아상가 231-233, 245
아자가라 43-44
아지비카 36, 43, 66, 90
아쿠살라 113
아파고게 증명 216-217
『아함경』 12-14, 65, 83, 161, 172, 187-188, 194, 219, 277-278
「악기밧차곳타경」 141, 149
「암발랏티카에서 라훌라에게 주는 교훈경」 113-115
앗파티히라카탐 258
업결정(도덕 질서) 69, 91
에이어, A. J 101-102
『여시어경』 22, 124, 136, 138, 144, 193
『열반의 심리학』 123
오계 108-109
『요가수트라』 276
요한슨, 루네 E. A. 123-124, 145-146, 149-153
『유가사지론』 232
『유식론』 231, 244
『유식삼십송』 231, 233, 239-240, 242-243
융, C. G. 284
「의품」 116, 255
「인과관계에 대한 설법」(「연기경」) 62, 65
「일체경」 59, 258

ㅈ

『자설경』 23, 132, 135-136, 145, 253
자야틸레케, K. N. 36, 41, 88, 154, 257
『장로게』 23, 74, 284
『장로니게』 74, 284
전통주의자 32, 36, 48
점진적 가르침 54
정량부 85
『정명구론』 212
「제일의공경」 180
조건성 64-66
『중론』 22, 205-206, 212-213, 219, 225, 227
『중변분별론』 232
『집량론』 244

ㅊ

차르바카 42
차리마카칫타 152
『찬도기야 우파니샤드』(『찬도기야』) 36, 38-39, 41
찬드라키르티 212, 214-217, 222, 229
「창키경」 49
천안통 52, 57, 87, 191
천이통 57

「청정경」 160, 162
『청정도론』 24, 183
체타시카(심수) 153, 168, 170-171
추티칫타 152

ㅋ
칸트 212, 231, 258
「칼라마경」 48
「케쉬 수크타」 28
쿠살라 113

ㅌ
타심통 57-58, 96, 172, 238
타지바탓차리라 바다 84
토머스, E. J. 197
트랜스 33, 38, 40, 102, 275

ㅍ
파라맛타(파라마르타) 169, 205
파탄잘리 276
파디신디칫타 152
팔정도 110, 183
푹갈라론자 85
프라상기카 216-217
필연성 65-66

ㅎ
합리주의자 36, 41, 48, 50
「합송경」 160, 162, 166
『해심밀경』 231, 233, 244, 270
「회계사 목갈라나경」 108
흄, 데이비드 181, 183
히리야나, M. 29